Sheldon B. Kopp · Mach Schluß mit der Unschuld

Sheldon B. Kopp

MACH SCHLUSS
MIT DER UNSCHULD

Ohne Illusionen leben

Rode & Welte Umkirch

Titel der amerikanischen Ausgabe: An End to Innocence.
Übersetzt aus dem Amerikanischen von Florian Ulmer.
Umschlaggestaltung: Reinhard Klein, Freiburg
Computergesteuerter Lichtsatz: Satzrechenzentrum Kühn & Weyh
Software GmbH, Freiburg
Druck und Bindung: Mühlberger GmbH, Augsburg
Printed in Germany
Schrift: 10 Punkt Aldus
ISBN 3-925345-00-0

INHALT

Erster Teil

NOSTALGIE UND RACHE

*... Nostalgie ist eine Form der Rache
und Rache eine Form von Nostalgie.*

Maria Isabel Barreno
Maria Teresa Horta
Maria Velho da Costa

Die drei Marias:
Neue Portugiesische Briefe

1

Es war einmal ...

Jeder von uns kann damit rechnen, daß das Leben ihm genug Schmerz bringt. Und doch fügt jeder dieser so schweren und unvermeidbaren Last noch ein Quantum unnötigen Leidens hinzu. Wir bestehen darauf, daß die zufälligen Mißgeschicke und Kalamitäten des Lebens uns nicht treffen dürften. Indem wir uns ständig ungerecht behandelt fühlen, dramatisieren wir unsere Lage und verschlimmern so den Schmerz, den uns unvorhersehbare Mißgeschicke bereiten.

Weil wir ableugnen, daß die schönen Zeiten in der Gegenwart liegen, bleiben wir nostalgisch an Zeiten und Orte der Vergangenheit gebunden, die uns *beinahe* als etwas Besseres in Erinnerung sind. Indem wir uns ungeduldig nach einer Zukunft sehnen, die alles wieder ins Lot bringen wird, versäumen wir es, aus dem Sammelsurium der gegenwärtigen Welt das Beste zu machen. Wir klammern uns verzweifelt an die märchenhafte Vision eines Lebens, in welchem der Feind klar zu erkennen und das Gute immer siegreich ist, und vergeuden so unser Leben mit Warten aufs Happy-End.

Wollen wir die seltenen Augenblicke des Glücks in unserem Leben als Erwachsene nicht verpassen, müssen wir die nur scheinbar tröstlichen Kindheitsillusionen aufgeben. Wir können erst dann ein Leben nach unserer Wahl leben, wenn wir bereit sind, die oft unvorhersehbaren Folgen unseres Handelns zu tragen, – wohl wissend, daß es niemanden gibt, der auf uns aufpaßt. Eingeschränkte Freiheit und begrenztes Glück ist alles, was wir erreichen können. Aber selbst die Segnungen dieser so unvollkommenen Güter können wir als Erwachsene nur erlangen, wenn wir mit dem Verlust der Unschuld dafür bezahlen.

Als ganz kleine Kinder hielten die meisten von uns die Welt für einen sicheren, vertrauten und wohlgeordneten Ort. Schon bald begannen wir zu merken, daß sie voller Gefahren, Widersprüche und Ungerechtigkeiten war. ‚Gutsein‘ gewährte schließlich nicht mehr die Gewißheit, daß sich jemand um uns kümmern würde. Als Heranwachsende fühlten wir uns allzuoft enttäuscht und verraten.

Wenn wir schließlich erwachsen sind, merken wir, daß alles ganz anders ist. Verloren und allein, entwurzelt und ungeliebt, sehnen wir uns manchmal allesamt zurück nach zu Hause. Diese schmerzliche Sehnsucht findet ihren bewegten Ausdruck in den treffenden Versen eines schönen, alten Spirituals, das Sklaven sangen, die aus ihrer vertrauten Welt herausgerissen worden waren:

Manchmal fühl ich mich wie ein Kind ohne Mutter.
Manchmal fühl ich mich wie ein Kind ohne Mutter.
Manchmal fühl ich mich wie ein Kind ohne Mutter.
Weit fort von zu Haus.
Weit, weit fort von zu Haus.[1]

Jeder von uns hat schon dieses Verlangen empfunden, in eine Zeit und an einen Ort zurückzukehren, wo er sich so geliebt und behütet fühlte, daß er ganz vertrauensvoll sein konnte. Selbst diejenigen, die nie eine solche Zuflucht gekannt haben, mögen sich danach sehnen.

Erwachsen zu werden bedeutet oft, mit der qualvollen Isolation des Nicht-mehr-Dazugehörens zurechtzukommen, wenn wir, aus der Kindheit verbannt, durch eine fremde, sinnentleerte Welt wandern. Jeder Mann und jede Frau muß sich den eigenen Weg bahnen durch eine fremde Landschaft voller Gleichgültigkeit, in der das Gute nicht notwendigerweise belohnt und das Böse nicht zwangsläufig bestraft wird. Die Konfusion nimmt noch zu, wenn wir bisweilen merken, daß wir oder andere grundlos mit Liebe oder Glück bedacht oder ‚unverdientermaßen‘ mit Mißgeschick oder Schmerz belastet worden sind.

Dem einen oder anderen von uns kommt es vor, als wäre dies schon immer so gewesen. Da wir sogar schon als Kinder kaum beschützt waren und so schlimme Verletzungen davontrugen, wagen wir es nicht, wieder Vertrauen zu haben. Mißtrauen als Selbstschutz führt dazu, daß uns jegliche liebevolle Verbundenheit entgeht, die wir mit anderen Erwachsenen haben könnten.

Andere wiederum weisen sich die Schuld zu für den Verlust elterlicher Anerkennung. Unter der Last der Schuldgefühle vergeuden wir unser Leben als Erwachsene mit endlosen Versuchen, gut zu sein. Wenn wir *wirklich* gut sind, dann wird sich bestimmt jemand um uns kümmern. Indem wir uns an die Unschuld klammern, aus der wir eigentlich herausgewachsen sind, erleben wir immer wieder unnötige Enttäuschungen und versäumen die Möglichkeiten eigener Lebensgestaltung.

Was soll ein Erwachsener denn nun tun?

Die vergebliche Suche nach der verlorengegangenen Geborgenheit und Zuversicht des Säuglings führt dazu, daß uns die Früchte eines unabhängigen Erwachsenenlebens entgehen. Die Illusion, eine solche Unschuld wiedergewinnen zu können, verlangt eine gefährliche fanatische Hingabe an eine Sache oder ein System, die uns verheißen, daß alles wieder gut wird.

Die Blumenkinder der sechziger Jahre versuchten zu Beginn, jeden zu lieben, allen zu vertrauen. Sie endeten vollgepumpt mit Drogen, eingelocht, enttäuscht. Die Regierung sagte: ,,Habt Vertrauen zu uns.'' Zum Dank gaben sie uns Vietnam, das FBI, den CIA und Watergate. Als Alternative kann uns paranoides Mißtrauen zwar dagegen schützen, jemals wieder verletzt zu werden, doch der Preis dieser Sicherheit ist eine noch größere Einsamkeit.

Gott ist tot, und ansonsten scheint sich niemand um uns zu kümmern. Wie sollen wir lieben, wenn wir keine Illusionen mehr haben? Welchen Sinn hat es, ein ehrliches, anständiges Leben zu führen? Woher sollen wir wissen, wann, wie und wem wir vertrauen sollen? Führt paranoides Verhalten zum Wahnsinn oder eher zur Gesundung?

Es war einmal eine Zeit, als wir noch ganz klein waren, da gab es Menschen, denen wir vertrauen konnten. Sonst hätten wir nicht überlebt. Die physischen Bedürfnisse eines hilflosen, abhängigen Kindes müssen von fürsorglichen Erwachsenen gestillt werden, oder das Kind stirbt. Zu elterlicher Fürsorge gehört jedoch mehr. Wegen seiner psychischen Verletzlichkeit braucht das Kind auch Schutz und liebevolle Zuwendung.

Eine Art, wie Erwachsene für das Wohl der Kinder sorgen, ist das Erzählen von Märchen. Diese zurechtgestutzten Mythen sind poetisch-symbolische Wege, ein Kind zu belehren und zu trösten. Märchen belehren, indem sie die idealisierten, von der jeweiligen Kultur angeblich hochgehaltenen Werte und die von ihr als ‚passend‘ eingestuften Verhaltensweisen aufzeigen. Weil sie die Segnungen eines wohlgeordneten Universums versprechen, bestärken diese schlichten Erzählungen das Kind in der Annahme, ‚gut‘ zu sein, führe stets zur Erfüllung unserer Herzenswünsche.

Märchen lehren nicht, was es mit dem Leben in der Erwachsenenwelt wirklich auf sich hat. Als gesäuberte und vereinfachte Aufbereitung für die Ohren unschuldiger Kinder beschreiben sie die Welt so, wie sie nach Maßgabe des Kulturkreises sein sollte.

Anfangs sind alle Kinder hilflos und abhängig. Ihre Unschuld muß solange erhalten werden, bis sie stark und unabhängig genug sind, ihren eigenen Weg zu gehen. Eine Zeitlang ist es nützlich, sie vor der Zwiespältigkeit der überaus schwer zu bewältigenden Erfahrungen eines Lebens zu schützen, das sich so oft als unberechenbar und ungerecht erweist. Später wird die Zeit kommen für den Versuch einer „Versöhnung des Bewußtseins . . . mit dem ungeheuerlichen Wesen dieses schrecklichen Spiels, welches das Leben darstellt.‘‘[2]

Die Scheinwelt der Märchen schirmt das Kind ab gegen die überwältigenden Ungewißheiten und das verwirrende Gefühl der Hilflosigkeit, mit denen sich Erwachsene von Zeit zu Zeit konfrontiert sehen. Egal, wie furchterregend oder gewalttätig es in einem Märchen zugeht, der Kampf zwischen Gut und Böse ist immer klar zu erkennen. Das Gute triumphiert immer. In dieser simplen, nuancenlosen Gegenüberstellung von Schwarz und Weiß wird der Mangel an subtilem Gehalt durch die Klarheit und Entschiedenheit der moralischen Kräfte ausgeglichen. Die Helden sind vorgefertigte, unwandelbare Figuren, reine Formen im in die Außenwelt verlegten klassischen Kampf.

> Was das Innere des Helden angeht, so finden wir dort keine psychologischen Konflikte; er ist nicht teils dies und teils das – jede Eigenschaft findet ihre Personifizierung in einfachster Form: Mut wird der Feigheit gegenübergestellt, Neid der Unschuld, Güte der Bosheit, Entsagung und Aufopferung der zügellosen Lust und Gier.[3]

Als einfaches Beispiel eines typischen Märchens mögen „Die drei Federn‘‘ der Brüder Grimm dienen:

Es war einmal ein König, der hatte drei Söhne, davon waren zwei klug und gescheit, aber der dritte sprach nicht viel, war einfältig und hieß nur der *Dummling*. Als der König alt und schwach ward und an sein Ende dachte, wußte er nicht, welcher von seinen Söhnen nach ihm das Reich erben sollte. Da sprach er zu ihnen: ,,Zieht aus, und wer mir den feinsten Teppich bringt, der soll nach meinem Tod König sein." Und damit es keinen Streit unter ihnen gab, führte er sie vor sein Schloß, blies drei Federn in die Luft und sprach: ,,Wie die fliegen, so sollt ihr ziehen." Die eine Feder flog nach Osten, die andere nach Westen, die dritte flog aber geradeaus und flog nicht weit, sondern fiel bald zur Erde. Nun ging der eine Bruder rechts, der andere ging links, und sie lachten den Dummling aus, der bei der dritten Feder, da, wo sie niedergefallen war, bleiben mußte.

Der Dummling setzte sich nieder und war traurig. Da bemerkte er auf einmal, daß neben der Feder eine Falltüre lag. Er hob sie in die Höhe, fand eine Treppe und stieg hinab. Da kam er vor eine andere Türe, klopfte an und hörte, wie es inwendig rief:

,,Jungfer grün und klein,
Hutzelbein,
Hutzelbeins Hündchen,
Hutzel hin und her,
laß geschwind sehen, wer draußen wär."

Die Türe tat sich auf, und er sah eine große dicke Itsche (Kröte) sitzen und rings um sie eine Menge kleiner Itschen. Die dicke Itsche fragte, was sein Begehren wäre. Er antwortete: ,,Ich hätte gerne den schönsten und feinsten Teppich." Da rief sie eine junge und sprach:

,,Jungfer grün und klein,
Hutzelbein,
Hutzelbeins Hündchen,
Hutzel hin und her,
bring mir die große Schachtel her."

Die junge Itsche holte die Schachtel, und die dicke Itsche machte sie auf und gab dem Dummling einen Teppich daraus, so schön und so fein, wie oben auf der Erde keiner konnte gewebt werden. Da dankte er ihr und stieg wieder hinauf.

13

Die beiden anderen hatten aber ihren jüngsten Bruder für so albern gehalten, daß sie glaubten, er würde gar nichts finden und aufbringen. „Was sollen wir uns mit Suchen groß Mühe geben", sprachen sie, nahmen dem ersten besten Schäfersweib, das ihnen begegnete, die groben Tücher vom Leib und trugen sie dem König heim. Zu derselben Zeit kam auch der Dummling zurück und brachte seinen schönen Teppich, und als der König den sah, staunte er und sprach: „Wenn es dem Recht nach gehen soll, so gehört dem jüngsten das Königreich." Aber die zwei anderen ließen dem Vater keine Ruhe und sprachen, unmöglich könnte der Dummling, dem es in allen Dingen an Verstand fehlte, König werden, und baten ihn, er möchte eine neue Bedingung machen. Da sagte der Vater: „Der soll das Reich erben, der mir den schönsten Ring bringt", führte die drei Brüder hinaus und blies drei Federn in die Luft, denen sie nachgehen sollten. Die zwei ältesten zogen wieder nach Osten und Westen, und für den Dummling flog die Feder geradeaus und fiel neben der Erdtüre nieder. Da stieg er wieder hinab zu der dicken Itsche und sagte ihr, daß er den schönsten Ring brauchte. Sie ließ sich gleich ihre große Schachtel holen und gab ihm daraus einen Ring, der glänzte von Edelsteinen und war so schön, daß ihn kein Goldschmied auf der Erde hätte machen können. Die zwei ältesten lachten über den Dummling, der einen goldenen Ring suchen wollte, gaben sich gar keine Mühe, sondern schlugen einem alten Wagenring die Nägel aus und brachten ihn dem König. Als aber der Dummling seinen goldenen Ring vorzeigte, so sprach der Vater abermals: „Ihm gehört das Reich." Die zwei ältesten ließen nicht ab, den König zu quälen, bis er noch eine dritte Bedingung machte und den Ausspruch tat, der sollte das Reich haben, der die schönste Frau heimbrächte. Die drei Federn blies er nochmals in die Luft, und sie flogen wie die vorigemale.

Da ging der Dummling ohne weiteres hinab zu der dicken Itsche und sprach: „Ich soll die schönste Frau heimbringen." „Ei", antwortete die Itsche, „die schönste Frau! Die ist nicht gleich zur Hand, aber du sollst sie doch haben." Sie gab ihm eine ausgehöhlte gelbe Rübe mit sechs Mäuschen bespannt. Da sprach der Dummling ganz traurig: „Was soll ich damit anfangen?" Die Itsche antwortete: „Setze nur eine von meinen kleinen Itschen hinein." Da griff er aufs Geratewohl eine aus dem Kreis und setzte sie in die gelbe Kutsche, aber kaum saß sie darin, so ward sie zu einem wunderschönen

Fräulein, die Rübe zur Kutsche, und die sechs Mäuschen zu Pferden. Da küßte er sie, jagte mit den Pferden davon und brachte sie zu dem König. Seine Brüder kamen nach, die hatten sich gar keine Mühe gegeben, eine schöne Frau zu suchen, sondern die ersten besten Bauernweiber mitgenommen. Als der König sie erblickte, sprach er: „Dem jüngsten gehört das Reich nach meinem Tod." Aber die zwei ältesten betäubten die Ohren des Königs aufs neue mit ihrem Geschrei: „Wir können's nicht zugeben, daß der Dummling König wird!" und verlangten, der sollte den Vorzug haben, dessen Frau durch einen Ring springen könnte, der da mitten in dem Saale hing. Sie dachten: „Die Bauernweiber können das wohl, die sind stark genug, aber das zarte Fräulein springt sich tot." Der alte König gab das auch noch zu. Da sprangen die zwei Bauernweiber, sprangen auch durch den Ring, waren aber so plump, daß sie fielen und ihre groben Arme und Beine entzweibrachen. Darauf sprang das schöne Fräulein, das der Dummling mitgebracht hatte, und sprang so leicht hindurch wie ein Reh, und aller Widerspruch mußte aufhören. Also erhielt er die Krone und hat lange in Weisheit geherrscht. [4]

Wie Aschenputtel, die Schöne in ‚Die Schöne und das Tier' und die Hauptgestalten vieler anderer Märchen ist Dummling von allen Kindern das jüngste, bescheidenste, gehorsamste und ehrlichste. Trotz des neiderfüllten Ränkespiels seiner weltklügeren, nicht so ehrbaren Brüder erhält allein Dummling gerade wegen seiner Unschuld die Belohnung.

Es gibt noch andere, komplexere Märcheninterpretationen aus psychologischer Sicht. So betrachtet man es als therapeutisch nützlich bei der Einübung in die ‚Realitäten' der Erwachsenenwelt, wenn Kinder didaktische Geschichten mit warnenden Beispielen zu hören bekommen. Doch das psychoanalytische Bild der ‚Realität' ist eine ebenso willkürliche Illusion wie jede andere auch. Indem sie dem Leben eine klare, praktikable Ordnung überstülpt, erweckt sie Hoffnung auf mehr Sinn und Gewißheit, als die Erfahrung jemals einlösen kann. Bruno Bettelheim, ein einflußreicher zeitgenössischer Freudianer, zollt der Botschaft Beifall, die Märchen seiner Ansicht nach dem Kind vermitteln:

> ... daß im Leben ein Kampf gegen ernste Schwierigkeiten unausweichlich ist, bildet einen wesentlichen Teil menschlicher Existenz ...

So weit, so gut. Leider fährt Bettelheim dann fort, die Botschaft im Sinne jenes Märchens für Erwachsene, das das Ethos der psychoanalytischen Restunschuld darstellt, zu Ende zu führen:

> doch wenn man nicht zurückschrickt, sondern unerwarteten und oft ungerechten Bedrängnissen standhaft begegnet, *meistert man alle Hindernisse und erweist sich zum Schluß als Sieger.*[5]

In diesem Buch möchte ich meine eigene Auseinandersetzung mit den Märchen auf ihre Funktion bei der Erhaltung und Pflege der kindlichen Unschuld beschränken. Wenn ich von der Unschuld der Kinder spreche, meine ich jenes arglose Vertrauen, aus welchem sich spontane, von bösen Absichten freie Handlungen ergeben. Ich behaupte nicht, daß sich der Ausdruck solcher Unschuld auf fröhliches, liebevolles Verhalten beschränkt, das niemandem wehtun kann. Das ist gewiß nicht der Fall. Doch für ein unschuldiges Kind ist selbst das Herauslassen von Enttäuschung und Wut eine spontane Möglichkeit, die natürliche Ordnung des Lebens wieder herzustellen. Sein Wutausbruch ist eine authentische Antwort auf unmittelbaren Schmerz. Ist dieser vorbei, ist auch die Destruktivität vorbei.

Es schadet nichts, wenn man das kindliche Bedürfnis, an eine verläßliche Welt glauben zu können, zumindest für eine Weile erhält. Allmählich, wenn der Junge oder das Mädchen heranwächst, ergeben sich genug Gelegenheiten, die unfaire Seite des Lebens kennenzulernen. Doch wenn solche Erfahrungen das Kind nicht brutal überwältigen sollen, muß dieses Mündigwerden abgestimmt sein auf das Wachstum seiner Kräfte.

Meine eigenen Kinder glaubten eine Zeitlang gerne an den Weihnachtsmann. Im Alter von sechs oder sieben Jahren hatte dann jedes von älteren Kindern gehört, daß es „den Weihnachtsmann ja gar nicht gibt". Das war für sie der Anlaß, meine Frau und mich zu fragen: „Ist der Weihnachtsmann echt oder erfunden?"

Wir sagten auf diese Frage dann: „Die Geschichte vom Weihnachtsmann macht uns allen Spaß. Egal, ob der Weihnachtsmann echt oder erfunden ist: Für euch kommt Weihnachten, und *wir* werden euch Geschenke unter den Baum legen. Wenn ihr alt genug seid, muß jeder von euch selbst entscheiden, ob die Geschichte vom Weihnachtsmann wahr ist, oder ob sie erfunden wurde, um Kinder glücklich zu machen."

In diesem besonderen Stadium der Entmythologisierung machte sich jeder meiner Söhne in den Tagen vor seinem letzten unschuldigen Weihnachtsfest daran, ‚für alle Fälle‘ den Brief an den Weihnachtsmann zu schreiben. Und jeder beteuerte dabei: „Ich weiß schon, daß es die Mütter und Väter sind, die die Geschenke unter den Baum legen, aber man kann nie wissen."

Wir ließen jeden von diesem Stückchen Unschuld Abschied nehmen, wenn er selbst zu diesem Schritt bereit war. Ein paar Weihnachten später half dann jeder von ihnen mit, für seinen jüngeren Bruder das gleiche zu tun.

Als sie älter wurden, sagten wir ihnen stets, daß *wir* ihnen die Weihnachtsgeschenke gäben, und zwar einfach deshalb, weil wir sie gern hätten und nicht, weil sie gut oder böse seien. Und bald bastelte oder kaufte ein jeder Weihnachtsgeschenke, um sie für die anderen Familienmitglieder unter den Baum zu legen. Jeder lernte, dies in einem Geist des Gebens zu tun, und weil ihm die anderen wichtig waren. Ich bin unserer Kultur dankbar, daß sie mit dem zeitgenössischen Märchen vom Weihnachtsmann meinen Kindern die Möglichkeit gibt, Großzügigkeit zu lernen, und mir eine Gelegenheit bietet, wie ich jedem meiner Kinder durch ein Stück des notwendigen Verlustes der Unschuld hindurchhelfen kann.

Die Familie kann durch ihre so dringend benötigte Hilfe dem Kind jene schmerzliche Übergangszeit erleichtern, die der Verlust der Unschuld beim Heranwachsen darstellt. So unvollkommen sie auch sein mag, so ist eine liebevolle Familie doch am ehesten in der Lage, eine mit allgemeinem Wohlwollen, mit Aufrichtigkeit und individueller Rücksichtnahme erfüllte Atmosphäre zu schaffen. Jedes Kind braucht die Gewißheit, daß es in dieser Atmosphäre seinen besonderen Platz hat. Dieses Gefühl der Sicherheit dient als zeitweiliger Schutz gegen die unpersönliche Willkür, welche eines Tages in der Erwachsenenwelt zu bewältigen sein wird. Es kann viel zu der notwendigen Einschätzung beitragen, daß manche Menschen Vertrauen verdienen und das Kind selbst zu diesen zählt. Kinder können anfangen zu lernen, wie man mit zukünftigen Enttäuschungen fertig wird, wenn sie schon in ihrer liebevollen Familie auf kleinere Willkürlichkeiten stoßen.

Das Erzählen beruhigender Märchen braucht nicht auf Situationen beschränkt zu sein, in denen das Kind auf dem Schoß der Eltern sitzt und eine der üblichen Geschichten zu hören bekommt, die mit

„Es war einmal ..." beginnen und mit „So lebten sie allzeit glücklich bis an ihr seliges Ende" aufhören. Jede Familie hat ihre eigenen Mythen und Wunschbilder von sich selbst und der Umwelt. So wird einem Kind vielleicht gesagt: „Wir Italiener (oder Juden oder Iren usw.) halten immer zusammen" oder „Wenn du hart arbeitest und dich immer bemühst, dein Bestes zu geben, dann werden die Leute dich achten."

Ein größer gewordenes Kind mag feststellen, daß sich das, was es ursprünglich geglaubt hat, nicht *immer* als wahr erweist. Doch immer noch geschehen die Dinge *manchmal* auf eine Art und Weise, die diese älteren Erwartungen wenigstens teilweise bestätigt. So kann ein Kind beim Heranwachsen ein realistisches Maß an Hoffnung und Vertrauen bewahren. Durch außerfamiliäre Erfahrungen in der Jugend und im beginnenden Erwachsenenalter modifiziert, kann so die ursprüngliche Unschuldshaltung weiterentwickelt werden zu einer komplexeren Weltsicht, ohne daß dabei der Eindruck entsteht, man sei hereingelegt oder in die Irre geführt worden.

Bei manchen Kindern werden die Märchenvorstellungen von der schützenden Familie durch äußere Kräfte völlig zerstört. Da bricht eines Nachts ein Brand aus, und am Tag darauf hat die Familie kein Zuhause mehr. Andere Familien werden durch eine Reihe schwerer Unfälle und tödlich verlaufende Erkrankungen dezimiert.

Es gab Zeiten, in denen politische Wirren ganze Familienverbände auseinandergerissen und vernichtet haben. Man stelle sich die zerstörte Unschuld von Kindern vor, deren Familien als Neger der Sklaverei zum Opfer fielen, als Amerikaner japanischer Herkunft verschleppt und in Lagern gefangengehalten oder mit den jüdischen Gemeinden Europas im Holocaust der Nazis ermordet wurden. Wenn der plötzliche, vorzeitige Verlust der Unschuld im Rahmen solcher überwältigender Verletzungen erfolgt, sind gewöhnlich Katastrophen und lebenslange Schäden die Folge. Glücklicherweise sind die meisten Kinder vor solchen Entwurzelungen und deren verheerenden Auswirkungen sicher.

Die meisten Männer und Frauen, die mich zur Psychotherapie aufsuchen, haben solche persönlichen, sozialen oder politischen Katastrophen *nicht* durchmachen müssen. Stattdessen wurde ihr Glaube an Märchenwelten durch Begegnungen mit familiärer Heuchelei auf radikale Weise in Frage gestellt. Diese Erfahrungen standen in völligem Widerspruch zu dem, was man ihnen – freilich ohne die

Möglichkeit, wirklich zu begreifen, was sich abspielte – immer beigebracht hatte.

Wenn solche Erfahrungen auch weit weniger verheerend sind als
die völlige Zerrüttung im Gefolge politischer Unterdrückung, so
können sie doch zu Verängstigung und schmerzlicher Verwirrung
führen. Die entstandenen Beschädigungen reichen oft aus, um das
Vertrauen des Opfers zu anderen Menschen für eine lange Zeit zu
erschüttern.

Tritt der Verlust der Unschuld zu früh oder zu plötzlich, jedoch in
Abwesenheit von familiärer Heuchelei auf, dann sind die Folgen nur
von kurzer Dauer. Ein Vater oder eine Mutter enttäuscht beispielsweise ein Kind wider Erwarten, etwa durch den Bruch eines Ver-
sprechens. Gestehen die Eltern ihr Versagen ein und billigen dem
Kind das Recht zu, deswegen traurig und wütend zu sein, kann man
damit rechnen, daß das Kind das nach solchen Enttäuschungen auftretende Mißtrauen und den zeitweiligen Kummer überwindet.

In scheinheiligen Familien fallen in solchen Fällen die Illusionen
des Kindes in sich zusammen und enthüllen die Lebenslügen der
Familie. Jedem Versuch des Kindes, die in diesen Widersprüchen
steckende Unehrlichkeit aufzuzeigen, wird dann mit weiteren Ver-
leugnungen und Verschleierungen begegnet. Es ist für ein Kind
schwer genug, wenn es plötzlich erfährt, daß der Vater, den es
bislang achten und als den verläßlichen Ernährer der Familie betrachten mußte, stattdessen ein unzuverlässiger Säufer ist. Es steht
aber auf einem ganz anderen Blatt, wenn die Eltern dann mit der
,Erklärung' aufwarten, Vati sei „bloß müde, und außerdem sagte
der Doktor, Whiskey sei ein gutes Stärkungsmittel".

Das Kind muß angesichts wiederkehrender Erlebnisse von er-
drückender Hilflosigkeit und Bestürzung einen Weg finden, um
einer durcheinandergeratenen, verwirrenden Welt einen Sinn abzugewinnen. Es mag keine andere Wahl geben als die Flucht in die
beruhigende Sphäre eigener Phantasiegebilde, die sich das Kind aus
Abwandlungen der so schlimm diskreditierten Märchenwelt der Familie zurechtbastelt.

Das empfindliche Gefühl völliger Verletzlichkeit verlangt nach
Schutz. Das Kind verläßt sich daher zunehmend auf Haltungen und
Verhaltensweisen, die es selbst einschränken, dabei jedes Risiko vermeiden und weitgehend durch die Phantasie geleitet sind. Diese
dienen dazu, auf die Verletzlichkeit abzielende Bedrohungen zu ver-

drängen, indem die ursprüngliche, authentische Unschuld in ihre Karikatur verwandelt wird. Rollo May nennt dies ,Pseudo-Unschuld'.[6] Der Pseudo-Unschuldige verleugnet seine eigenen Kräfte, hält sein Eigeninteresse und das Walten der Vorsehung für identisch und tut so, als wäre diese Welt die beste aller möglichen. Eine solche Pose dient dazu, Gefühle der Hoffnungslosigkeit zu verdrängen; sie macht den aus Enttäuschungen entstehenden Schmerz erträglicher und läßt in einer chaotischen Lebenssituation den Anschein von Ordnung entstehen. Dies kostet allerdings einen ungeahnten Preis von großer Höhe. Denn gerade die Abwehrmechanismen reduzieren die Möglichkeiten für persönliches geistiges Wachstum, wie sie eine unbehinderte Vorstellungskraft und die späteren Lebenserfahrungen bieten können.

Um emotionell überleben zu können, mag dem Kind vorerst kaum eine andere Wahl bleiben. Doch aus einer solchen Konfiguration heraus entwickelt das Kind allmählich eine neurotische Lebensweise, die bis ins Erwachsenenalter hinein fortdauert. Zur Pseudo-Unschuld gehören die Scheuklappen der Verdrängung. Indem er der Machtlosigkeit den Anschein einer Tugend verleiht, handelt ein solcher Mensch, als ob Gott über die Schwachen und Naiven wache. In seiner vorrangigen Beschäftigung mit der Vergangenheit steckt die Täuschung , es werde immer einen Beschützer geben, wenn man nur nie aus der Kindheit herauswachse.

Zurückbleibende Schwäche, Hilflosigkeit und Abhängigkeit hindern Menschen daran, sich jemals erwachsen zu fühlen. Sie sind stets von nostalgischer Sehnsucht erfüllt. Dabei geht es weniger um die Bewahrung kindlicher Spontaneität als um das Festhalten an dem kindlichen Anspruch, daß jemand anderes sich um ein so schwächliches Wesen kümmern müsse.

Dann gibt es unter uns Menschen, die durch den Traum von gerechter Rache die Vorstellung von heroischen Tugenden nähren, während sie auf den Zeitpunkt warten, zu dem sie alles Böse besiegen können und endlich Anerkennung und Wertschätzung finden werden. Doch spielt es kaum eine Rolle, ob man das ewig glückliche Leben durch nutzloses Leiden voller Selbstmitleid oder durch romantische Abenteuer von gefährlichem Leichtsinn zu erreichen sucht. Vorgetäuschte Demut und falsche Bravour führen zu denselben Ergebnissen. Die tatsächlichen Gefahren werden vertuscht, Gelegenheiten zum Wachstum übersehen und die Belohnungen selbstverantwortlichen Lebens verpaßt.

20

Die Pseudo-Unschuld vereinfacht das Leben künstlich, indem sie der im Leben von uns allen auftretenden Willkür des Zufalls eine fraglose Ordnung überstülpt. Indem sie die Destruktivität in uns und den anderen verdrängt, bringt sie uns leicht zu unwissentlicher Komplizenschaft mit dem Bösen. Das Festhalten an unseren Vorstellungen von Vollkommenheit nimmt uns die Kraft, den lebenslangen Kampf des Erwachsenen mit dem Widerspruch zwischen unseren ethischen Idealen und den unvollkommenen Situationen, mit denen wir alle zu kämpfen haben, aufzunehmen.

Es ist nicht allein der Schmerz der Enttäuschung, der zur neurotischen Pseudo-Unschuld führt. Wenn ein Kind leidet, kommt es sich schlecht vor. Daraus ergeben sich jedoch nicht zwangsläufig die selbstzerstörerischen Lebensweisen, die aus allzu langem Festhalten an Illusionen entstehen, noch die Angst- und Depressionszustände, wie man sie bei einer Gefährdung dieser Illusionen erfährt.

Bei seinen Forschungsarbeiten zu *The Meaning of Anxiety* befaßte sich Rollo May in New York City mit einer Gruppe junger, lediger Mütter.[7] Das war in den vierziger Jahren, als die Schwangerschaft einer alleinstehenden Frau eine viel traumatischere Erfahrung war als heute. May ging dabei von der Hypothese aus, die Anfälligkeit für Ängste sei proportional zum Grad der jeweiligen Ablehnung durch die eigene Mutter. Er erwartete, daß die schwierige Situation im Heim für ledige Mütter die aus mütterlicher Zurückweisung stammenden Ängste klar zum Vorschein bringen würde.

Wie sich herausstellte, paßte die Hälfte der jungen Frauen wunderbar zu der Hypothese, die andere Hälfte jedoch überhaupt nicht. Jede dieser Frauen hatte eine radikale und schmerzliche Ablehnung durch die Mutter erfahren müssen. Einen Faktor gab es jedoch, in dem sich die mütterliche Zurückweisung in beiden Gruppen unterschied. Die Frauen in der Gruppe mit wenig Ängsten und geringfügigen neurotischen Verhaltensmustern waren *offen* und *ehrlich* abgelehnt worden.

May beschreibt eine Frau, der er den Namen Helen gab, als typisches Beispiel der nicht neurotischen Gruppe mit wenig Ängsten:

> [Sie] . . . stammte aus einer Familie mit zwölf Kindern, deren Mutter sie alle zu Beginn des Sommers aus dem Haus jagte; sie sollten sich bei ihrem Vater aufhalten, der auf dem Hudson einen Lastkahn betreute. Helen erwartete ein Kind von

ihrem Vater. Als sie sich im Heim aufhielt, saß er unter der Anklage der Vergewaltigung von Helens älterer Schwester in Sing Sing. Wie die anderen jungen Frauen dieser Gruppe sagte Helen „... *Wir haben Probleme, aber wir machen uns keine unnötigen Sorgen.*"[8]

Helens Unterscheidung gleicht der des verstorbenen Broadway-Produzenten Mike Todd, der angeblich gesagt hat: „Ich war schon oft pleite, aber niemals arm." Probleme mögen situationsbedingt sein, doch Sorge ist immer ein Zustand des Geistes. Schmerzliche Erfahrungen offen und ehrlich zu akzeptieren, verhindert unnötiges Leiden.

Der Verlust der Unschuld schmerzt immer, und selbst wenn wir als Erwachsene diese unvermeidliche Verwandlung bejahen, haben wir keine Garantie für ein problemloses Leben. Doch diejenigen von uns, die diesen Verlust vertuschen mußten, indem sie eigensinnig darauf bestanden, den ursprünglichen Zustand durch Pseudo-Unschuld zu ersetzen, werden von Ängsten und Depressionen befallen, wann immer diese theatralische Pose in Gefahr gerät. Den Schicksalsschlägen, die es im Leben eines jeden gibt, fügen wir noch unnötiges Leiden hinzu, das aus dem unerfüllbaren Anspruch stammt, wir seien etwas Besonderes, und die Welt sei fair und gerecht.

2

Allzeit glücklich ...

Jedesmal, wenn in der Begegnung mit der Realität des Lebens der Kern der Kindheitsillusionen bedroht wird, erleidet der Pseudo-Unschuldige den psychischen Schmerz unnötiger Angst und Depression. Ein Leben ohne Illusionen scheint völlig unerträglich zu sein. Dieses Gefühl kenne ich selbst sehr gut. Viele Jahre lang saß mir diese Furcht fast ständig im Nacken. Jetzt verspüre ich sie seltener, nur für kürzere Augenblicke und gewöhnlich mit geringerer Intensität. Sie tritt nur dann auf, wenn ich mich völlig der Einsicht verweigere, daß ich ein eigenverantwortlicher Erwachsener in einer Welt ohne Sinn bin. In solchen Fällen zahle ich den hohen Preis unnötiger Selbstbeschränkung und versäumter Gelegenheiten. Doch was das beharrliche Festhalten an meinen eigenen Märchen auch kosten mag, bisweilen kommt mir das Eingeständnis immer noch viel zu schrecklich vor, daß ich bloß ein ganz gewöhnlicher Mensch bin wie tausend andere auch und in einer Welt lebe, die mit mir nichts Besonderes vorhat.

Alles begann vor langer Zeit in einer Umgebung, die gar nicht nach einer Geschichte über romantische Ideale aussah. Es war einmal in einer kleinen Wohnung in der Bronx ...

Die Märchenatmosphäre, in welcher ich aufwuchs, hatte drei durchgehende Motive, die mein Leben prägten: 1. Zu dieser Familie zu gehören, hieß, daß ich Blutsbande zu Menschen hatte, die sich mit Sicherheit auch dann um mich kümmerten, wenn niemand sonst dies tat. 2. Die Zugehörigkeit zur jüdischen Gemeinde bot mir den Schutz, ‚unter meinesgleichen‘ zu sein. 3. Zu diesen Eltern zu gehören, beinhaltete das Versprechen, ich könne lernen, genauso gut und ehrlich zu werden wie sie, und dann allzeit glücklich leben.

Ich gehörte zu einem großen Familienklan, dessen Angehörige fast immer gleich um die Ecke zu wohnen schienen. Dies gab mir anfangs ein Gefühl der Sicherheit. Vermutlich wußte ich immer ganz genau, wo ich dran war in diesem ‚engsten‘ Familienkreis. Ich wurde als der geliebt, der ich war (der Sohn meiner Mutter). Obwohl ich kein Gründungsmitglied war, verschaffte mir das Geburtsrecht einen Platz. Ich gehörte dazu. Wir hatten sogar einen Vettern-Club.

Sowohl mein Vater als auch meine Mutter waren Kinder europäischer Einwanderer. Beide hatten viele verheiratete Brüder und Schwestern mit eigenen Kindern. Mein Vater hatte acht Geschwister, meine Mutter zehn. So etwa einmal im Monat gab es eine Verlobungsfeier, eine Hochzeit, eine Beschneidungszeremonie, eine Bar-Mizwa oder eine Beerdigung. Zu diesen kleinen, zwanglosen Feiern kam in der Regel nur der engste Familienkreis, und das waren nie weniger als hundert Leute.

Erst ganz allmählich begriff ich, welch komplizierte und widerstrebende Konfigurationen den beruhigenden Slogans vom Zusammenhalt der Familie zugrunde lagen. Die Eltern meiner Mutter waren aus Rußland eingewandert. Ohne einen Pfennig Geld, aber voller Hoffnung, auf goldgepflasterten Straßen zu wandeln, waren sie in einem Viehtransportschiff auf Ellis Island angekommen. Aus der vertrauten Isolation des *Stetl* gelangten sie in die Neue Welt, wo sie in einem Ghetto lebten und in einem Ausbeuterbetrieb arbeiteten.

Mein Großvater wurde immer als ein gutmütiger alter Schneider geschildert. Es dauerte eine ganze Weile, bis ich herausfand, daß der gute alte Opa zuerst meine Großmutter sechzehnmal geschwängert hatte (es gab fünf Fehlgeburten) und dann mit einer dem Hörensagen nach christlichen, aber sonst unbekannten jüngeren Frau auf und davongegangen war.

Die Kinder hielten Großmama die Treue. Ich merkte lange Zeit nicht, wie sehr sie sich dieses alten Greenhorns schämten, das es auch nach fünfunddreißig Jahren Amerika niemals schaffte, Englisch zu sprechen. Obwohl sie ihr finanziell unter die Arme griffen, ‚mußten‘ sie ihr manchmal auf der Straße aus dem Wege gehen, wenn sie sich in ihrem abgewandelten *Stetl*-Aufzug aus Hauskleid, Hausschuhen und Kopftuch, zu dem als einziger amerikanischer

Einschlag unglückseligerweise das Tragen von Söckchen hinzukam, in der Öffentlichkeit zeigte.

Wie viele andere ihrer Generation, hatten sich meine Eltern große Mühe gegeben, richtige Amerikaner zu werden. Auf Ellis Island hatten ungeduldige Einwanderungsbeamte die merkwürdigen ausländischen Nachnamen verkürzt. Einzelne Nachkommen wiederum änderten ihre zu jüdisch klingenden Vornamen, so daß aus Esther Elizabeth wurde, aus Hannah Anita und aus Chaim Howard. Alle Familienmitglieder aus der Generation meiner Eltern gaben sich die größte Mühe, sich zu kleiden, zu benehmen und zu reden wie ,Yankees'. Bei solchen Heimsuchungen konnte meine Großmutter nur noch etwas zynisch auf jiddisch brummeln: „Gesegnet sei Kolumbus".

Bill, der älteste Bruder meiner Mutter, war der gesetzmäßige Erbe. Nach dem Verschwinden meines Großvaters übernahm er als eine Art Vaterersatz die Leitung der Familie. Er dachte an eine Laufbahn jenseits der üblichen Maloche. Aber nur für die jüngeren Brüder würde es möglich sein, ein College zu besuchen. Für die Schwestern wurde diese Möglichkeit nicht einmal erwogen.

Obwohl Bill nur eine spärliche schulische Ausbildung hatte, gelang es ihm immerhin, im Industrieanzeigengeschäft Fuß zu fassen. Er veröffentlichte schließlich selbst ein kleines Firmenadreßbuch für Zulieferungs- und Dienstleistungsbetriebe, das an alle Fabrikanten in der Gegend verteilt wurde. Seine beiden nächstjüngeren Brüder stellte er als Assistenten ein und begann so ein Familienimperium im Westentaschenformat aufzubauen. Als meine Mutter und ihre zahlreichen Schwestern heirateten, wurden deren Ehemänner als Lehrlinge ins Geschäft aufgenommen.

Kaum hatten die Schwäger gelernt, wie man ein solches Geschäft betreibt, da trennten sie sich auch schon von dem ursprünglichen Familienunternehmen und starteten selbst ein konkurrierendes Firmenadreßbuch. Es folgten brutale Vernichtungsfeldzüge einschließlich unschöner gerichtlicher Auseinandersetzungen, bei denen jede Partei versuchte, die andere wegen Betrug, unlauterer Geschäftspraktiken und dergleichen ins Gefängnis zu bringen.

Als ich mir dieser Kämpfe bewußt wurde, kam mir unser Märchenmotto, daß man sich immer auf die Familie verlassen könne, allmählich zweifelhaft vor. Schließlich fragte ich meine Mutter: „Aber wie ist's dann mit Onkel Bill?" Ohne eine Sekunde zu zögern sagte sie: „Mein Bruder Bill gehört *nicht* zur Familie."

Die Seite meines Vaters führte in der Familie ebenfalls ein seltsames Schattendasein. Diese Angehörigen blieben immer zu arm, nahmen manchmal die Wohlfahrt in Anspruch und schämten sich gar nicht ihrer mangelhaften Bildung. Außerdem stammten sie aus Ungarn. Im Vergleich zur mütterlichen Seite des Klans kamen sie mir echter, robuster vor, und ich hatte Spaß mit ihnen. Aber bald lernte ich, sie als arme (folglich unwürdige) Verwandte links liegen zu lassen. Es war alles sehr merkwürdig. Wir waren vom Glück begünstigt, weil wir einige begüterte Verwandte hatten, von denen wir abgelegte Kleidungsstücke von guter Qualität bekommen konnten. Die Familienangehörigen väterlicherseits waren bemitleidenswerte Schnorrer, weil sie unsere getragenen Sachen bekamen. Es war klar, daß unter ‚Familie‘ nur jene Verwandten von der Seite meiner Mutter zu verstehen waren, die damals in gutem Ansehen standen.

Wenn ich mich schon nicht darauf verlassen konnte, wer jeweils zur Familie zählte, dann wußte ich doch zumindest, daß ich zu einer jüdischen Gemeinde gehörte, die sich um mich kümmern würde. Aber selbst da waren die Grenzen manchmal nicht klar zu erkennen. Onkel Jim zum Beispiel war Italiener. Er hatte Tante Ella geheiratet, die ältere Schwester meines Vaters. Jim war ein netter Kerl und ein überaus erfolgreicher Bauunternehmer. Als solcher war er für die Familie durchaus akzeptabel. Als ich meine Mutter wegen Onkel Jim befragte, erklärte sie: „Italiener und Juden sind gleich – beinahe."

All das war sehr verwirrend. Mit fünfzehn verliebte ich mich in ein Mädchen italoamerikanischer Abstammung. Meine Leute sahen mit Genugtuung, wie ich auf den Straßen des Viertels mit einem so netten, sauberen, höflichen und schönen Mädchen Hand in Hand spazieren ging. Dann erfuhren sie, daß das Mädchen Nina Manuzza hieß. Als Antwort darauf strichen sie mir das Taschengeld, denn „wenn du dich mit einer Nichtjüdin einläßt, dann schimpft man dich sicher eines Tages im Zorn Judenbastard."

Das scheinbar freundschaftliche Verhältnis meiner Eltern zu den in der Nachbarschaft wohnenden amerikanischen Juden der ersten Generation trug zu meiner weiteren Verwirrung bei. Diese Nachbarn benahmen sich lauter und auffälliger als meine Eltern. In der Öffentlichkeit ignorierten meine Eltern diese Unterschiede und waren den Nachbarn gegenüber höflich und freundlich. Zu Hause sprachen sie von ihnen als *Mockeys* (ein jiddischer Ausdruck für Leute, die als ‚zu jüdisch' galten). „Das sind die Schlimmsten", meinten sie.

Trotz alledem glaubte ich, wenn ich in der jüdischen Gemeinde das Erforderliche tun würde, dann könnte ich für mich immer noch ein ganz besonderes Plätzchen finden. Früher als üblich meldete ich den Wunsch an, in die Hebräische Schule der örtlichen Synagoge zu gehen. Dies bedeutete, an drei Nachmittagen in der Woche aufs Spielen zu verzichten, um Hebräisch zu lernen und mit den jüdischen Bräuchen und Ritualen vertraut zu werden, damit ich dann mit dreizehn als gut beleumundetes Vollmitglied in die jüdische Gemeinde aufgenommen werden konnte.

Meine Eltern waren entzückt. Obwohl sie selber höchstens zur Teilnahme an einer Familienhochzeit oder an einer Bar-Mizwa in die Synagoge gingen, betrachteten sie es als Gnade Gottes, einen Sohn zu haben, der die Thora studierte. Am allerwichtigsten war dabei, daß ich genug Hebräisch lernen würde, um das *Kaddisch* sprechen zu können, das Gebet für die Toten. So würde man sogar nach ihrem Tod noch an meine Eltern denken und sie ehren.

Ich verbrachte viele qualvolle Stunden in dem heißen, nach Schweiß riechenden Hinterzimmer der Synagoge, wo ich mit anderen unglücklichen jüdischen Jungen zusammengepfercht war. Offensichtlich gehörte ein starker Glaube dazu. Am lebhaftesten erinnere ich mich an den Schmerz, den ich empfand, wenn der Rabbi mir bei einem Fehler im *Aleph, Beth, Gimel* (dem hebräischen ABC) mit der Metallkante seines Lineals auf die Fingerknöchel schlug. Daß ich diese Mißhandlungen freiwillig auf mich nahm, konnte nur daran liegen, daß ich darin den Weg zum allzeit glücklichen Leben sah.

Ich stand jeden Morgen eine Stunde früher auf als sonst, um die Gebete, Übungen und Waschungen zu verrichten, die das jüdische Ritual vorschreibt. Ich würde nicht bloß ein guter Jude werden, sondern der beste Jude, den es gab. Als ich mich eines Abends entschlossen hatte, nicht mehr länger Jack Armstrong und den Lone Ranger zu hören, sondern stattdessen zu Hause Hebräisch zu büffeln, teilte ich meinen Eltern mit, ich wolle Rabbiner werden. Meine Mutter gab schockiert zur Antwort: ‚Ist das vielleicht ein Beruf für einen netten jüdischen Jungen?'

Ich hütete meinen *Siddur*, das rituelle Gebetbuch, welches mir die

Frau des Rabbi geschenkt hatte (sie war die eigentliche Leiterin der Hebräischen Schule). Da ich wußte, daß dieses Buch niemals den Boden berühren durfte und so heilig war, daß man es schließlich nicht einfach wegwerfen durfte, sondern verbrennen mußte, verwahrte ich es auf einem besonderen Bücherregal, das mir als eine Art Altar diente und das ich religiösen Gegenständen vorbehalten hatte.

Als ich eines Morgens diesen *Siddur* holen wollte, um meine Gebete zu verrichten, stellte ich fest, daß er fehlte. Ich war außer mir, doch wagte ich nicht, meine Eltern so früh zu wecken. Ich flehte (auf Englisch) um Gottes Vergebung und verschob meine rituellen Gebete, bis meine Eltern wach sein würden. Ich nahm nämlich an, sie wüßten etwas über den Verbleib meines *Siddur*.

Als ich meinen Vater danach fragte, lachte er. „So ein Dummkopf", sagte er. „Du hast ja schon vergessen, worüber du dich gestern abend noch bei mir beklagt hast. Du jammertest herum, daß der kleine Spielzeugbillardtisch, den ich dir zum Geburtstag geschenkt hatte, nicht ganz waagerecht stehe. Hast du gemeint, dein Vater würde nicht an dich denken? Warum bist du denn nicht daraufgekommen, unter dem zu kurzen Bein des Billardtisches nach deinem *Siddur* zu schauen? Gottseidank hatte er genau die richtige Dicke, um den Tisch ins Lot zu bringen."

Das jüdische religiöse Brauchtum befolgten wir zu Hause nicht. Die einzige Ausnahme bildete das Entzünden der *Jahrzeit*, der Kerze zum alljährlichen Totengedenktag - ‚für alle Fälle'.

Als meine Eltern jung verheiratet waren, verwandte meine Mutter eine Menge Energie darauf, die komplizierten Regeln der koscheren Küche einzuhalten; meine Großmutter sollte unbesorgt bei uns essen können. Oma kam zwar auch ab und zu auf Besuch, doch sie traute meiner Mutter nie genug, um mehr als eine Tasse schwarzen Kaffees anzunehmen. Angewidert gab meine Mutter schließlich den Versuch auf, ‚koscher zu bleiben'.

Als ich daranging, all dies zu ändern, schienen meine Eltern mich zu ermutigen. Ich erinnere mich noch gut daran, wie ich in meinen hebräischen Studien so weit fortgeschritten war, daß ich zum erstenmal das Entzünden der *Chanukka*-Kerzen vornehmen konnte. Meine Eltern schienen sehr stolz zu tun, als sie sahen und hörten, wie ich die Kerzen auf rituelle Weise entzündete und dabei den vom Ritual geforderten Segen sang, um die Zeremonie abzuschließen.

Anschließend gingen wir alle zu Tisch. Dabei stellte sich heraus, daß meine Mutter *Schinken*steaks zum Abendessen servierte!

Die familiäre Heuchelei vollzog sich in erstaunlichen Zickzacklinien. Obwohl an dem hohen Feiertag Jom Kippur (dem Versöhnungstag) ein ganztägiger Besuch der Synagoge sowie Fasten vorgeschrieben war, beteiligten wir uns in keiner Weise an den Ausdrucksformen der Bußfertigkeit, mit deren Hilfe ein Jude sein Verhalten im vorangegangenen Jahr überprüft, um dann im kommenden Jahr einen besseren Lebenswandel zu führen.

Zu den kleinen Lastern, denen man in dieser Zeit zu entsagen hat, gehört das Rauchen. Meine Eltern rauchten an diesem Tag, aber nur im Haus. Als ich fürs Rauchen alt genug war, hatte ich die religiösen Praktiken aufgegeben. An Jom Kippur durfte auch ich zu Hause rauchen, jedoch nicht auf der Straße. Ich konnte diese willkürliche Unterscheidung nicht verstehen, bis meine Eltern mir erklärten: „Ein guter Jude zu sein, bedeutet nicht, daß man jede dumme kleine Regel befolgt wie ein Greenhorn (d.h. frisch eingewanderter Jude). Aber am Jom Kippur auf der Straße zu rauchen, das ist eine Beleidigung der Gemeinde. Du brauchst die Regeln nicht zu befolgen, aber du darfst Gott nie ins Angesicht spucken.''

Eine nach der anderen lösten sich die Illusionen in Nichts auf. Die Familie war manchmal nicht die Familie. Herauszufinden, was es heißt, jüdisch zu sein, schien so gut wie unmöglich. Ich hatte das Gefühl, daß mir nur noch eine Hoffnung blieb: Wenn ich lernen könnte, so gut und so ehrlich wie meine Eltern zu werden, dann würde sich für mich bestimmt alles zum Besten wenden.

Einige Bestandteile dieses Märchens hatten sich ebenfalls schon frühzeitig verflüchtigt. Man hatte mir gesagt, ich sei noch nicht gut genug, um ein rechtes Leben führen zu können, und müsse deshalb für eine gewisse Zeit noch damit rechnen, immer wieder in Schwierigkeiten zu geraten. Aber das sei kein Grund zur Sorge. Wenn ich nur zu meinen Eltern käme und ihnen beichtete, was ich dieses Mal wieder angestellt hätte, dann würden sie schon Verständnis dafür aufbringen. Sie würden nicht böse sein, und ich würde nicht bestraft werden.

Die erste Beichte, an die ich mich erinnern kann, betraf das Stehlen von Kleingeld aus dem Geldbeutel meiner Mutter. Ich hatte etwas damals furchtbar Wichtiges vor. Das örtliche Kino zeigte ein Samstagnachmittags-Sonderprogramm mit zwei tollen Attraktionen, einer Episode aus der Flash-Gordon-Serie und Comics, außerdem gab's eine Verlosung und alles, was dazugehört. Ich war neun Jahre alt und pleite.

Als ich damals zum ersten Mal Geld stahl, war das ein großes Abenteuer. Die Kinovorstellung war um so wunderbarer, als ich sie um ein Haar nicht zu sehen bekommen hätte. Doch als der Abend kam, drückte mich eine unerträgliche Last, weil ich ganze anderthalb Stunden lang die Schuldgefühle eines Neunjährigen hatte aushalten müssen, der zuvor mit größtem Vergnügen die vom sauer verdienten Geld seiner Eltern abgezweigten 15 Cents ausgegeben hatte. Ich beschloß, diese Bürde beim Abendessen loszuwerden. Das war der früheste Zeitpunkt, zu dem ich meine Eltern zusammen sehen konnte. Obwohl die Sache ein schreckliches Verbrechen war und starke Schuldgefühle in mir hervorrief, glaubte ich, ein einziges Geständnis könnte das alles wieder aus der Welt schaffen.

Ich war schlau genug, meinen Eltern eingangs zu erzählen, was für ein tolles Nachmittagsprogramm das örtliche Kino angeboten hatte, wie gern ich es hatte sehen wollen und wie traurig ich gewesen war, weil ich mir das nicht leisten konnte. Dann ließ ich ihre Predigt noch einmal ablaufen: Ganz gleich, was ich angestellt hätte, wenn ich nur die Wahrheit sagte, dann würden sie nicht böse werden und mich auch nicht bestrafen. Sie versicherten mir, ich hätte schon richtig verstanden, wie das in unserer Familie sei, wenn einer etwas angestellt habe, es nicht mit Lügen vertusche und so weiter.

Dann beging ich den Fehler, über den Diebstahl der 15 Cents aus dem Geldbeutel meiner Mutter die Wahrheit zu sagen. Bevor ich hinzufügen konnte, wie leid es mir tat, hatte meine Mutter schon über den Tisch gelangt und mich voll ins Gesicht geschlagen. ,,Unser Sohn ist ein Dieb!'' rief sie meinem Vater zu. Nach diesem Hinweis war er an der Reihe. Er wandte sich mehr an sie als an mich und gab die unumstößliche Zusicherung ab: ,,Er wird nie wieder stehlen. Kein Kino mehr für den Rest des Sommers!''

Natürlich stahl ich wieder. Aber nicht um Geld für's Kino zu bekommen. Innerhalb von zwei Wochen steckte mir nämlich mein Vater jeden Samstagmorgen heimlich 15 Cents zu und sagte dabei: ,,Viel Spaß im Kino, aber sag nichts deiner Mutter. Ich möchte nicht, daß sie sich *deinetwegen* aufregt.''

Damals merkte ich, daß die mit meinem Geständnis gezeigte Ehrlichkeit nicht ausreichte. Sie genügte nicht, um meine anfängliche

Unehrlichkeit beim Stehlen wieder auszugleichen. Nur wenn ich lernen könnte, so grundlegend ehrlich zu sein wie meine Eltern, ließen sich alle kleineren Fehler in meinem Charakter durch ein offenes Eingeständnis überwinden.

Einige Jahre später ging auch dieses Märchen den Weg der beiden ersten, zusammen mit meiner ursprünglichen Unschuld. Es war der Sommer in meinem vierzehnten Lebensjahr. Die Schule war zuende und ich hatte noch keinen Ferienjob bekommen können. Meine Mutter befürchtete, ich würde wie immer in Schwierigkeiten geraten, wenn ich in der freien Zeit nichts zu tun hätte. Sie wies meinen Vater an, mich jeden Morgen mitzunehmen, wenn er in die Stadt ins Büro ging.

Dahinter stand der Gedanke, ich könnte etwas Nützliches lernen über anständige Arbeit. Mein Vater nahm mich pflichtschuldig jeden Morgen mit. Die meiste Zeit ließ er mich in einem der leerstehenden Büros mit einer Schreibmaschine und einer Rechenmaschine spielen; außerdem durfte ich austüfteln, wie man aus Büroklammern eine Kette machen kann. Da es mir bald langweilig wurde, begann ich herumzuwandern. Daraufhin beschloß mein Vater, daß es jetzt an der Zeit sei, mir etwas über das Anzeigengeschäft beizubringen.

Die Firma war von zwei meiner Onkel, die mit Schwestern meiner Mutter verheiratet waren, gegründet worden. Mein Vater hatte damals die Möglichkeit gehabt, als Partner einzutreten. Er hatte das Angebot jedoch abgelehnt, weil er nicht die Ausbeuterrolle eines Chefs übernehmen wollte. Stattdessen spielte er nun die Märtyrerrolle eines ausgebeuteten Angestellten.

Um zu einem Namen für ihre Firma und ihr Produkt zu kommen, hatten meine beiden Onkel ihre Familiennamen zusammengefügt. Das Ergebnis war ,ein glücklicher Zufall': Der Firmenname hörte sich ganz ähnlich an wie der, den die Telefongesellschaft für das Branchenfernsprechbuch benutzte. Und weil beide Onkel die Farbe gelb so mochten, hatten sie sich entschieden, ihr eigenes Branchenverzeichnis auf auffallend ähnlichen *gelben Seiten* zu drucken.

Mein Vater spielte eine Doppelrolle. Während der Zusammenstellung, des Layouts und der eigentlichen Produktion des Verzeichnisses war er Büroleiter. Ansonsten war er die meiste Zeit des Jahres unterwegs. Er zog als Manager eines Teams von Anzeigenakquisiteuren von einer Industriestadt zur anderen. Er hatte mir schon früher erzählt, daß das ein ‚kniffliges‘ Geschäft sei, weil sie *Platz* in einem Verzeichnis zu verkaufen hätten. „Und was ist Platz?“ fragte er dann. „Platz ist nichts. Das ist unser Produkt: Nichts. Es ist gar nicht so leicht, ein Nichts zu verkaufen.“

Während jenes Sommers im Büro zeigte er mir eine der Methoden, wie man ‚Nichts‘ per Post verkaufen kann. Zwei Büroangestellte gingen für ihn die Telefonbücher auswärtiger Gesellschaften durch. Unter seiner Aufsicht suchten sie umrandete Anzeigen und Einträge in Großbuchstaben von Firmen für Industrieservice und einschlägige Produkte heraus, die sie dann ausschnitten. Nur für diese Anzeigen und Einträge mußten die betreffenden Firmen der Telefongesellschaft eine Gebühr bezahlen.

Die ausgeschnittenen Anzeigen und Einträge wurden dann auf ein ‚Auftragserneuerungsformular‘ für Anzeigen in dem Firmenadreßbuch, für das mein Vater arbeitete, geklebt. Lediglich im Kleingedruckten am unteren Rand des Formulars wurde darauf hingewiesen, daß die betreffende Anzeige *ursprünglich* im Branchenfernsprechbuch der Telefongesellschaft veröffentlicht worden war.

Die vielbeschäftigten Manager, an die diese Formulare verschickt wurden, würden sich Zeit nehmen müssen, um sie sehr genau zu lesen. Andernfalls würden diese ‚Kunden‘ ohne Zweifel glauben, sie erneuerten auf diese Weise einfach den Auftrag für den zuvor schon erworbenen Anzeigenraum auf den Gelben Seiten des Telefonbuches.

Als ich begriffen hatte, wie dies funktionierte, war ich empört. Ich bat meinen Vater in das leerstehende Büro, um mit ihm unter vier Augen sprechen zu können. „Paps“, sagte ich, „ich kann nicht fassen, was hier vor sich geht. Es kommt mir so unehrlich vor, wie Diebstahl.“

„Du bist einfach noch zu jung, um das zu verstehen“, versicherte er mir. „Es ist nicht unehrlich, und Stehlen ist es schon gar nicht. Es ist einfach *kuchel-muchel*.“

So oft wir auch später darüber sprachen, nie war in der Familie jemand zu finden, der eine wörtliche Übersetzung von *kuchel-muchel* liefern konnte. Das klarste, was ich zu hören bekam, war, daß es sich um eine jüdische Version von Hokuspokus handle, einfach etwas, das mit ‚gutem Geschäftssinn‘ zu tun habe, und nichts weiter. Meine Mutter fügte als weitere Klarstellung hinzu: „Dein Vater ist rundweg ehrlich. Es ist bloß so, daß jeder *Mann* im Grunde seines Herzens ein bißchen ein Dieb ist.“

Damit war’s geschafft. Das Märchen von der Familiengemeinschaft war als instabil und unzuverlässig entlarvt worden. Die Hoffnung, Mitglied einer jüdischen Gemeinde zu werden, die sich um mich kümmern würde, war zu widersprüchlich, als daß ich mich hätte darauf verlassen können. Und nun erwies sich auch die Hoffnung als trügerisch, dadurch ein gutes Leben zu erlangen, daß ich so ehrlich wie meine Eltern wurde.

Wenn nur jemand zu mir gesagt hätte: ,,Wir haben dich in die Irre geführt. Das Leben ist in Wirklichkeit nicht das Märchen, als das wir es hingestellt haben.'' Stattdessen wurde mir gesagt, all die Märchen der Familie seien immer noch wahr. Man forderte mich auf, die Widersprüche zu ignorieren. Selbst wenn ich dabei in klaren Gegensatz zu meinen eigenen Erfahrungen und Gefühlen geriet, sollte ich weiterhin so tun, als würde bei uns nicht geheuchelt.

Ich konnte nicht mehr unterscheiden, was wirklich war und was nicht. Ich wußte nur noch, daß ich durcheinander war und meinen Eltern nicht mehr vertrauen konnte. Aber ich war damals noch zu hilflos und bestürzt, um den Versuch zu machen, mit einer Welt ohne Sinn zurechtzukommen.

Das Entsetzen über dieses Gefühl der Verletzlichkeit war so überwältigend, daß ich mich nicht direkt damit auseinandersetzen konnte. In einer verzweifelten Anstrengung, die Bruchstücke meiner zerstörten Unschuld festzuhalten, erfand ich meine eigenen Märchen. Ohne es zu merken, schuf ich allmählich meinen eigenen Mythos vom genialen Einzelgänger, dem fahrenden Ritter, der seinen Weg ging und von keinem etwas brauchte, während er die Mißstände einer ungerechten Welt behob. Ich war ungeheuer wagemutig und forderte jede Windmühle an meinem Weg heraus. Schließlich brauchte ich auch keine Familie mehr. Ich brauchte überhaupt niemanden mehr. Obwohl die anderen das vielleicht noch nicht gemerkt hatten, waren doch sie es, die mich brauchten.

Die Religion meiner Eltern hatte keine Bedeutung mehr für mich. Bei einer Bar-Mizwa an meinem dreizehnten Geburtstag nahm ich zum letzten Mal an einem jüdischen Ritual teil. Nach diesem Tag betrat ich nie mehr eine Synagoge als Teilnehmer am jüdischen Kult. Um die Mitte meiner Jugendzeit war ich schließlich zu den weltlichen Glaubensbekenntnissen der Sozialreform und des militanten Atheismus konvertiert.

Zunächst verschrieb ich mich auf meinem Kreuzzug der ‚transkulturellen Begegnung' (sprich: Ich ging nicht mehr mit jüdischen

Mädchen). Später wurde ich ‚negrophil'. Mein ursprüngliches Interesse an jüdischer Kultur hatte sich in einen leichten Antisemitismus verwandelt. Sämtliche positiven Gefühle wurden wurden auf mein schwärmerisches Bild der Negerkultur übertragen. Gegen Ende meiner Jugendzeit steigerte sich mein Interesse an Jazz und Rassenintegration bis zu jenem stolzen und selbstgerechten Heldenmut, die edle Hälfte eines gemischtrassigen Paares zu sein. Ich ging mit schwarzen Frauen, trieb mich in Harlem herum, war oft der einzige Weiße auf ansonsten schwarzen Parties und triefte geradezu vor herablassendem Verbrüderungseifer.

Mit dem in Mißkredit geratenen Märchen von der familiären Ehrlichkeit wurde ich fertig, indem ich die Vorstellung entwickelte, ich könnte die Wahrheit erkennen, wo andere dies nicht vermochten. Das wahnhafte Bild, das ich mir von mir selbst machte, wurde das eines vollkommen ehrlichen Menschen, vielleicht des einzigen, den es überhaupt gab. Ich bekräftigte diese Vorstellung meist dadurch, daß ich ohne Rücksicht darauf, daß ich anderen wehtun oder mir selbst Schwierigkeiten bereiten könnte, unter allen Umständen genau das sagte, was ich gerade dachte. Die Wahrheit war mein Flammenschwert. Ich gab mir selbst die Versicherung, daß andere Menschen mich bloß deswegen nicht mochten, weil ich für sie zu ehrlich war.

Was das Geldverdienen anbetraf, so stand ich weit über solch weltlichen Belangen. Allzulange arbeitete ich für zwei Dollar die Stunde als klinischer Psychologe in einer jener monolithischen staatlichen Anstalten für Geisteskranke. Ich war bereit, all das zu opfern, was meinen Eltern so wichtig gewesen war. Ich wünschte mir nur die Chance, die Insassen dieser Einrichtungen aus der Gewalt der Ungeheuer zu befreien, die sie gefangenhielten.

Es war eine Zeit großen Eifers und spärlicher Einsicht. Ich kämpfte tapfer und litt edel. Ich erreichte kaum etwas, das für andere wirklich von Wert war - doch was kann man schon von einem so jungen Helden erwarten? Mit der Zeit würde ich's ihnen schon zeigen. Eines Tages würden *alle* zu würdigen wissen, was ich für sie erreichen wollte.

In der Zwischenzeit litt ich unnötig. Zwar muß jeder die Mißgeschicke des Lebens ertragen. Als Pseudo-Unschuldiger litt ich jedoch doppelt: unter den Schlägen der wirklichen Welt und unter meinen Phantasien. Heute scheint mir das ein zu hoher Preis zu sein, um die Illusion vom heroischen Abenteurer aufrechterhalten zu können.

3

Der heroische Abenteurer

Pseudo-unschuldig, wie ich war, klammerte ich mich hartnäckig an ein Märchenbild von der Welt. Ich glaubte, meine eigene Lebensgeschichte müßte einen Anfang, einen Hauptteil und ein Happy-End haben. Haupt- und Nebenfiguren kämen darin vor, anständige Menschen und Schurken, und ich selbst spielte die Hauptrolle. Als der Held der Geschichte hätte ich Prüfungen zu bestehen und Lektionen zu lernen, bevor ich für mein mutiges Verhalten und meinen Wissensdrang den gerechten Lohn erhielte.

Meine berufliche Laufbahn erschien mir als ein natürlicher Weg für das heroische Abenteuer, das ich mir vorgenommen hatte. Schon sehr früh tat ich alles nur Mögliche, um die Phantasievorstellung in mir zu nähren, ich sei dabei, ein Merlin zu werden, der geheimes Wissen besitzt und weiße Magie betreibt. Zur gleichen Zeit spielte ich mit der Vorstellung, ein Lanzelot zu sein mit dem hehren Ziel, die Opfer von Ungeheuern, Hexen und bösen Stiefmüttern zu erretten.

Damals war *ich* es, der unter den Zwangsinsassen staatlicher Einrichtungen seine Patienten ausfindig machte. Einige von ihnen taten, was sie nur konnten, um mich darüber aufzuklären, daß ich meine Pseudo-Unschuld loswerden mußte. Für mich war jedoch die Zeit noch nicht gekommen, die Welt zu nehmen, wie sie ist, und so vielleicht mit meiner eigentlichen Arbeit voranzukommen. Meine Lehrzeit dauerte länger als nötig. Das lag nicht daran, daß diese Patienten unfähige Lehrer gewesen wären. Ich war nur wie alle Pseudo-Unschuldigen, langsam von Kapee. Ich ignorierte einfach hartnäckig alle konkreten Erfahrungstatsachen, welche die beruhigenden Tröstungen meiner Wunschträume zu unterbinden drohten.

Ich erinnere mich an den Beginn meiner Arbeit im New Jersey State Psychiatric Hospital in Trenton. Diese Anstalt bestand aus großen, alten Gebäuden aus Stein, die in offenem Gelände errichtet und durch schöne, baumbestandene Wege miteinander verbunden waren. Das Haupttor lag an der *Asylum Road*.

Ich war mit mir selbst hoch zufrieden. Gleich am ersten Arbeitstag kam ich mir wie ein bedeutendes Mitglied des Ärztekollegiums der Anstalt vor. Als ich über das Gelände spazierte, entboten adrette Krankenschwestern in weißer, gestärkter Uniform höflich ihren Gruß. Obwohl ich damals meine Promotion noch nicht abgeschlossen hatte, ließ ich mir die unverdiente Anrede „Guten Morgen, Herr Doktor" gern gefallen.

Es war so ein strahlender Sonnentag, der genau zu meinem Gefühl paßte, der richtige Mann am richtigen Platz zu sein. Es war der erste Tag meines neuen Lebens. Mit dem Einholen der Erlaubnis, das Gebäude allein zu begehen, in dem ich meinen Zauber walten lassen sollte, hatte ich die richtige Wahl getroffen. Ich folgte der äußerst genauen Wegbeschreibung des Personalchefs und erblickte die gewaltige Trauerweide, die die Kreuzung markierte, an der ich abbiegen mußte.

Am Fuß des Baumes sah ich einen Wegweiser. Ich war noch zu weit weg, um völlig sicher sein zu können, daß ich mich auf dem richtigen Weg befand. Ich eilte weiter, bis ich nahe genug an die hölzerne Tafel herangekommen war, um die gotische Schrift auf der rissigen, abblätternden Farbschicht erkennen zu können. Die Beschriftung bestätigte mir, daß die Richtung stimmte: ZUM GEBÄUDE FÜR DIE GEMEINGEFÄHRLICHEN SCHWACHSINNIGEN. Als ich mich der Abzweigung näherte, geriet ich durch ein zweites Schild plötzlich ins Stocken. Es war kleiner und hing ein Stück tiefer als das erste; seine erhabenen Buchstaben verkündeten schwarz auf weiß: SACKGASSE.

In einem Augenblick der Panik blieb ich stehen, weil ich plötzlich nicht mehr wußte, welchen Weg ich gehen sollte. Dann gab ich mir einen Ruck, wandte mich in die von den Schildern angegebene Richtung und marschierte entschlossen auf das Gebäude zu. Mit neuer Zuversicht folgte ich der langen, gewundenen Straße. Zuerst nahm ich die grauen Steinquader der Festung, zu welcher die Straße hinführte, kaum wahr. Doch ich fühlte mich schon ganz als ein Ritter, der auf seinem Pferd unterwegs war, um das Schloß des bösen Grafen im Alleingang zu erstürmen. Ich konnte gerade noch dem Drang Einhalt gebieten, mit der Zunge zu schnalzen, auf meine Schenkel zu klopfen und den Weg entlangzugaloppieren, wie ich es als Junge so oft getan hatte.

Ich verlieh meinem Gang den Ausdruck ruhiger Würde und bewegte mich gemessener zu dem sonnenhellen Gebäude hin, auf das ich nun den Blick richtete. Mit Unbehagen nahm ich wahr, welch starken Kontrast die stacheldrahtbewehrte Umfriedung dazu bildete. Als ich den Ort, an dem ich arbeiten sollte, eingehender betrachtete, fiel mir noch ein enttäuschendes Detail auf. Wenige Minuten zuvor hatte die glitzernde Sonne mein fernes Ziel in ein Zauberschloß verwandelt. Aus der Nähe entpuppte sich der weithin sichtbare Glanz als Reflex der mit Stahlstäben vergitterten Fenster eines modernisierten Hochsicherheitsgefängnisses. Der grimmige Bau wirkte durch diesen unbeabsichtigten Effekt noch grimmiger.

Meine Hochstimmung geriet unter dem Ansturm von soviel unerwarteter Realität ins Wanken. Ich griff in die Innentasche meines aufwendigen, maßgeschneiderten Tweedjacketts und holte ein nagelneues, mit schönen Verzierungen versehenes ledernes Zigarettenetui heraus. Entzückt von den Erinnerungen, welche das darin noch enthaltene Widmungskärtchen in mir weckte, lächelte ich in mich hinein. Auf dem Kärtchen stand: ,,Trag dieses Zeichen meiner Liebe bei Dir, während Du Dich dem neuen Abenteuer stellst. Marjorie.''

Ich zog eine Zigarette aus der vollen Packung und zündete sie in der Absicht an, mir Zeit zu lassen für eine geruhsame Rauchpause. Ich merkte aber, daß ich schnell und aufgeregt rauchte und den Stummel ungeduldig wegwarf, als ich die ausgetretenen Stufen vor dem Gebäude erklomm. Eine große, geschlossene Stahltür gebot mir Einhalt. Sie war übersät mit glänzenden, herzförmigen Stellen, an denen frühere Besucher die Farbe abgekratzt und sich und ihre eingesperrten Liebhaber mit ihren Initialen verewigt hatten.

Ich suchte vergeblich nach einem Knauf oder einem Türgriff. Es gab nichts dergleichen. Unwirsch drückte ich mich gegen die schwere Metalltür, doch sie wollte sich nicht bewegen. Ich wurde plötzlich ganz wild und war drauf und dran, mit den Fäusten gegen die Tür zu hämmern. Da bemerkte ich ein kleines, angelaufenes Messingschildchen mit der Aufforderung HIER LÄUTEN. Ich befolgte die Anweisung und drückte den großen, rissigen, schwarzen Knopf unterhalb des Metalltäfelchens. Die zeitweilige Alice-im-Wunderland-Atmosphäre löste sich auf unter einem dumpfen, metallischen Dröhnen, das hinter der Tür zu hören war.

Ich mußte, wie mir schien, unnötig lange warten und hörte dann ein widerwilliges Schlurfen von Schritten, begleitet vom Klappern umherbaumelnder Schlüssel. Durch das kleine Drahtglasfenster sah ich das gereizte Lächeln des weißuniformierten Torwächters. Wie um zu beweisen, daß er es nicht vergessen hatte, streckte er sein klapperndes Instrument empor zu dem bruchsicheren Fensterchen. Ich konnte nicht genau sehen, ob es sich um einen als Schlüssel verwendbaren Türgriff handelte oder um einen Türgriff, der auch als Schlüssel diente.

Bevor er sein kurbelartiges Instrument ins Schloß schob, wartete er auf mein widerwilliges, bestätigendes Nicken. Dann drangen durch die schmalen Schlitze, die in Hüfthöhe in der Tür angebracht waren, die gedämpften Worte „Bin schon da, Doc." Als der Wärter schließlich die Tür geöffnet hatte, versperrte er mir weiterhin den Zutritt und wollte wissen: „Sie haben doch einen Ausweis, Doc? Die Vorschriften, Sie wissen schon. Wir müssen's genaunehmen. Dieses Gebäude ist das reinste Pulverfaß."

„Gewiß doch, da bitte", antwortete ich und zeigte die frisch getippte Karte vor, die mir der Personalchef wenige Minuten zuvor ausgehändigt hatte. „Sie müssen Ihre Arbeit tun, ich die meine. Mein Name ist Kopp. Das schreibt man K-O-P-P. Ich bin der neue Assistent des leitenden Psychologen Dr. Perry. Ich werde bei der Behandlung der hiesigen Sexualstraftäter assistieren."

Auf den Wärter schien dies keinerlei Eindruck zu machen. „Ja, also, ich heiße Charlie Macken. Glauben Sie wirklich, Sie können diese Sexungeheuer heilen, Doc?" Ohne die Antwort abzuwarten, drehte er sich um und durchquerte den Eingangsbereich.

Ich machte mich allein auf den Weg zur nächsten Sperre. In dem doppelten Gittertor befand sich eine etwa drei Meter lange und zweieinhalb Meter breite Kammer. Die Tore durften nie gleichzeitig geöffnet werden. Der Besucher mußte das erste Tor passieren und hinter sich schließen lassen, bevor das zweite geöffnet wurde.

Ich drückte den Knopf, der in dem ‚Käfig', dem kleinen Raum des Wärters, einen Summton auslöste. Dieser Wachmann schaute aus seinem geschützten Hochsitz durch ein Drahtglasfenster auf den Bereich zwischen den Gittertoren. Mit Hilfe der schräg an den Ecken seines Gelasses angebrachten Vergrößerungsspiegel konnte er sehen, wer seine Dienste in Anspruch nehmen wollte.

Als er von Charlie per Handzeichen eine Bestätigung erhalten hatte, betätigte er den Hebel, mit dem das erste Tor geöffnet wurde. Ich ging hindurch. Das Tor schloß sich klirrend hinter mir und schnitt mir den Rückzug ab. Mir kam es vor, als befände *ich* mich in einem Käfig. Nach einer Zeitspanne, die mir schrecklich lang vorkam, tat sich das innere Tor vor mir auf. Ich wurde in einen langen, schwach beleuchteten Gang entlassen. Als ich die vertrauten Untersuchungs- und Besprechungsräume entdeckte, spürte ich, daß mein Selbstvertrauen zurückkehrte. Ich schlenderte den Gang entlang und betrachtete die Ausstattung.

Am Ende des Korridors befand sich wieder eine schwere, verschlossene Metalltür. Ich drückte den Summer. Als der nächste Wärter durch ein kleines Fenster spähte, zückte ich meinen Ausweis und wurde in einen riesigen sechseckigen Raum eingelassen. Genau auf der anderen Seite dieses offenen Bereichs befand sich ein großer, hoher, betont schmuckloser Speisesaal. Die endlosen Reihen einfacher Tische und Bänke aus Holz wirkten wie eine Kulisse für einen Jimmy-Cagney-Film. Im Augenblick war niemand da, bis auf ein paar Gefangene, die Reinigungsdienst hatten.

Dieser Wärter war älter und freundlicher als die anderen. Rechts und links von mir führten abgesperrte Durchgänge aus dem sechseckigen Hauptraum, in dem der Mann stand. „Sie nennen ihn deshalb den ‚Stern'", sagte er von alleine. „Von hier aus können wir die Bewegungen der Insassen am besten kontrollieren."

Ich hatte das Gefühl, endlich einen aufgeschlossenen Führer gefunden zu haben, und sagte selbstsicher: „Ich möchte gern einen typischen Patientenwohnbereich sehen, wenn das möglich ist."

„Also, manche Männer schlafen in Schlafsälen, andere in Zellen, einige auch in Krankenzimmern. Wir haben auch eine Bücherei, einen Sportplatz, einen Aufenthaltsraum und natürlich die Werkstätten, in denen die Männer arbeiten. Wo genau möchten Sie anfangen, Herr Doktor?"

„Ich habe heute nicht die Zeit, mir das ganze Gebäude anzusehen. Sagen wir mal, ich fange mit dem Krankenzimmergang an. Sie brauchen mich lediglich einzulassen."

Der Ton des lächelnden Wärters änderte sich ein klein wenig. „Sie sind der Doktor, Herr Doktor.'' Kopfschüttelnd sperrte er die Tür ganz zu meiner Rechten auf und ließ mich in den Gang eintreten.

Sobald die Tür hinter mir zugefallen war, merkte ich, daß ich einen Fehler gemacht hatte. In all den anderen Einrichtungen, in denen ich gearbeitet hatte und beratend tätig gewesen war, befanden sich in den Krankenzimmern körperlich Kranke. Hier, im Gebäude für die gemeingefährlichen Schwachsinnigen, waren diese Zimmer offenbar für schwer geistesgestörte Patienten reserviert und wahrscheinlich auch für die unverbesserlichen Unruhestifter.

Durch die Gitterfenster hoch oben in der Mauer zur Rechten drangen Sonnenstrahlen, die auf dem langen, dunklen, überfüllten Korridor unregelmäßige Flecken bildeten. Der Widerschein der Sonne von diesen Fenstern war es gewesen, der dem verschwommenen Anblick des weit entfernten Gebäudes einen Zauber verliehen hatte. Zur Linken befand sich eine Reihe von Türen zu den ‚Krankenzimmern'. Hinter diesem Euphemismus vebargen sich Einzelzellen, die jeweils lediglich mit einer Metallpritsche, einem schweren Holzstuhl ohne Armlehne, einem winzigen Tisch und einer übelriechenden Einbautoilette ohne Sitz ausgestattet waren.

In dem Bild eines Krankenreviers, wie ich es kannte, hatten Patienten wie diese hier keinen Platz. Ohne jede ärztliche Pflege saßen viele teilnahmslos auf dem Zementboden, den Rücken an die Steinmauer gelehnt, die Beine ausgestreckt. Manche hockten beisammen und flüsterten im Verschwörerton miteinander.

Am anderen Ende des Ganges trieb sich eine größere Gruppe lärmend herum. In das Dröhnen ihrer rauhen Stimmen mischten sich Ausbrüche von heiserem Gelächter. Wieder andere streiften auf einer end- und ziellos anmutenden Suche auf dem Korridor umher, wobei sie wild gestikulierten und unsichtbaren Gefährten ihre verrückten Geheimnisse mitteilten.

Plötzlich fiel mir ein, daß ich ja noch gar nicht mein Büro eingerichtet hatte. Ich hatte jetzt den Eindruck, mir bliebe nicht mehr genügend Zeit, um bis zum Ende des mit Menschen übersäten Korridors zu gehen. Schließlich war es mein erster Tag in der Anstalt, und es gab noch eine Menge anderer Dinge zu sehen. Ich drehte mich halb um, der verschlossenen Tür zu, durch die ich vor wenigen Augenblicken gekommen war.

Die Chance für eine Entscheidung wurde jedoch vereitelt. Ich spürte einen klauenartigen Griff an meinem Arm, drehte mich rasch herum und hatte das mit grauen Bartstoppeln übersäte Gesicht eines seltsamen kleinen Mannes vor mir, der mich an eine Spinnenkrabbe erinnerte. Wider Willen fühlte ich mich von seiner knochigen, runzligen Hand auf meinem frisch gebügelten Jackett angewidert. Doch das Entsetzen in seinen Augen erlaubte mir nicht, ihn abzuschütteln.

„Was wollen Sie?" fragte ich barscher als beabsichtigt. Dann, mit sanfterer Stimme: „Kann ich etwas für Sie tun?"

Der alte Mann lachte gackernd, weil er mich erwischt hatte. Er sprach in einem furchtsamen, abgehackten Flüsterton. „Wir müssen uns retten. Sie sind gerade noch rechtzeitig gekommen. Zusammen können wir vielleicht fliehen."

„Jetzt mal langsam . . ." fing ich an, denn mir fiel ein Zeitungsbericht über aufrührerische Gefängnisinsassen ein, die ihre Geiseln ermordet hatten. Dann betrachtete ich die erbärmlich schlaffe Gestalt und kam mir lächerlich vor. „Tut mir leid, alter Knabe, aber . . ."

„Nicht so verdammt laut", unterbrach mich der alte Mann und griff dabei ans Revers meines Jacketts. „Wenn er sie hört, sind wir erledigt, und das ist die reine Wahrheit."

„Schon gut, schon gut", hörte ich mich flüstern. Ich befreite mein Revers aus seinem Zugriff, doch er packte stattdessen wieder meinen Arm und führte mich verstohlen den Gang hinunter. Wir stiegen über die ausgestreckten Beine sitzender Patienten, doch der alte Mann tat weiterhin so, als wären wir alleine.

„Er ist schon jahrelang hinter mir und meiner Familie her", fuhr er fort. „Wir, die über eine gesellschaftliche Stellung und Wohlstand verfügen, sind doch stets die Zielscheibe solcher Schufte. Es ist ein Kreuz, das der Landadel schon immer tragen mußte. Dem Hochadel ergeht es ebenso, wissen Sie."

„Ich weiß, oh ich weiß", antwortete ich und ließ mich damit auf sein Spiel ein. Eine andere Möglichkeit schien es kaum zu geben. „Aber sagen Sie mal, wer steckt denn hinter der ganzen Sache?"

Der alte Mann schaute sich argwöhnisch um, bevor er die Verschwörung zu enthüllen wagte. Nachdem er sich irgendwie vergewissert hatte, vertraute er mir an: „'s ist Ticktack Tannenbaum, der Todesschütz aus Trenton."

Das genügte. Mir reichte es. Wenn er mir einen internationalen Spionagering angeboten hätte oder den Dritten Mann oder selbst Robin Hood, hätte ich vielleicht weiter zugehört. Aber diese unwahrscheinliche Stabreim-Anschuldigung war einfach zu viel.

Ich rückte so sanft wie möglich von ihm ab und sagte: „Also erzählen sie das alles mal Ihrem behandelnden Arzt, wenn er vorbeikommt. Er wird bestimmt versuchen, Ihnen zu helfen."

Zu meiner Überraschung griff der alte Mann nach seinen Ohren und zog sie lang, als wäre dies irgendein Zeichen einer Geheimloge. Durch meine Antwort irgendwie zufriedengestellt, blinzelte er vergnügt und schlich auf dem Gang wieder zurück.

Da ich schon die Hälfte des Korridors hinter mir hatte, beschloß ich, doch weiterzugehen. Die meisten der sitzenden Patienten ignorierten mich einfach. Ich beobachtete sie genau und versuchte mir einzuprägen, was ich bemerkte. Der alte Mann war ein paranoider Schizophrener gewesen, vielleicht auch ein Fall von Syphilis des zentralen Nervensystems im fortgeschrittenen Stadium. Ich nahm mir vor, seinen Namen herauszufinden und festzustellen, wie die Diagnose lautete. Beim Umherschauen fiel mir ein Katatoniker auf, der sich zu einem Knäuel zusammengerollt hatte, als befände er sich wieder in der Gebärmutter, sowie ein erregter Depressiver, der händeringend auf und ab ging, wobei ihm Tränen in Strömen über die Wangen liefen. Die wahren Sachverhalte begannen sich abzuzeichnen.

Bestärkt in dem Gefühl, daß ich sehr wohl Bescheid wußte, ging ich weiter den Gang entlang. Ein großer, schlaksiger Mann Anfang zwanzig mit einem Brustkorb wie ein Stier löste sich von einem der Patientengrüppchen. Er ging in die Mitte des Korridors, verschränkte die Arme und stellte sich mir direkt in den Weg. Mit weit gespreizten Beinen begann er langsam auf den Fußballen hin und her zu wippen.

Ich verlangsamte meine Schritte, blieb aber nicht stehen. Weglaufen konnte ich nicht, und auf einen Kampf wollte ich mich ganz bestimmt nicht einlassen. Woran dachte ich aber dann? Ich war der Arzt, und das war ein Patient.

Einen Augenblick lang hatte mich die drohende Konfrontation an die antisemitischen Herausforderungen erinnert, denen ich mich als kleiner Junge stellen mußte, wenn ich es wagte, auf dem Nachhauseweg eine Abkürzung durch die verbotenen nichtjüdischen Viertel einzuschlagen.

Ich war selten weggelaufen und war oft drangsaliert worden. Ich sollte zwar versuchen, Schlägereien zu vermeiden, aber auch nie verleugnen, daß ich Jude war. Es war eine seltsam passive, von Ausweglosigkeit geprägte Art von Mut.

Jetzt mußte ich eine Pflicht erfüllen, die zu jenem Paradox meiner Jugendzeit eine Parallele bildete.Ich war hier, um zu helfen; ich konnte meine Identität als Therapeut nicht beiseiteschieben. Genau dieser Mann, der mich jetzt bedrohte, könnte später in der Therapie mein Patient sein. Doch war mir noch nie ein Nichtjude so fremd vorgekommen wie dieser offenbar kriminelle Typ, der mir den Fehdehandschuh hingeworfen hatte. Ich merkte, daß andere Patienten aufpaßten, ob ich ihn aufnehmen würde.

Mein Widersacher rührte sich nicht. Mehr durch den Schwung als durch einen Entschluß vorangetrieben, ging ich weiter den Korridor entlang, steifbeinig, aber stetig. Hinter dem spöttischen Lächeln zeigte sich Anspannung im Gesicht des Patienten. Mir wiederum fiel das Herz in die Hosen, aber ich ging trotzdem weiter, weil ich wußte, daß es zu spät war für den Rückzug.

Ich war nur noch eine Handbreit von dem gewaltigen Brustkorb entfernt und bewegte mich immer noch. Als ich drauf und dran war, mit ihm zusammenzuprallen, änderte sich sein Gesichtsausdruck zu einem breiteren Grinsen von der Art „Ach, Quatsch!" Er trat mit übertriebener Höflichkeit beiseite und sagte mit geheuchelter Bestürzung: „Oh, wollten Sie hier durch, Doc?"

Meine Furcht wich einem Gefühl der Erleichterung. Dann war ich ärgerlich, weil ich mich hatte foppen lassen. Als meine Gefühlslage sich entspannte und ich gut gelaunt im stillen über mich lachen konnte, antwortete ich zu guter Letzt mit „Ja, danke."

Einige der anderen Patienten umringten uns lachend und schubsten sich gegenseitig. Sie schienen sich sehr für mich zu interessieren.

„Sind Sie der neue Doktor?" fragte einer.

„Werden Sie hier in diesem Bau arbeiten, Doc?" wollte ein zweiter wissen.

Dann bettelte ein dritter: „Wie wär's denn mit einer Zigarette, Doc? Hier kriegt man die Fertigware so schlecht."

Ein anderer erläuterte: „Tja, wir drehen sie uns selbst, wie Gene Autry. Hätten Sie für mich auch eine?"

„Wir brauchen unbedingt mehr Ärzte hier."

Geschmeichelt und über diese neue Atmosphäre der Anerkennung und Achtung erleichtert, bot ich mein ledernes Zigarettenetui dem ersten Bittsteller an.

„He, ein schönes Etui. Schaut euch das mal an", sagte er bewundernd. Ich merkte kaum, daß er mir das Etui aus der Hand genommen und weitergereicht hatte.

Jetzt war ich an der Reihe, sie in Spannung zu versetzen, indem ich die durch meine Anonymität gegebene Situation auskostete. „Also, sagen wir vorerst nur mal, daß ich ein neuer Arzt bin und lassen es dabei bewenden. Sie werden alles übrige in wenigen Tagen erfahren. Und so lange können Sie doch gut warten, oder?"

Der Mann, der mich herausgefordert hatte, antwortete für die gesamte Gruppe: „Okay Doc, wir können warten. Nicht wahr, Leute? Man kennt doch diese Ärzte. Wir können rein gar nichts herausbekommen, außer sie wollen selber, daß wir's wissen."

Ich meinte, ich sei fürs erste fertig. „Ich habe so in etwa erledigt, weswegen ich gekommen bin. Ich gehe jetzt wieder, aber ich werde wiederkommen, um euch Männer besser kennenzulernen."

„Wir wollen dem Doktor mal Platz machen", befahl der junge Anführer. Die anderen wichen zurück, um mich durchzulassen.

„Vergessen Sie Ihr Zigarettenetui nicht", sagte er zu mir. „Es ist ja wirklich toll."

Über seine Ehrlichkeit und Achtung freute ich mich genauso wie darüber, daß ich das für mich so wertvolle Etui zurückerhielt. An einem Ort wie diesem wäre es ein guter Fang gewesen. Ich wußte, diese Transaktion würde viel dazu beitragen, mich zu einem anerkannten Fachmann zu machen, der wußte, wie man in schwierigen Situationen zurechtkommt.

Als ich mich verabschiedete, lächelten wir uns freundlich zu. Voll Zuversicht machte ich mich auf den Weg zu der Tür, durch die ich vor einigen Minuten mit so viel Ungewißheit eingetreten war. Auf halbem Wege blieb ich stehen, um mein Zigarettenetui zu öffnen. Es erschien mir jetzt als ein echter Talisman. Das Etui fühlte sich außerordentlich leicht an. Meine Hände zitterten, als ich es aufklappte. Das Etui war *leer*.

Einen Augenblick lang schüttelte ich bestürzt den Kopf. Als ich das Gebäude betreten hatte, war eine fast volle Zigarettenpackung darin gewesen. Jetzt enthielt es nichts bis auf Marjories Widmungskarte. Als ich mich umwandte, drang das Hohngelächter der Gruppe an mein Ohr. Sie pafften alle mit großer Hingabe, bliesen dicke Rauchwolken in die Luft und betasteten die noch nicht angezündeten Beutestücke, die sich ein jeder hinter die Ohren geklemmt hatte.

Ich spürte keine Bestürzung mehr. Schon bevor sie anfingen, mich höhnisch auszupfeifen, wußte ich, daß ich geleimt worden war.

„He, *Herr* Doktor, wie willst du bloß den Sexunterricht hinkriegen, wenn du nicht mal deine Glimmstengel im Griff behalten kannst?"

„Ja, Mann, wenn du so ein Superklasse-Psychologe bist, warum haben sie dann noch nicht einmal ein Büro für dich bereit gehalten?"

„Und wenn du Doc Perrys Nummer Zwei sein willst, warum ist er dann nicht hier, um dich zu begrüßen?"

Ich kam mir doppelt blöd vor. Während sie mich in dem Glauben ließen, ich hätte die Situation unter Kontrolle, hatten sie mich angeschmiert, indem sie meine Zigaretten klauten. Und nun hatten sie meinen Mantel der Anonymität in des Kaisers neue Kleider verwandelt. Ich spürte, wie Hitze in meinen Wangen emporstieg und sich zu meinen Ohren hin ausbreitete. Unter der Erniedrigung, die ich empfand, errötete ich unwillkürlich.

Sie wußten Dinge über mich, die ihnen gar nicht bekannt sein konnten. Das geheime Nachrichtensystem der Insassen. Ich hatte sowas in Filmen gesehen und als romantischen Glauben an die Fähigkeiten des kriminellen Geistes abgetan. Jetzt kam mir das alles sehr wirklichkeitsgetreu vor.

In der Hoffnung, ihnen damit meinen Sportsgeist zeigen zu können, brachte ich ein schwaches, wenig überzeugendes Lächeln zuwege. Sie fuhren einfach fort mit ihren Verhöhnungen.

Ich wandte mich abrupt um und begann den langen Rückweg durch den überfüllten Krankenzimmerkorridor. Ich versuchte, gleichgültig dreinzuschauen, als ich über die ausgestreckten Beine eines Patienten stolperte und voll mit einem anderen zusammenprallte. Als ich die verschlossene Tür erreicht hatte, blieb ich eine Weile stehen, damit sie sehen konnten, daß ich es nicht eilig hatte mit dem Weggehen.

Als ich gerade die Hand hob, um auf den Knopf für den Wärter zu drücken, hörte ich es. Die Stimme war die des jungen Schlägers mit dem gewaltigen Brustkorb. Sein spöttischer, trällernder Singsang drang mühelos durch den langen Gang, der zwischen uns lag. „Erzähl Marjorie auch ganz bestimmt von deinem neusten Abenteuer."

Mir war danach zumute, ihn umzubringen. Ich wußte, wenn ich mich umdrehte, würde ich meinen Quälgeist mit dem Brustkorb eines Stiers angreifen, wild und dumm attackieren und verlieren. Meine Hand bebte vor Erregung, doch irgendwie fand mein Finger den Knopf und drückte ihn. Als ich auf der anderen Seite der Tür ankam, hatte sich meine Wut in Scham verwandelt.

An jedem Tor auf den Wärter zu warten, erschien mir fast noch schwieriger als bei meiner Ankunft. Da ich ihre Bemerkungen kaum aufnahm, schaute ich auch nicht auf, wenn sie mit mir sprachen.

Nach einer scheinbar endlos langen Zeit war ich wieder draußen im Sonnenschein des späten Vormittags und schritt die baumbestandenen Wege entlang. Ich ging rasch. Draußen, wo freie Menschen umhergingen, schien die ganze Eskapade ein bißchen weniger wirklich zu sein. Als die scharfen, schmerzhaften Kanten dieser Erfahrung im Freien stumpf wurden, begann ich einzusehen, daß es hauptsächlich darauf ankam, nicht den Kopf zu verlieren. Schließlich war es ja bloß ein einmaliger Vorfall gewesen, entstanden durch meine noch etwas mangelhafte Vertrautheit mit dem kriminellen Geist. Sonst nichts. Das war leicht zu beheben. Ich brauchte mich nur der entsprechenden Lektüre zu widmen. Mit frisch erworbener Weisheit ausgestattet, würde ich im Triumph wiederkehren.

4

Der magische Helfer

In der nostalgischen Fixierung auf seine eigene Kindheit kennt der Pseudo-Unschuldige nur den einen Wunsch, dafür zu sorgen, daß von nun an alles gut geht. „Das ist einfach nicht fair", ist sein gequälter Aufschrei. Dabei handelt es sich freilich nicht um einen verständlichen Protest gegen soziale oder politische Ungerechtigkeiten. Es ist vielmehr ein eigensinniges, ungeduldiges Pochen auf das Recht, einen niemals versprochenen Rosengarten zu bekommen. Oder es geht zumindest um die Forderung nach Wiedergutmachung für den unglücklichen Zufall, von Geburt her benachteiligt gewesen zu sein.

Solche Menschen bilden sich ein, sie seien die Helden oder Heldinnen in Märchen, die noch nicht zu Ende sind. Sie können und wollen einfach nicht glauben, daß die Schurken, von denen sie enttäuscht wurden, straffrei ausgehen oder daß sie selbst zwar schuldlose, aber unentschädigte Opfer bleiben werden. Es muß einfach jemanden geben, der sich für sie rächt und sich wirklich um sie kümmert, jemand, der die in der Familie erlittenen Ungerechtigkeiten wiedergutmacht und die guten Kinder belohnt.

Diejenigen von uns, die in solchen romantischen Phantasien gefangen sind, werden weiterhin darauf bestehen, daß es doch jemand geben müsse, der unsere zerbrochenen Kindheitsträume wieder heil macht. Wir sehnen uns nach der Fürsorge und Liebe anderer Menschen. Auf dieser Suche nach einem magischen Helfer werden manche von uns Patienten von Psychotherapeuten. Einige wenige bilden sich sogar ein, sie könnten selbst magische Helfer werden. Diese werden dann Psychotherapeuten.

Beide Wege haben ihre Gefahren.

Auf einer bewußten, rationalen Ebene handelt es sich bei der unglücklichen Person, die einen Psychotherapeuten konsultiert, lediglich um einen Patienten, der zur Linderung neurotischer Symptome die Hilfe eines Fachmannes in Anspruch nimmt. Auf der weniger bewußten Phantasie-Ebene werden jedoch Märchengestalten gesucht: ein Märchenprinz, ein Zauberer Merlin oder vielleicht eine Märchenfee. Die eigentliche Gefahr liegt darin, daß man womöglich so eine Gestalt findet.

Leider gibt es Psychotherapeuten, die insgeheim selbst dem pseudo-unschuldigen Glauben huldigen, sie seien genau die Art von magischem Helfer, den so ein Patient gesucht hat. Solche Kombinationen stellen therapeutische Mesalliancen dar, in denen die Phantasien beider Partner ausgelebt werden können. Sie tragen ungewollt dazu bei, die Entdeckung zu vereiteln, daß sie beide nur gewöhnliche Menschen mit einem alltäglichen Leben in einer gleichgültigen Welt sind, die keine speziellen Pläne hat, um irgendein notdürftig geordnetes Leben zu einem krönenden Abschluß zu bringen.

Die Entscheidung, Psychotherapeut zu werden, kommt uns bewußt als die Wahl einer Laufbahn vor, die zu den gesellschaftlich sanktionierten Heilberufen gehört. Auf der unbewußten Ebene spielt jedoch immer noch anderes mit. Keiner, der Psychotherapeut wird, hat eine klare Vorstellung davon, worauf er sich einläßt. Anfangs merken nur wenige von uns, welche Anmaßung darin liegt, sich in die Position eines Menschen zu begeben, der anderen sagt, wie sie ihre Lebensprobleme lösen sollen. Wenn wir uns entschließen, Psychotherapeuten zu werden, haben wir alle zunächst versteckte irrationale Motive.

Manche von uns möchten ihre verrückten Familien heilen. Andere suchen einen Ersatzweg zum besseren Verständnis ihrer selbst. Die meisten wollen zu jenem magischen Helfer werden, den wir einst so dringend gebraucht hätten. Wäre nur damals so ein Helfer aufgetaucht und hätte sich um uns gekümmert, als wir hilflose, verwirrte, unglückliche Kinder waren, dann hätten wir für immer glücklich leben können.

In den ersten Praxisjahren lebt der Therapeut jene Illusionen aus, die ihn anfangs dazu bewogen haben, dieses Gewerbe zu betreiben. Erst wenn diese Illusionen allmählich aufgegeben werden, kommen realististischere Motivationen zum Vorschein. Diese reiferen Einsichten in Sinn und Zweck der Arbeit sind es, die dem Patienten am besten helfen. Zeit ist für ihre Entstehung ein notwendiger, wenn auch nicht ausreichender Faktor.

> Wer mit zwanzig dichtet, ist zwanzig.
> Wer aber mit vierzig dichtet, ist ein Dichter.[1]

Obwohl manche von uns ein großes Maß ihrer Pseudo-Unschuld verarbeitet oder auf sonst eine Art hinter sich gelassen haben, leben wir Psychotherapeuten weiterhin gewisse verborgene Märchenmotive aus. Die heutige Psychotherapie wurzelt größtenteils in der Psychoanalyse. Bei unserer Arbeit halten wir an einer ihrer heimlichen Doktrinen fest, von der nach wie vor ein Großteil des Elends unserer beruflichen Praxis herrührt. Obwohl Freud selbst die menschliche Schwäche als unausweichliche Tatsache betrachtete, stehen viele seiner Nachfolger im Bann eines heimlichen Glaubens an die *Vervollkommnungsfähigkeit der Menschen.* Dieses Streben nach dem Unerreichbaren führt zu Fehlschlägen, wo wir sonst hätten Erfolge erzielen können, und zu Ängsten, wo wir sonst Freude empfinden könnten.

Wenn man uns einzeln danach fragt, scheint es jeder von uns besser zu wissen. Jeder erfahrene Psychotherapeut würde sofort einräumen, daß das Leben voller Unzulänglichkeiten steckt und wir unsere Hoffnung bestenfalls auf ein Bündel von Kompromissen setzen können. Wie fachmännisch eine Therapie auch sein mag, kein Patient kann ganz von den zerstörerischen Auswirkungen eines besonders brutalen oder frühzeitigen Verlusts der ursprünglichen Unschuld befreit werden. Die Narben früher traumatischer Erfahrungen verheilen nie ganz. Um alte Wunden zu schützen, sind wir alle zu irrationalen Abwehrhandlungen fähig, die unserer jetzigen Interessenlage nicht dienlich sind.

Die Art und Weise, wie wir Therapeuten bei unserer „Gesprächskur" vorgehen, zeigt jedoch, daß wir auf irgendeiner Ebene glauben, Menschen könnten durch magische Worte glücklich und durch die Wahrheit frei werden. Leslie Farber demaskiert diese Irrlehre vom Erlangen der Reinheit, wenn er ironisch ausführt:

> ... wie selten die erstrebte Vollkommenheit auch erreicht werden mag, so ist der Mensch nichtsdestoweniger ein psychologisch vervollkommnungsfähiges Geschöpf, entweder

dank des Zufalls einer glücklichen Kindheit oder durch die spätere, unglückliche Notwendigkeit einer Psychoanalyse.[2]

Die meisten Therapeuten glauben, der erste Schritt zur Korrektur der Umstände, die den Patienten an einem allzeit glücklichen Leben hindern, sei die Diagnose. Torrey hat dies als das „Rumpelstilzchen-Prinzip"[3] bezeichnet. Die meisten von uns werden das schöne Märchen der Gebrüder Grimm kennen.

Scheinbar um ihr Wohl besorgt, hatte der böse Zwerg der Müllerstochter geholfen, ihre unlösbar scheinende Aufgabe zu erfüllen und eine große Kammer voll Stroh in Gold zu spinnen. Als sie daraufhin Königin geworden war, kam er wieder und verlangte seinen versprochenen Lohn: Ihr erstes Kind. Doch kein Grund zur Besorgnis! Im Märchen gibt es immer eine Möglichkeit, die Dinge zum Guten zu wenden. Wenn die Königin bloß den Namen des Zwerges erraten könnte, dann wäre ihr Kind gerettet. Doch so sehr sie sich auch abmühte, sie konnte das magische Wort nicht finden.

Die Zeit verstrich. Für ihr schreckliches Problem schien es keine Lösung zu geben. Dann folgte sie eines Nachts dem Zwerg in die Wälder zu seiner verschwiegenen Hütte. Von einem Versteck aus beobachtete sie, wie er um ein Feuer tanzte und vor sich hin sang:

> Heute back' ich, morgen brau ich,
> übermorgen hol' ich der Königin ihr Kind;
> ach, wie gut, daß niemand weiß,
> daß ich Rumpelstilzchen heiß'!

Sobald die Königin ihn bei seinem richtigen Namen nennen konnte, war ihr Kind gerettet. Sie und die Prinzessin lebten allzeit glücklich bis an ihr seliges Ende.

Wenn wir die Diagnose stellen, wenden wir Therapeuten das Rumpelstilzchen-Prinzip an: Wir nennen das generelle Problem des Patienten beim Namen. Die Angst des Patienten nimmt sofort etwas ab, weil er einen magischen Helfer gefunden hat, der schlau genug ist, um zu wissen, was ihm fehlt.

Die therapeutische Wirkung dieses Vorgangs wird in der nachfolgenden Exploration weiter ausgebaut. Der Therapeut hört dem Patienten genau zu und beobachtet ihn, bis es möglich ist, mit „korrekten Interpretationen" zu beginnen. Indem er einer scheinbar bedeutungslosen Abfolge von Gedanken und Verhaltensweisen eine Bedeutung gibt, kann der Therapeut damit anfangen, die geheimen Wünsche des Patienten beim Namen zu nennen.

Indem der Patient die Magie der Therapeutenworte akzeptiert, gewinnt er allmählich ,Einblick' in seine Probleme. Dieses Verständnis gibt ihm Gewalt über die Mächte der Finsternis (das Unbewußte), die das unnötige (neurotische) Leiden herbeigeführt haben.

All diese Wortmagie wird im Zusammenhang mit der Erforschung der Vergangenheit des Patienten ausgeübt. Bindung an die Vergangenheit, mag sie nun der Rachsucht oder der Nostalgie entspringen, wird für ein Hindernis gehalten, das ein glückliches Leben in der Gegenwart unmöglich macht. Der Patient erzählt seine Geschichte, um herauszufinden, wie schlecht sie *beginnt*. Sowohl der Therapeut als auch der Patient glauben, die Geschichte müsse gut *enden*, wenn sie nur zuallererst gemeinsam den notwendigen Prozeß der heilenden Wortmagie durchlaufen.

Häufig fördert diese Rückkehr zu den Anfängen des Patienten schmerzliche Erinnerungen an schlechte Eltern zutage. Es stellt sich heraus, daß der Patient ein gutes Kind war, das den Menschenfresser und die Hexe liebte. Indem es dieses unschuldige Kind so unfair behandelte, verhängte das schurkische Paar gewissermaßen einen bösen Zauber, der das fortwährende neurotische Elend des Patienten zur Folge hatte.

Der Patient sehnt sich nach einem guten Vater oder einer guten Mutter und hofft, diesen magischen Helfer in der Person des Therapeuten zu finden. Liebt der Therapeut den an Minderwertigkeitsgefühlen leidenden Patienten, dann ist der Bann gebrochen. Aus dem Frosch wird wieder ein prächtiger Königssohn. Gibt der Therapeut dem zu kurz gekommenen Patienten das magische Schwert persönlicher Macht, dann ist dieser in der Lage, alle Mißstände der Welt ins reine zu bringen. Ein einziger magischer Kuß auf Dornröschens Wange reicht schon, um in dem depressiven Patienten die Lebensfreude zu erwecken.

Viel zu oft bilden diese märchenhaften Patentlösungen auch den Mittelpunkt der Phantasievorstellungen des Therapeuten. Ein Teilnehmer an meinem Supervisionsseminar behandelte eine Patientin, die er am Ende jeder Sitzung umarmte. Er konnte sich nicht klar daran erinnern, worüber sie während der Stunde gesprochen hatten. Das spiele auch keine große Rolle, erklärte er. *Sie* käme jede Woche nur wegen der Umarmung. Daß er sich um sie kümmere, reiche allein schon aus, um ihr Leben glücklicher zu machen.

Wir Therapeuten sehen den Patienten oft als den Sündenbock seiner Familie. In der Familientherapie sprechen wir vom *identifizierten Patienten*, dem symptomatischen Familienmitglied, das als Schuttabladeplatz für die Probleme aller anderen benutzt wurde. Dieses diagnostizierbare unschuldige Opfer ist in solchen Fällen oft unser Liebling.

Auf diese Weise wird der Therapeut in jene beabsichtigte Romanze hineingezogen, die manchmal als therapeutische Beziehung ausgegeben wird. Ich merke selbst immer wieder, wie ich in den Fehler verfalle, für meine Patienten die Rolle des Weißen Ritters[4] zu übernehmen. Wann immer ich das Märchen vom magischen Helfer auslebe, bin ich versucht, den Patienten in der Rolle des Sündenbocks einer schlimmen Familie zu sehen. Im Gegensatz zu diesen Missetätern, die meinen Patienten so unfair behandelt haben, bin ich der verständnisvolle Vater bzw. die verständnisvolle Mutter, die diesen unschuldigen Kind-Erwachsenen total akzeptiert.

Zu solchen Zeiten ist es mir unmöglich zu sehen , wie der Patient oder ich in irgendeiner Form selbst zu unseren Schwierigkeiten beigetragen haben könnten. Zusammen können wir eine pseudo-unschuldige Allianz ausleben, die uns in unserem Glauben bestärkt, wir seien etwas Besonderes. Wir verfallen dem Irrtum, uns gegenseitig als völlig hilflose Opfer unserer Vergangenheit zu betrachten. Paradoxerweise sehen wir uns gleichzeitig als die triumphierenden, machtvollen Beherrscher unserer Zukunft.

Diese Übertragungs- und Gegenübertragungs-Phantasien müssen immer wieder in Frage gestellt werden bei unserem Bemühen, das Leben ganz gewöhnlicher Menschen zu leben, die wir schließlich beide sind. Wir müssen dahin kommen, daß wir in dem wechselvollen Zwiespalt leben können, sowohl gut als auch böse, klug und dumm, vom Glück begünstigt und vom Pech verfolgt zu sein.

Als der erfahrenere Patient von uns beiden gehe ich meistens voraus, wenn es darum geht, das seltsame Schlamassel zu erkennen, in das wir geraten sind. Manchmal hat aber auch der eigentliche Patient ein klareres Bild davon, wie wir uns gegenseitig an der Nase herumgeführt haben. So oder so müssen wir aber beide unseren lebenslangen Kampf gegen die Versuchung fortsetzen, unsere letzten Endes nutzlosen pseudo-unschuldigen Haltungen weiter aufrechtzuerhalten. Wie können wir uns aufeinander verlassen, ohne gleichzeitig zu erwarten, daß der andere für uns sorgt? Wann ist es klug, dem anderen zu vertrauen - worin, und wie weit? Was ist für jeden von uns die beste Methode, sein letztlich unkontrollierbares Leben in den Griff zu bekommen?

Dieses Buch entstand aus meiner lebenslangen Suche nach Antworten auf diese Fragen. Ich habe darin versucht, einige Stücke aus der Geschichte meines eigenen, viel zu frühen Verlustes der Unschuld zu beschreiben, zu zeigen, wie ich verzweifelt versuchte, meine Verletzlichkeit durch rachgieriges Mißtrauen zu schützen, und schließlich lernte, wenigstens manchmal wieder das Risiko einzugehen, jemandem zu vertrauen. Wie immer ist Schreiben meine Methode, die notwendige Arbeit an mir selbst fortzusetzen. Aber ich zweifle nicht daran, daß ich bei dem Versuch, auf diese Weise aus meiner verbliebenen Pseudo-Unschuld herauszuwachsen, unbeabsichtigt erkennen lasse, daß ich mich immer noch an sie klammere.

Viele der Männer und Frauen, die mich zur Psychotherapie aufsuchen, kämpfen ebenfalls gegen die schmerzlichen Auswirkungen, welche der Verlust der Unschuld bei ihnen hat. Manche klammern sich hysterisch an nutzlose Bruchstücke kindlicher Illusionen. Sie brauchen den erzwungenen Optimismus der Verdrängung, um den Schmerz zum Verschwinden zu bringen. Andere scheinen es aufgegeben zu haben, zu hoffen, zu vertrauen und ein erfülltes Erwachsenenleben zu erwarten. Sie verscheuchen ihre Sehnsucht mit zwanghaftem Zweifel, mit paranoidem Zynismus oder mit dem Pessimismus der Depression. Die in diesem Buch enthaltenen Berichte und Explorationen stammen aus meiner Arbeit mit diesen Patienten und aus meinem eigenen Leben, aus ihren Kämpfen und aus meinen.

Die Einsamkeit, die der frühzeitige Verlust der Unschuld bei mir mit sich brachte, wurde durch die hilfreichen Hinweise etwas erträglicher, die ich aus den Erzählungen anderer Menschen von ihrem unvermeidlichen Sündenfall bekam. Wie schon in meinen früheren Schriften, habe ich auch hier einige dieser hilfreichen Geschichten zusammengestellt, so daß auch andere erkennen können, was ich durch sie erkannte. Zusammen können wir vielleicht noch lernen, wie man es ertragen kann, als auf sich allein gestellter Erwachsener in einer Welt zu leben, die nicht nur ungerecht, sondern auch gleichgültig ist.

Diese Geschichten werden jetzt den Rahmen bilden für meine

eigenen Erzählungen von meiner Arbeit mit Patienten. Bevor ich damit beginne, möchte ich den Leser zur Vorsicht mahnen, indem ich ein weiteres Märchen aufdecke - und zwar eines, an das jeder Therapeut von Zeit zu Zeit glaubt.

Therapeuten wissen besser als die meisten anderen Menschen, daß jede Wahrheit subjektiv ist. Sie halten dies nur für die grundlegende Lektion, die sie ihren Patienten beibringen müssen. Doch ist es auch für Therapeuten ebenso wichtig wie schwierig, diese Einstellung durchzuhalten.

Alle Therapeuten laufen Gefahr, ihr eigenes Weltbild mit der Realität zu verwechseln. Ironischerweise sind wir vielleicht *noch* anfälliger als die meisten anderen Leute. Der Grund dafür ist ebenso bedauerlich wie offenkundig. Das Märchen, an das Therapeuten am meisten glauben, beginnt ganz unschuldig so: „Es war einmal ein Therapeut, der glaubte nicht an Märchen ..."

Zweiter Teil

UNSCHULD UND ERFAHRUNG

Kleines Lamm, wer schuf dich?
Weißt du wohl, wer schuf dich?
. . . .
Er ist aus deinem Stamm,
denn er nennt sich selbst ein Lamm.
Er ist milde, er ist lind,
er war selbst ein kleines Kind.

William Blake
Das Lamm

Tiger, Tiger, grelle Pracht
in den Dickichten der Nacht,
wes unsterblich Aug und Hand
wohl dein furchtbar Gleichmaß band?
. . . .
Freute seines Werks er sich?
Schuf, der's Lamm erschuf, auch dich?

William Blake
Der Tiger

5

Wenn du die Wahrheit hören willst . . .

„Wenn du die Wahrheit hören willst . . ." Er hatte das wohl schon mindestens eine Million Mal gesagt. Für Holden Caulfield war dies sowohl eine Redewendung wie auch eine Beschwörungsformel. Er konnte die Vorstellung einfach nicht ertragen, selbst zu einem Mitglied der heuchlerischen Erwachsenenwelt zu werden. Heiliger Bimbam, er konnte nichts dafür. Heuchelei brachte ihn unweigerlich auf die Palme, es blieb ihm da gar keine andere Wahl, verdammt noch mal.

Aus Holdens übermütiger und doch erschütternder Ich-Erzählung vom Kampf eines Teenagers gegen die Kompromisse des Erwachsenenlebens besteht J.D. Salingers Roman *Der Fänger im Roggen*.[1] Holden sprach für viele junge Leute meiner Generation. Nach dreißig Jahren und einer Auflage von neun Millionen bringt er in seinem mürrischen Idiom immer noch die Gefühle nachfolgender Generationen junger Menschen zum Ausdruck.

Holden hätte sich wie verrückt gefreut über diesen Erfolg. Wonach es ihn am meisten auf der ganzen Welt drängte, war ja, kindliche Unschuld und Reinheit zu schützen. Ich erinnere mich, wie er versuchte, Phoebe davon zu erzählen. Das war gleich nachdem er im Vorbereitungskurs fürs College durchgefallen war. Nicht, daß ihm das etwas ausgemacht hätte. Die Schule war ja so verdammt heuchlerisch, daß er es sowieso keine Minute länger dort ausgehalten hätte, ohne zu kotzen.

Er hat keine Lust, seine Eltern zu sehen. Wie die meisten anderen

Erwachsenen hatten sie einfach nicht begriffen, was wichtig ist. Sie waren bloß daran interessiert, Geld zu verdienen und den Schein zu wahren. Wie kann man je hoffen, mit solchen Leuten ein vernünftiges Gespräch zu führen? Holden hatte es schon lange aufgegeben, auch nur den geringsten Versuch zu machen.

Stattdessen versteckt er sich eine Woche lang mit anderen Außenseitern in einem schäbigen Hotel im Zentrum von New York. Er treibt sich in heruntergekommenen Cocktailbars herum und versucht vergeblich, mit anderen Einzelgängern Kontakt aufzunehmen. Als er mit seinem Geld und seiner Geduld am Ende ist, beschließt er niedergeschlagen, in die North Woods davonzulaufen und dort das Land zu bestellen. Um von niemandem belästigt zu werden, gibt er vor, taubstumm zu sein, und so könnte er zum Schluß sogar eine taubstumme Frau heiraten.

Er schleicht sich bei Nacht in die Wohnung seiner Eltern und nimmt Abschied von seiner kleinen Schwester Phoebe. Bevor er geht, erzählt er ihr von seinem größten Wunschtraum, niemals erwachsen zu werden, seinem Bestreben, der Retter der Unschuldigen zu werden, der Fänger im Roggen:

> „Aber jedenfalls stelle ich mir immer kleine Kinder vor, die in einem Roggenfeld ein Spiel machen. Tausende von kleinen Kindern, und keiner wäre in der Nähe - kein Erwachsener, meine ich - außer mir. Und ich würde am Rand einer verrückten Klippe stehen. Ich müßte alle festhalten, die über die Klippe hinauslaufen wollen - ich meine, wenn sie nicht achtgeben, wohin sie rennen, müßte ich vorspringen und sie *fangen*. Das wäre einfach der Fänger im Roggen. Ich weiß schon, daß das verrückt ist, aber das ist das einzige, was ich wirklich gern wäre. Ich weiß natürlich, daß das verrückt ist."[2]

Doch Holden kann die Kinder dieser Welt nicht retten. Er kann nicht einmal sich selber retten. Die Flucht aus der korrupten Erwachsenenwelt von New York City führte ihn nicht in die unverfälschte Reinheit der North Woods. *Der Fänger im Roggen* beschreibt, wie Holden als idealistischer Sechzehnjähriger von der Ostküste mit dem Übergang ins Erwachsenenalter kämpft. Doch die Geschichte wird in der Retrospektive von dem nun siebzehnjährigen Patienten einer kalifornischen Nervenheilanstalt erzählt.

Nach Holdens Meinung war es die Heuchelei, die ihn schließlich verrückt gemacht hat. Für den Leser ist es am Schluß nicht ganz klar, was destruktiver war: die Heuchelei der Erwachsenenwelt oder seine eigene. Manche Formen des Wahnsinns sind nichts weiter als mißglückte Übergänge von einem Weltbild zu einem anderen.

Die Jugendzeit bildet nur eine von mehreren natürlichen Wachstumskrisen, wie wir sie jedesmal zu bestehen haben, wenn wir uns zu einer neuen Bewußtseinsphase hinbewegen. Das turbulente Erwachen, das einen so großen Anteil hat an der Erfahrung, Teenager zu sein, bildet eine Herausforderung für unsere verbliebene Unschuld und verlangt erneut einen umfassenden Wandel unseres Weltbildes und unserer Vorstellung von unserem Platz in dieser Welt. Die Wachstumsjahre zwischen dem mittleren Jugend- und dem frühen Erwachsenenalter geben Zeit für die notwendige Umstellung. Während dieser Zeit sanktioniert unsere Kultur individuellen Widerstand gegen den Verzicht auf ein idealistisches Bild von der Welt - ein Verzicht, der unweigerlich bedeuten würde, sich mit der tatsächlichen, so enttäuschenden Welt abzufinden.

Diese Umwandlung vom Jugendlichen zum jungen Erwachsenen kündigt sich schon in der Entwicklungsphase von der frühen Kindheit bis zum Ende der Pubertät an. Obwohl zu beiden Übergängen gewaltige emotionelle Veränderungen und ein bedeutender körperlicher Reifeprozeß gehören, ist in der ersten der beiden Perioden die Weiterentwicklung der Auffassungskraft der Hauptaspekt. Wie ein kleiner Junge zu einem großen Jungen wird, das hat viel damit zu tun, daß er einen größeren Informationsbestand erwirbt und unterschiedliche Denkweisen erprobt.

Das objektiv wißbegierige Kind lernt, wie die gegenständliche und die zwischenmenschliche Welt funktionieren. Dieses Verständnis befähigt das Kind, sich besser auf die Umgebung einzustellen und sie wirksamer unter Kontrolle zu bekommen. Der subjektiv selbstbewußte Jugendliche gestaltet seine Werturteile über politische, gesellschaftliche und persönliche Beziehungen um. Diese Neueinschätzung ist unumgänglich, weil ihm immer stärker bewußt wird, welche Unterschiede zwischen dem Ichideal und dem tatsächlichen Selbst bestehen, zwischen der Welt, wie sie sein sollte und dem Leben, wie es ist. Das Erwachsenwerden erfordert, diese unvollkommene Person irgendwie in eine unzulängliche, unvollkommene Welt einzubauen.

Das Kind muß einem Märchenglauben vom Gang der Dinge entsagen. Der Jugendliche muß eine romantisch idealisierte Ansicht aufgeben, wie die Dinge bestellt sein *sollten*. Jeder muß lernen, wenn auch auf verschiedenen Ebenen, der Rolle des Zufalls Platz zu gewähren.

Wenn der Jugendliche gefühlsmäßig dagegen ankämpft, die Rolle des Zufalls zu akzeptieren, dann hat dies einen Vorläufer in der unangenehmen intellektuellen Auseinandersetzung des jüngeren Kindes mit diesem Begriff. Jean Piaget führte experimentelle Studien[3] über den Ursprung der Vorstellung vom Zufall bei Kindern vom Vorschulalter bis zum Alter von zwölf Jahren durch.

Sehr kleine Kinder halten an einer märchenhaften begrifflichen Unschuld im Hinblick auf die Abläufe der gegenständlichen Welt fest. Sie nehmen an, es müsse schon einen guten Grund geben für alles, was geschieht, und zum Schluß werde es für alles eine faire Lösung geben. Erst kurz vor der Pubertät sind sie fähig, dem Geschehen einer Welt, die so weitgehend von Zufallsereignissen bestimmt wird, einen Sinn abzugewinnen. Im dazwischenliegenden Zeitraum zwischen dem sechsten und zehnten Lebensjahr, wenn sie anfangen, ihre Unschuld zu verlieren, sind Kinder angesichts des unkontrollierbaren Universums einem überwältigenden Gefühl der Hoffnungslosigkeit ausgesetzt. Dies ist eine Zeit, um konkrete Fähigkeiten zu erlernen als Schutz gegen ein Leben, dessen Willkür nicht zu begreifen ist. Der Versuch, allem auf den Grund zu gehen, scheint einfach die Kräfte zu übersteigen.

Dies ist ein stark vereinfachtes Bild jener Jahre. In Wirklichkeit geht die Unschuld stückchenweise verloren, so wie sich auch die zeitweilige Verwirrung und das Lernen, wie man zurechtkommt, in kleinen Etappen abspielen. Übergangsperioden sind jedoch auf jeder Altersstufe schwierig. Die Biologie bietet eine Metapher für die natürliche Verletzlichkeit, die sich bei Umwandlungen ergibt. Diese finden immer statt, wenn Unschuld abgelegt wird, damit Wachstum erfolgen kann.

> Bei den meisten Insekten ist die Kutikula so hart und straff anliegend, daß sie in regelmäßigen Abständen abgelegt werden muß, damit das Tier wachsen kann. Dieses periodisch wiederkehrende Abstreifen der Haut ... nennt man *Häutung*. Der erste Schritt bei der Häutung besteht darin, daß sich unter der alten Kutikula eine neue bildet. Diese neue Kutikula ist weich, weiß und flexibel; sie läßt sich dehnen. Durch Poren in der neuen Kutikula dringen Enzyme, welche die außen

befindliche alte Kutikula weitgehend auflösen. Durch Aufnahme von Luft oder durch ... Bewegungen, die Blut in einen bestimmten Körperteil pressen, bringt das Insekt die alte Kutikula zum Platzen ...

Unmittelbar nach der Häutung ist das Insekt seinen Feinden wehrlos ausgesetzt, da es sich nicht bewegen kann und über keinen Schutzpanzer verfügt. Insgesamt gesehen bildet die Häutung einen der kritischsten Abschnitte im Leben des Insekts, und die Biologie dieses Ereignisses ist in seinem natürlichen Auftreten wohl viel komplizierter, als man heute annimmt.[4]

Die Häutung des Insekts bietet eine gute Metapher dafür, wie der Mensch in regelmäßigen Abständen einen Schutzpanzer der Unschuld abwirft. Ohne diese Einbußen wäre es nicht möglich, daß sich das Bewußtsein erweitert und wir größere Freiheit erlangen. Mit jedem Verlust geht jedoch eine zeitweilige Verwundbarkeit einher. Gelegenheiten für weiteres Wachstum bieten sich immer wieder. Bei bestimmten Verlusten von Unschuld sind wir vielleicht nicht bereit, die besondere Hilflosigkeit zu akzeptieren, die in diesem Fall für die Umwandlung nötig ist. Dann muß diese Gelegenheit für eine Weile aufgeschoben werden.

Wenn die vorübergehende Verletzlichkeit solcher Übergangszeiten im Leben zu früh eintritt, erscheint sie als so unerträglich, daß sich als Abwehrmaßnahme nicht wiedergutzumachende Persönlichkeitsveränderungen ergeben können. In manchen Fällen kann die Bereitschaft für Veränderungen dadurch noch weiter verzögert werden, daß zu viele verwirrende Erfahrungen erlitten werden mußten oder zu wenig helfende Zuwendung vorhanden war. In beiden Fällen kann es dazu kommen, daß die neue Verletzlichkeit durch eine Abwehrhaltung pseudo-unschuldiger Verdrängung geschützt wird.

Die Jugend ist nicht die einzige Übergangsperiode im Leben. Aber im Verlauf dieser Phase hängt charakterliches Wachstum ganz offensichtlich vom Verlust der Unschuld ab. Es ist ebenfalls eine Zeit, in der Menschen vorübergehend dramatische Haltungen annehmen, um durch die Umwandlung von der Kindheit zum Erwachsenendasein nicht überwältigt zu werden.

Was ein Jugendlicher an Möglichkeiten zur Verfügung hat, um Verzögerungstaktiken einzuschlagen, hängt von der Jugendkultur ab, in welcher er als Teenager aufwächst. Der besondere Stil seiner dramatischen Pose wird geprägt durch das Leitbild, das in der jugendlichen Subkultur seiner Generation jeweils gilt. Im Laufe der letzten Jahrzehnte konnten wir zusehen, wie sich die Moden änderten. Das Vorbild der zwanziger Jahre war der hedonistische Backfisch. Von den dreißiger Jahren an war zu sehen, wie sich die Vorbilder wandelten - von sozialrevolutionären jungen Marxisten über umherziehende Beatniks, existenzialistische Hipsters, glückselige, pazifistische Blumenkinder bis hin zu den noch undefinierten Teenagern der siebziger Jahre. Individuelle familiäre Umstände und Persönlichkeitsentwicklungen bestimmen in Verbindung mit gesellschaftlichen und regionalen Unterschieden, inwieweit die Haltungen bestimmter Teenager von dem allgemein üblichen Stil ihres Jahrzehnts abweichen.

Was es jedoch an Veränderungen auch geben mag: man beklagt sich immer im Lager der Erwachsenen über die Mätzchen der Sprößlinge, die meist widerwillig sanktionierte Formen der Rebellion darstellen.

Die Gemeinschaft legt die Optionen fest. Die Familie kann die Länge der Zeitspanne beeinflussen, während der ein junger Mensch vermutlich mit einer bestimmten Art von Pseudo-Unschuld befrachtet ist. Haltungen, die während der menschlichen Häutungsperiode anfänglich als nützliche Schutzmaßnahmen dienten, können nach dieser Zeit der Umwandlung zu neurotischen Zwängen werden. Die emotionelle Heuchelei bestimmter familiärer Verhältnisse bestärkt den Teenager in seiner verbissenen Entschlossenheit, an der Pseudo-Unschuld festzuhalten, obwohl sie ihn ein Leben lang einengen wird. Es tut weh, wenn wir manchmal sehen müssen, wie Idealismus oder Aufmüpfigkeit, die der jugendlichen Entwicklungsphase angemessen waren, ausgedehnt werden bis in die mittleren Jahre, wo sie eine Karikatur ihrer selbst darstellen.

Stark gegliederte Subkulturen lassen ihren Jugendlichen nur einen geringen Spielraum für kreativen Protest gegen die Idealvorstellungen der Erwachsenenwelt über Sinn und Zweck des Lebens. Einem Teenager mag vielleicht gestattet sein, sich ab und zu mal zu betrinken und eingeschnappt zu sein, aber politisch wirksame, organisierte Gruppenaktionen wie Blockaden und Boykotte wären undenkbar. Die Mehrzahl der jungen Leute, die in stabilen, stark traditionsgebundenen Gemeinschaften aufwachsen, darf nur eine Weile und auch dann nur auf eine annehmbar harmlose Art abweichendes Verhalten zur Schau stellen. Allzubald merken sie, daß sie zu den selbstzufriedenen Unterdrückern, den überkorrekten Erwachsenen geworden sind, deren konventionelle Weisheiten sie in Frage stellen wollten.

Seelische Gesundheit wird in solchen Subkulturen ausschließlich im Sinne der Anpassung an gemeinschaftliche Normen definiert. Im Gegensatz zu pluralistischen Gesellschaften können diese Bastionen der Tradition die Zweideutigkeit nicht tolerieren, die entstehen würde, wenn mehr als nur eine Form von akzeptablem Verhalten erlaubt wäre.

Eine im Verhältnis überraschend große Zahl netter junger Leute sucht mich zur Psychotherapie auf, nachdem sie eine *nicht* zufriedenstellende Anpassung an streng gegliederte Subkulturen vollzogen haben. Darunter sind beispielsweise die erwachsenen Kinder von Karrierediplomaten und Militärs. Sie bezeichnen sich als „Staatsdienstbälger", und zwar auf eine Weise, die erkennen läßt, daß sie sich selbst sowohl als eine besondere Rasse wie auch als eine besondere Last betrachten.

In der traditionsorientierten Umgebung, in der sie aufwuchsen, wissen selbst ganz kleine Kinder genau, was von ihnen erwartet wird. Werte gerinnen zu Schlagworten, und ein legalistischer Kodex regelt das Verhalten. (So ist es zum Beispiel in Soldatenfamilien nicht ungewöhnlich, daß tägliche Dienstpläne für die Erledigungen der Kinder aufgehängt werden.)

In diesen geschlossenen Gesellschaften sind einheitliche Werte überall in unverwechselbarer Form sichtbar. Untermauert von patriotischen Slogans, werden durch Ideale von Pflicht, Verantwortung und Opfergeist sowie durch eine Verwechslung von Manieren und Moral kunstvoll gegliederte Hierarchien herausgebildet.

Der typische Fall ist, daß die Karriere des Vaters es erforderte, daß dieser wiederholt mit seiner Familie von einem Stützpunkt zum anderen umziehen mußte oder oft monatelang (oder noch länger) abwesend war - wegen einer Stationierung in einem Kampfgebiet, Marineeinsätzen auf hoher See oder dem Dienst auf einem gefahrenträchtigen diplomatischen Posten. Es ist für einen Staatsdienstbalg nichts Ungewöhnliches, in mehreren Ländern gelebt und bis zu einem Dutzend verschiedener Schulen besucht zu haben.

Man stelle sich vor, was für ein schreckliches Durcheinander es für einen jungen Menschen bedeuten muß, immer wieder gerade dann herausgerissen zu werden, wenn er sich eben halbwegs daran gewöhnt hat, in einer bestimmten Stadt zu leben, wenn er endlich neue Freundschaften geschlossen und gelernt hat, den Erwartungen eines ungewohnten Schulsystems gerecht zu werden. Oft ist all dies zu bewältigen, während der Vater weit weg und vielleicht sogar in Gefahr ist. Von der Mutter wird zur gleichen Zeit erwartet, die gute Soldatenfrau zu sein, die Gemahlin des Offiziers oder die versierte Diplomatengattin. Die Energie, die sie immer wieder braucht, um ihr Kind allein groß zu ziehen, wird noch weiter eingeschränkt durch die gesellschaftlichen Aufgaben, welche die Karriere ihres Gatten ihr auferlegt. Unter den Bedingungen einer solch fragmentarischen elterlichen Fürsorge muß ein Staatsdienstbalg mit vielfachen Entwurzelungen fertig werden.

Wenn die Staatsdienstbälger das frühe Erwachsenenalter erreicht haben, ist das ganze Treiben für sie fadenscheinig geworden. Vom zeremoniell verfeinerten Soldatspielen der Erwachsenen unbeeindruckt, beginnen diese jungen Menschen offen gegen diese Unterdrückung ihrer persönlichen Bedürfnisse zu protestieren, welche der Dienstalltag mit sich gebracht hat. Dann dauert es meist nicht mehr lange, bis die unschuldige Anerkennung gemeinschaftlicher Werte aufhört.

Während dieser höchst bedeutungsvollen Übergangszeit spielt die familiäre Situation eine Schlüsselrolle. Wenn die Eltern aufrichtig an die Mythen des Staatsdienstes glauben, werden die Kinder aus solch überkorrekten Familien ihren Frieden mit der Realität des Erwachsenendaseins schließen. Regelmäßig auftretende Versetzungen werden sie als vorteilhaft betrachten. Die jugendlichen Staatsdienstbälger werden sich sicherer vorkommen als ihr ziviles Gegenstück, das auf das Leben in einer Stadt und den Besuch eines einzigen Schulsystems beschränkt ist.

Im Dienst der Fahne fühlen sie sich überall auf der Welt zu Hause. Daß man alte Freunde und vertraute Orte vermißt, gilt als kurzsichtiger Einwand gegen kleinere Unbequemlichkeiten, an die man sich gewöhnt. Nicht ein jeder erhält eine Aufgabe zugeteilt im Dienste Amerikas und bei der Verteidigung der Freien Welt. In dieser hingebungsvollen, mobilen Existenz werden sie eines Tages zu jenen äußerst verläßlichen und doch flexiblen Leuten, die mit allem fertig werden, was gerade auf sie zukommen mag.

In den Einzelheiten unterscheidet sich die den Staatsdienstbälgern auferlegte Pseudo-Unschuld je nachdem, ob sie Jungen oder Mädchen sind. Den Jungen wird gesagt, daß sie brave kleine Soldaten sein sollen. Ihre Befehle lauten, tapfer zu sein, niemals zu weinen und das Fort im Auge zu behalten, bis Daddy heimkehrt. Ihr erzwungener Stoizismus kann nur dann dem Zorn weichen, wenn dieser nicht aufrührerisch gegen die Obrigkeit gerichtet ist. Radau zu machen, sogar Schlägereien und dann auch noch Besäufnisse - das alles ist okay. Man wird ihre Art und Weise, als Jugendliche Dampf abzulassen, mißmutig tolerieren, solange sie der üblichen Sauftour beim ersten Wochenendurlaub eines jungen Rekruten entspricht. Mit der Zeit hofft man, daß viele in die Fußstapfen der väterlichen Militärtradition treten werden.

Von weiblichen Staatsdienstbälgern erwartet man, daß sie eine ausgeglichene Gemütsart sowie gute Manieren haben und einem möglichst wenig zur Last fallen. Man schätzt es, wenn sie ordentlich und hübsch sind. Als Jugendliche müssen sie in gesellschaftlichen Dingen versiert sein, einen keuschen Eindruck machen und die militärischen Rangunterschiede beachten (zwischen Mannschaftsdienstgraden, Unteroffizieren und Offizieren, zwischen Front- und Truppenoffizieren und sonstigen Diensträngen und so weiter). Sanktionierte jugendliche Proteste sind bei den Mädchen meist darauf beschränkt, daß sie darauf bestehen, eine Internatsschule zu besuchen, statt mit der Familie umherzureisen. Eine Frau erzählte mir, Diplomatenfamilien seien ihrem Eindruck nach darüber recht froh, weil diese Töchter inzwischen nur noch „übergewichtiges Reisegepäck" darstellten. Man erwartet, daß sie eines Tages heiraten, hofft aber seltsamerweise oftmals, daß sie eine gute zivile Partie machen und nicht die dem männlichen Geschlecht vorbehaltene Tradition der Staatsdienstfamilien fortsetzen.

Ironischerweise haben jene Staatsdienstbälger, die in neurotischen Familienumständen aufgewachsen sind, auch die beste Chance, so sehr zum Außenseiter zu werden, daß sie Fluchtwege zu individueller gestalteten Lebensweisen finden können. Diese jungen Leute reagierten auf die emotionelle Heuchelei ihrer Familien mit ihren eigenen, für sie charakteristischen pseudo-unschuldigen Haltungen. Durch diese unwiderstehlichen persönlichen Wachträume verringerte sich bei ihnen die Wahrscheinlichkeit, daß sie sich erfolgreich den Erwachsenenillusionen der Gemeinschaft anpassen würden, denen „gesündere" Teenager anheimfallen. Obwohl jeder dieser jungen Menschen zu mir kam, als er sich sehr unglücklich fühlte, zeigten die meisten beachtliche, trotz ihrer Verzweiflung vorhandene kreative Fähigkeiten. Es war, als hätten ihre „neurotischen" Tagträume sie davor bewahrt, ihr inneres Feuer der schwächeren Glut, nämlich einer fügsamen Vereinigung mit der Gemeinschaft, zu opfern.

Es folgen zwei Kurzbeispiele mit neurotischen Abweichungen vom Verhaltensmuster dieser Staatsdienstbälger. In beiden Fällen bewahrten scheinbar schlecht angepaßte Verhaltensweisen die wertvollen individuellen Anlagen des Jugendlichen davor, daß sie zugunsten von traditionsgemäßeren Erfolgsrezepten für eine Anpassung verschüttet wurden.

Vor einiger Zeit bat mich ein junger Mann um Hilfe, weil er chronisch depressiv war. Er befürchtete, daß er homosexuell veranlagt sein könnte, und darum hatte er das Gefühl, er habe als Mensch keinen Wert. Ich war bereit, ihm dabei zu helfen, entweder seine Befürchtungen zu zerstreuen, daß er homosexuell sei, oder einen Weg zu einem glücklichen, erfüllten Dasein als Schwuler zu finden. Als wir seine Ängste erforschten, er sei vielleicht „kein richtiger Mann", bestand das einzig konkrete Beweismaterial aus ein paar völlig unschuldigen Momenten sexueller Zärtlichkeit mit anderen kleinen Jungen, die schon Jahre zurück lagen. Seine Zweifel hatten angehalten, weil er sich mit seinem leicht poetischen Wesen nicht mit dem Macho-Gebaren seines Vaters, eines allen Wettern trotzenden Marineoffiziers, messen konnte.

Er besaß genug Intelligenz und Selbstzucht, um seinen Hang zum Schöngeistigen in den Hintergrund zu drängen und stattdessen die Marineakademie zu besuchen, die er als engagierter Berufsoffizier verließ. Seine Erlebnisse mit familiärer Heuchelei hielten ihn davon ab, die Männlichkeitsmythen der Seefahrer zu akzeptieren. Seine Mutter verlangte unumwunden Respekt für Vaters echt männliche Tapferkeit unter feindlichem Feuer, nahm sich aber insgeheim einen bei der Musterung als untauglich eingestuften Künstler als Liebhaber.

Meinem Patienten war klar, daß der Fregattenkapitän über seine Rolle als betrogener Ehemann Bescheid wußte und diese sein Image zerstörende Niederlage bewußt verdrängte, indem er sein ganzes Augenmerk auf seine militärischen Erfolge richtete. Der junge

Mensch konnte weder für den Vater noch für die Mutter offen Partei ergreifen. Er bildete sich ein, er sei „abwegig", sie jedoch nicht. Er konnte verhindern, daß seine Welt einstürzte, indem er sie mit einem passenden Märchen stützte: Wenn er nicht insgeheim homosexuell wäre, könnte er schon so ein Mann sein, wie sein Vater es von ihm erwartete. Gleichzeitig versuchte er, seine „latente Weiblichkeit" den poetischen Schriften zuzuführen, die seine Mutter so schätzte.

In der Staatsdienstbälger-Kultur galt er als Ekel. Der Preis dieses unerträglichen Selbstbildnisses war chronische Depression. Die Therapie ermöglichte ihm, dieses nutzlose Leiden zu beenden und gleichzeitig das poetische Gemüt zu pflegen, das ihm erhalten geblieben war, weil er den Forderungen gemeinschaftlicher Normen nicht hatte gerecht werden können.

Ein weiterer Staatsdienstbalg, diesmal eine junge Frau, suchte mich zur Therapie auf, weil sie nach ihren Worten „eine komische Abneigung gegen Reisen" hatte. „Komisch" schien anfangs die richtige Bezeichnung dafür zu sein. Im Gegensatz zu anderen Patienten, die sich vor dem *Allein*reisen fürchteten, hatte diese Frau nur *dann* Angst, wenn sie mit einer Männerbekanntschaft eine Reise unternahm.

Als Verfechterin der Politik der Gleichberechtigung reiste sie oft allein in fremde Städte, um dort an Organisationsbesprechungen und Workshops teilzunehmen oder sie zu leiten. In dieser Rolle war sie hart, sachkundig und freimütig. Nur beim Wochenendurlaub auf dem Lande mit einem Liebhaber geriet sie in Panik. Plötzlich wurde diese starke, im Denken unabhängige Frau passiv und unterwürfig: „Ich habe Angst, daß ich nicht den Mund halten kann, daß er die Fassung verliert, mir wehtut und mich verläßt, und dann werde ich allein sein und verloren an einem Ort, mit dem ich nicht vertraut bin, ohne einen einzigen Freund."

Als wir ihre Erziehung untersuchten, zeigte sich genau, welcher Druck auf sie ausgeübt worden war, damit sie ihre geistige Unabhängigkeit aufgab und die jungfräulich ergebene Tochter des Obersten wurde. Die Heuchelei familiärer Mythen machte die Gemeinschaftsideale für sie unannehmbar. Oberflächlich betrachtet schien der Vater gerne Soldat zu sein, während die Mutter bereitwillig die Ehefrau spielte. Doch die Kinder wuchsen unter der heimlichen Schreckensherrschaft von väterlichem Alkoholismus und mütterlichem Märtyrergeschrei auf. Die Kinder waren gezwungen, das Leid der Mutter zu teilen.

Während der Jugendzeit machte es ihr die familiäre Heuchelei unmöglich, die Märchen der Gemeinschaft zu übernehmen. Meine Patientin war nicht fähig, die pseudo-unschuldige Komplizenschaft ihrer Mutter bei der Mißhandlung der Familie durch den Vater zu erkennen. Sie war entschlossen, niemals zu heiraten. Stattdessen wollte sie ihr Leben der Rettung anderer unterdrückter Frauen und Kinder widmen und dabei in die Rolle von guten Eltern schlüpfen, die sie selbst nie gehabt hatte.

Ihre eigene Reaktion auf die familiären Konflikte führte zu einem von Phantasievorstellungen bestimmten Verhalten, das sie in der Gemeinschaft der Garnison bald zur gesellschaftlichen Unruhestifterin werden ließ. Das bedeutete auch eine Fortsetzung von manchem heimlichen Leiden, wovon ihre Abneigung gegen das Reisen nur ein kleines, theatralisches Symptom bildete. Doch aus all dem ergab sich auch ein Leben mit für sie persönlich lohnender und politisch wichtiger Arbeit innerhalb der Frauenrechtsbewegung. Es gelang ihr, das „Unruhestiften" in eine schöpferische Kraft für gesellschaftliche Reformen umzuwandeln. *Wenn du die Wahrheit hören willst*, dann ist meine Meinung, daß sie durch die persönliche Pseudo-Unschuld ihres neurotischen Stils über besseres Rohmaterial für ihren späteren Reifeprozeß verfügte, als sie es als wohlangepaßter erwachsener Staatsdienstbalg je hätte finden können.

Zu meiner eigenen Lebensgeschichte als einzelgängerischer Teenager gehörte auch die Umwandlung, an die ich mich zuerst schlecht anpaßte, die schließlich aber doch lohnend war. Meine eigene Jugend habe ich als eine unendlich schmerzliche und unglückliche Erfahrung in Erinnerung. Unerklärlicherweise schien sie einfach immer weiterzugehen, als ich schon längst zwanzig war. Dabei erlebte ich meine Jugend nicht als Niedergang nach einer schönen Kindheit.

> Als Junge kämpfte ich viel - nicht mit besonderer Klugheit oder Geschick, aber zweifellos sehr oft. Da ich nicht der Meinung war, ich sei viel wert, erwartete ich von anderen Kindern auch nicht, daß sie mich mochten. Auf der Straße strebte ich auf dieselbe Weise nach Beachtung, wie ich es von zu Hause her gewohnt war: indem ich Unruhe stiftete. Selbst als kleiner Junge wußte ich nicht, wie ich Freundschaften schließen oder

bei einer Gruppe anderer Kinder mitspielen sollte. Zu meiner Art von sozialer Kontaktaufnahme gehörte es, ihnen den Ball wegzunehmen, sie zu hänseln oder einem anderen Jungen ins Genick zu springen. Das Ergebnis war meist, daß ich verprügelt und dann allmählich akzeptiert wurde, wenn auch als eine Art Sündenbock.[5]

Die Pubertät schien neue Möglichkeiten zu eröffnen. Die längste Zeit meines Lebens begriff ich nicht, daß meine unnötigen sozialen Schwierigkeiten hauptsächlich daher stammten, daß ich versuchte, den Erwartungen meiner Eltern gerecht zu werden. Sie betrachteten mich als einen mit Mängeln behafteten Extrovertierten, der nur deshalb unbeliebt war, weil er „sich lieber elend fühlte". In Wahrheit bin ich ein völlig introvertierter Mensch, der in seiner Unschuld den Versuch unternahm, sein natürliches Temperament gegen den Strich zu bürsten. Solange ich versuchte, etwas anderes zu sein als ich selbst, mußte ich mir zwangsläufig minderwertig vorkommen.

Als ich die Pubertät erreichte, hatte ich schon fast aufgegeben. Meine Entdeckung, daß zum Sex mehr gehörte als Onanie, gab mir unglücklicherweise den Anlaß zu einem weiteren, von vornherein zum Scheitern verurteilten Lernversuch, wie man mit anderen Menschen zurechtkommt.

Im Alter von zwölf oder dreizehn Jahren fand ich Vorbilder für die Art von Mensch, die ich zu werden hoffte. Zu zwei erfolgreichen, extrovertierten Schulkameraden fühlte ich mich sofort hingezogen. Die nächsten Jahre waren wir unzertrennlich.

Wie war ich darauf aus zu erfahren, wie man anderen Leuten gefallen konnte - so wie diese beiden ihnen gefielen. Den Mädchen machte ihre Gesellschaft Spaß. Sie redeten flott daher und konnten herumalbern, ohne jemand vor den Kopf zu stoßen. Ich war überzeugt, wenn ich mich mit diesen Typen herumtrieb, dann würde ich lernen, wie man tanzt, wie man sich raffiniert kleidet und vielleicht sogar eine Menge Mädchen hat, die einen fummeln lassen. Sich mit Bobby und Jackie zusammen umzutun, das schien mir genau die Inspiration, die Nachhilfe und Ermutigung zu bieten, die ich brauchte. Warum sie ihre Zeit ausgerechnet mit mir verbrachten, konnte ich nicht verstehen. Ich betrachtete das als meine erste Glückssträhne.

Ich blieb natürlich ich selbst. Daß ich mich mit ihnen herumtrieb, half ein bißchen, aber nicht viel. Ich war der letzte der Clique, der

tanzen lernte, und das Resultat wirkte plump. Ich ging oft zu Tanz-
veranstaltungen, lungerte aber in der Regel am Podium herum und
gab vor, ich hätte mir den Fuß verstaucht. Unter ihrer fachmännischen Anleitung kaufte ich mir schicke Sachen zum Anziehen. Auch
das nutzte nichts. An meinen klotzigen Schultern hatten die Jacken
nie „den richtigen Sitz".

Ich strebte nach den vier Macho-F's meiner Generation: Find' sie,
fummel sie, fick sie - und fort mit ihnen. Doch in Wirklichkeit war
ich andauernd „verliebt", meist in eine, die nicht zu kriegen war.
Wenn ich tatsächlich an ein bestimmtes Mädchen herankam, „gingen" wir meist miteinander. Jedenfalls stellte sich so gut wie immer
heraus, daß sie „nicht so ein Mädchen" war.

Die meisten Typen in unserer Clique hofften, eines Tages im
Showbusineß groß herauszukommen. Einigen gelang dies sogar. In
unseren frühen Teenagerjahren redeten sie über ihre Träume, Musiker, Schauspieler oder unerschrockene Komiker zu werden. Ich
zwang mich zu einem Lächeln, so oft ihnen der Gag einfiel, ich
könnte ja vielleicht ihre Geschäfte managen.

Ich dachte, meine Eltern wären froh, daß ich „die Bücher schon
wegstellte und mit Leuten zusammenkam". Stattdessen kritisierten
sie mich, weil ich mich mit „Stromern und Faulenzern" herumtrieb.

Diese extrovertierten Teenager zeigten mir aber doch eine Brücke
zur Welt. Wir gingen am Broadway oft in Varieté-Theater und
folgten den Bigbands von einem Auftritt zum anderen. Wir lernten
unterwegs das Haschischrauchen und lungerten schließlich in den
winzigen Clubs an der 52. Straße in der Jazz-Szene herum. Ich
kannte mich allmählich aus unter den Straßen. Von der Swing
Street zogen wir weiter nach Harlem.

Meine Freunde gingen bald wieder. Ich blieb noch eine Weile dort
und versuchte vergebens, im Umgang mit Schwarzen mein jüdi-
sches Ich zu finden. In meiner schwärmerischen Vorstellung konnte
es nur in schwarzen Familien für Kinder und Eltern eine echte
Kommunikation geben. Und ich konnte mich nur dann „zu Hause"
fühlen, wenn ich als einziger Weißer auf einer sonst ausnahmslos
von Schwarzen besuchten Party war. Doch als ich das jüdische Märchen meiner Eltern auf einen Schauplatz von Rassenintegration verlagerte, war ich einfach in eine weitere pseudo-unschuldige Pose
geschlüpft. Als ich anfing, deren Leere und Heuchelei zu erkennen,
verspürte ich erneut die schmerzliche Isolation des Außenseiters.

Ich hatte keine Freunde und kam mir vor wie ein Hochstapler. Ich trieb mich wieder in meiner alten Gegend herum. Da ich mich schämte, weil ich keine Freunde hatte und „an Wochenenden nichts lief" bei mir, hoffte ich beinahe, daß niemand meine Rückkehr bemerken würde. Unglücklicherweise war dies für eine Weile auch der Fall. Als ich ein paar Monate einsam und allein umhergezogen war, stieß ich auf einige andere Sonderlinge der Gegend, die fast am Ende der Teenagerjahre standen. Auch sie schienen ein qualvoll unglückliches, stilles Außenseiterleben zu führen.

Meine Nachbarschaft bestand hauptsächlich aus Familien wie meine eigene. Die meisten der Eltern waren Söhne und Töchter jüdischer Einwanderer aus Osteuropa. Sie hatten sich zwar nicht vollständig assimiliert, schämten sich aber wegen der ausländischen Herkunft ihrer Eltern. Sie mühten sich ab, erfolgreiche Amerikaner zu sein, doch war es ihnen oft nicht ganz klar, was man zu tun hatte, um ganz zum „Yankee" zu werden.

Für die vielen jüdischen Jungen der Gegend, die im Teenageralter waren, gab es zwei akzeptable Rollen. Die bevorzugte Pose war die des guten Studenten, denn so wurde man eines Tages zum „Akademiker". Man hatte jedoch Nachsicht mit Jungen, die in der Schule nicht gut abschnitten, wenn diese stattdessen gute Manieren zeigten oder Sportskanonen waren. Auch sie könnten eines Tages völlig achtbare Mitglieder der Erwachsenengemeinschaft werden, sofern sie in keine Schwierigkeiten gerieten, nette Mädchen aus der Gegend heirateten und ins väterliche Geschäft eintraten.

Die Außenseiter, die sich zusammenfanden und mir damals mein Leben erträglicher erscheinen ließen, paßten in keine der beiden Gußformen. In unserem halben Dutzend waren wahrscheinlich die klügsten und auch die schlimmsten Jungen der Gegend. Wir alle waren „emotionell gestört". Keiner von uns hatte gelernt (oder war willens), schöpferische Intelligenz anzuwenden, um die guten Noten zu erhalten, die unsere Eltern erfreut hätten. Unsere Aggressivität war zu subversiv, als daß sie bei sportlichen Wettkämpfen hätte eingesetzt werden können.

Irgendwie fanden wir einander. Es lag nicht daran, daß wir uns gemocht hätten. Es war eher so, daß wir unbedingt die Gesellschaft anderer Außenseiter brauchten. Gemeinsam zogen wir hinunter nach Greenwich Village. Als ein Haufen junger Außenseiter paßten wir genau dorthin. Wir gaben uns als „Die Neo-Nihilisten" aus und taten unser Möglichstes, um aus einer Espressobar nach der anderen hinausgeworfen zu werden. Wir grüßten Passanten mit einem lauten „Hallo, Landsmann", bewarfen Intellektuelle mit Büchern und beschuldigten Folk-Sänger, sie seien nicht volkstümlich. Es war alles ganz harmlos, doch das hätte mir damals keiner sagen dürfen.

Eines Abends betraten wir zu zweit oder zu dritt eine gedrängt volle Bar im Village. Es war schwierig, die Aufmerksamkeit des Barmixers auf uns zu lenken. Es waren viele andere Gäste da. Außerdem wußte keiner von uns, wie man selbst eine so simple soziale Situation angehen sollte. Ich wurde ausersehen, für uns drei Bier zu bestellen. Zu guter Letzt ging ein freundlich dreinschauender irischer Barmixer mittleren Alters auf meine unbeholfenen Bemühungen um Bedienung ein.

Mit einer Stimme, die selbst in dem Getöse und Gedrängel furchtbar laut zu sein schien, rief er: „Was darf's denn sein, Mosche?" Da ich zumindest die Fähigkeit besaß, an der Bar ein Bier zu bekommen, hatte ich die momentane Befriedigung verspürt, Herr der Lage zu sein. Dieses Gefühl wurde rasch verscheucht. Der Barmixer lächelte zwar recht freundlich, doch seine Bemerkung klang offen antisemitisch. „Mosche" ist die jüdische Version von Murray und dient oft als Gegenstück ethnischer Klischeebenennungen wie „George" oder „Rastus" für Schwarze. Ich war bestürzt. Ich war auch außer mir. „Mosche!" rief ich zurück. „Was zum Teufel soll das bedeuten, mich ‚Mosche' zu nennen? Ich kenne Sie nicht, und ich heiße auch nicht so. Was zum Teufel wollen Sie mir damit sagen?"

Der Barmixer beugte sich vor. Er nahm eine lockere Haltung ein, die mir zeigen sollte, daß er nicht die Absicht hatte, über mich herzufallen. Obwohl er weiterhin so laut redete, daß ich ihn trotz der lärmenden Menge hören konnte, war der Ton seiner Stimme sanft und vertraulich. „Ich wollte dich nicht beleidigen, Junge", begütigte er mich. „Weißt du nicht, was ein ‚Mosche' ist? Ein ‚Mosche' ist ein aufgeweckter jüdischer Junge aus Brooklyn oder aus der Bronx, der mit seinen Eltern nicht sonderlich zurechtkommt und deshalb keine Lust hat, in der Schule zu büffeln. Wenn du ihm einen Ball zuwirfst, streckt er die Hände aus. Der Ball fliegt zwischen ihnen durch und trifft ihn auf den Kopf. Nach einiger Zeit ist er mit seiner Gegend unzufrieden und treibt sich eine Weile hier unten im Village herum." Ich war als Person sanktioniert worden. Ich paßte endlich irgendwo hinein. Aus Dankbarkeit gab ich dem Barmixer für das Bier und das Mitgefühl ein viel zu großes Trinkgeld.

Wir waren alle „Mosches". Einer von uns war ein talentierter junger Maler, der sich schließlich so besessen mit philosophischen Überlegungen über die religiös-ästhetische Bedeutung der Künstlerexistenz befaßte, daß er die Malerei aufgab. Als ich das letzte Mal von ihm hörte, war er über dreißig, arbeitslos und wieder in der Bronx, wo er bei seiner Mutter wohnte, die er nicht ausstehen konnte.

Ein anderer hatte einst Wissenschaftler werden wollen. Ich erinnere mich an seine bitteren Klagen, die Lehrer in der Junior High School hätten ihn dazu verleitet, einer unwirklichen Darstellung des Universums Glauben zu schenken. Auf der High School wurde ihm beigebracht, daß das so nicht stimme. Die dort unterrichtete neue Kosmologie wurde wiederum am College in naturwissenschaftlichen Kursen diskreditiert. Die Naturwissenschaften erwiesen sich als ebenso unzuverlässig wie das familiäre Märchen, daß er sich nicht mehr irregeleitet und unglücklich fühlen werde, wenn er nur eifrig studierte und sich anständig aufführte.

Das konnte er nicht verkraften. Er gab das Studium auf und behauptete, eines Tages würden die wissenschaftlichen Lehrkräfte entdecken, zwei plus zwei sei fünf. Dann würden auf der ganzen Welt die Maschinen stehen bleiben, und die Lichter gingen aus. Da ihn die Chemie noch faszinierte, wandte er sich dem Heroin zu, um den Schmerz der wiederkehrenden Verluste von Unschuld zu lindern. Noch bevor er dreißig war, starb er an einer Überdosis.

Ein anderer seelenvoller Erlösertyp aus unserer Gruppe wurde schließlich zum Barmixer im Village und versuchte, andere Außenseiter zu retten. Vor ein paar Jahren besuchte er mich in Washington. Er erklärte, es sei eine langweilige Woche gewesen in New York, und er habe deshalb beschlossen, zum Wochenende nach Boston oder Washington oder sonst wohin zu reisen.

Ihm fiel ein, daß er gehört hatte, ich sei vor langer Zeit nach Washington umgezogen. So beschloß er, mich aufzusuchen. Er war damals zum inoffiziellen Bürgermeister des Village geworden, steckte voller wunderbar farbiger Geschichten und hoffte, es eines Tages „zu etwas zu bringen". Er war über vierzig und war wenige Monate zuvor erneut mit einer Zwanzigjährigen zusammengezogen. Wenn die Beziehung noch ein Jahr lang andauern würde, meinte er, dann würde er dieses Mädchen heiraten und einen Hausstand gründen. Ohne daß einer von uns beiden ein Wort sagte, wußten wir, wenn sie einundzwanzig wäre, dann würde er sie sitzenlassen und mit einer anderen Zwanzigjährigen zusammenleben.

Wie ich selbst, hatte sich auch das gescheiteste Mitglied unserer Clique entschlossen, die berufliche Laufbahn eines Psychotherapeuten einzuschlagen. Als ich nach etwa zwölf Jahren zum letzten Mal von ihm hörte, arbeitete er in einer hoffnungslos verkrusteten Nervenheilanstalt und prozessierte gegen die Yeshiva University, weil ihm der Doktortitel immer noch nicht verliehen worden war.

Ich trennte mich von diesen Lebensretter- und Außenseiterkollegen, als sich herausstellte, daß ich der einzige war, der während des Koreakrieges die psychiatrische Vorprüfung zur Musterung bestanden hatte. Bis dahin hatte jeder von uns sein Möglichstes getan, um einen Aufschub der Einberufung zu erreichen. Ich war als einziger von so sturer Rechtschaffenheit, daß ich es damit vor der Musterungsbehörde nicht versuchte. Einer von uns wurde abgelehnt, weil er mit speziell für diesen Anlaß geschminktem Mund daherlispelte. Ein anderer kam um den Militärdienst herum, indem er auf die Frage des Arztes „Wie kommen Sie mit anderen Menschen aus?" die Gegenfrage stellte: „Meinen Sie Menschen von der Erde?" Wieder einer war so high, als er zur Prüfung erschien, daß man ihn über Nacht dabehielt und dann als völlig untauglich nach Hause schickte. Die übrigen wollten nicht einmal mir gegenüber damit herausrükken, wie sie es geschafft hatten, „den Psycho-Macker hereinzulegen".

Das waren stolze und schmerzliche Zeiten. Ich bin froh, daß sie vorbei sind. Trotzdem fehlen sie mir manchmal. Rückblickend kommen mir die übertriebenen Posen, in die ich während jener Übergangsjahre schlüpfte, oft komisch vor. Manchmal finde ich sie rührend. Es ist egal. Sie waren bei jener schmerzlichen Umwandlung vom Kind zum Erwachsenen für mich von Nutzen.

Manch jugendlicher Trotz erweist sich bloß als momentanes Eintauchen in eine gesellschaftlich sanktionierte Form des Protests. Die meisten jungen Leute scheinen bei Modetorheiten mitzumachen, die von der Gemeinschaft ausgeklügelt sind. Sie nehmen dabei Posen ein, die weniger den individuellen Ausdruck ihrer eigenen inneren Bedürfnisse bilden, sondern vielmehr unter dem Druck ihrer Altersgenossen verordnet wurden. Die Gewißheit, daß sie in der jugendlichen Subkultur auf seiten der Mehrheit standen, wird zur Vorbereitung für eine Zukunft zweifelsfreier Selbstzufriedenheit als Erwachsene des Establishments.

Ich bin dankbar, daß meine eigene Häutung eher nebensächlicher Art war. Ich weiß, daß ich eine weitergehende Isolation riskierte, indem ich mich bewußt damit abfand, der Außenseiter zu sein, der ich eben war. Das ist vielleicht der Preis, wenn man darauf besteht, sein Leben nach eigenem Gutdünken zu leben. Aber nicht einmal die Bereitschaft, den Preis zu entrichten, garantiert später ein glückliches Erwachsenenleben. Die individuelleren Pfade durch die Jugend führen zwar nicht so oft zu Selbstzufriedenheit, können aber auch in der Wildnis enden. Welche Lebensweise sich jugendliche Außenseiter später im Erwachsenenalter aneignen werden, ist schwerer vorauszusagen als bei jungen Leuten, deren Haltungen als Teenager von der Gemeinschaft bestimmt waren. Es hat den Anschein, als gelangten junge Außenseiter schließlich in ein breiteres Spektrum von Erwachsenenrollen, das von Christusfiguren bis zu Spinnern reicht.

Standpunkte, die in der Hitze jugendlicher Leidenschaften entstanden, mögen später zu widerstandsfähigen, dauerhaften kreativen Bemühungen abgemildert werden. Individuell bestimmte Haltungen dienten ursprünglich als Schutz gegen die Verletzlichkeit der Jugend. Trotzdem können sie dem späteren Erwachsenen helfen, ein einheitliches Gefühl von sich selbst zu entwickeln.

Jeder macht eine jugendliche Krise durch, wenn er entdeckt, daß das Leben gar nicht so ist, wie man es uns als Kinder glauben machen wollte. Plötzlich ist nichts mehr sinnvoll. Diese Konfrontation mit der Entwertung der ursprünglichen Märchen ist so überwältigend, daß sie nicht auf einmal verkraftet werden kann. Zeitweilig der Unschuld beraubt, sind wir nackt und schutzlos allen Einflüssen eines Lebens ohne Sinn ausgesetzt. Jeder von uns muß eine Methode finden, um die scheinbar unerträgliche Aussicht, daß aus uns Erwachsene werden, hinauszuzögern. Manche klammern sich an die Hoffnung, erneut ein idealisiertes Weltbild zu errichten. Andere machen sich auf, um in einem donquichottischen Kampf gegen die Welt *wie sie ist* der Mensch zu werden, der man *sein sollte*. In beiden Fällen ist das Leben zeitweilig auf Vereinfachungen angewiesen. Widersprüche im Ich und Zweideutigkeiten in der Welt müssen durch die Illusion verdeckt werden, das Leben sei sinnvoll, verständlich und schließlich auch kontrollierbar. Camus hat darauf hingewiesen: „Eine Welt, die sich - wenn auch mit schlechten Gründen - deuten und rechtfertigen läßt, ist immer noch eine vertraute Welt."[6] Kleine Kinder wollen dieselben Märchen immer wieder hören. Die Erwachsenen, die sie ihnen vorlesen, wagen nicht, auch nur ein Wort zu ändern.

Jeder von uns muß eine Methode finden, um das Erwachen hinauszuzögern. Dieser pseudo-unschuldige Schutz ist nichts anderes als eine natürliche Phase des Jugendalters, doch bei manchen kann diese Phase ein Leben lang anhalten.

6

Mamas Jungchen und Papas Goldschatz

Wird ein Kind verhätschelt, so kann auch dies dazu beitragen, daß der Verlust der Unschuld hinausgezögert wird. Der Verlust ist aber notwendig, damit dieser Mensch später eine reifere Vorstellung von seinem Platz in der Welt entwickeln kann. Söhne, die als Mamas Jungchen, und Töchter, die als Papas Goldschatz aufgewachsen sind, haben oft die Last eines gewaltigen Eigendünkels mit sich herumzuschleppen; als Handikap erweist sich dann auch eine ganz besonders naive Vorstellung davon, was sie glücklich machen wird. Die vernarrten Väter und Mütter wecken in ihren jungen Lieblingen die Erwartung, daß sie im Leben immer im Mittelpunkt besonderer Aufmerksamkeit stehen werden. Da sie so oft gelobt werden und so oft ihren Willen durchsetzen können, wachsen verwöhnte Kinder mit offen zur Schau getragenem Selbstbewußtsein auf.

Oberflächlich betrachtet scheint es recht günstig zu sein, in einem solchen Milieu aufzuwachsen. Bei genauerem Hinsehen zeigt sich aber, daß solche Kinder oft auf eine Art und Weise benutzt und in die Irre geführt werden, die ihnen als Erwachsene überflüssiges Leid einbringen kann.

Die verführerische Situation, allem Anschein nach nicht nur gegenüber Geschwistern, sonder sogar gegenüber dem gleichgeschlechtlichen Elternteil bevorzugt zu werden, ist für die Phantasie des jungen Menschen eine berauschende Vorstellung. Doch es kann in einer solchen Vater-Tochter-Beziehung ein gewaltiges Durcheinander geben, wenn Vati seine kleine Prinzessin im Stich läßt und mit seiner ansonsten gering geschätzten Ehefrau zwei Wochen in Urlaub fährt. Solche Menschen brauchen manchmal ein Leben lang, bis sie die simple Tatsache begreifen können, daß Mama und Papa zusammen waren, bevor das Kind geboren war, und daß sie auch zusammen bleiben wollen, wenn das Kind großgeworden und von Zuhause weggegangen ist. Das bevorzugte Kind bekommt ein stark übertriebenes Gefühl seiner eigenen Wichtigkeit. Es wirkt dann wie ein Schock, wenn das immer noch unschuldige Kind feststellt, daß zu Hause das Leben auch ohne es weitergeht und daß die Familie, aus der es stammt, für es nur eine Durchgangsstation ist. Solche Menschen sind schlecht vorbereitet auf ein Leben in einer gleichgültigen Welt.

Mamas Bewunderung für ihr wundervolles Jungchen ist vielleicht nichts anderes als eine ständige Ermahnung an ihren Gatten, daß sie mit der Ehe unzufrieden ist. Das bevorzugte Kind, das als Instrument zum Kritisieren und Beherrschen des Ehegatten benutzt wird, kommt jedoch langsam dahin, daß es die Verachtung des vernarrten Elternteils für den gleichgeschlechtlichen Elternteil mitmacht.

Dem Kind kommt es nur noch darauf an, die Zustimmung des Lieblingselternteils zu suchen; es wird damit zum Gegenstand weiterer Ausbeutung, indem der in das Kind vernarrte Elternteil darin eine neue Chance sieht, die eigenen versäumten Gelegenheiten doch noch ergreifen zu können. Er benutzt dabei das Kind als Projektionswand für seine eigenen unausgelebten Erwartungen. Manchmal werden solche Kinder äußerst erfolgreiche Erwachsene, doch viele von ihnen wachen eines Tages auf und fragen sich, weshalb sie einen Lebensweg gewählt haben, der eigentlich nicht zu ihnen paßt.

Hinter ihrer blasiert wirkenden Haltung des offen zur Schau gestellten Selbstvertrauens verbergen sich Zweifel, ob sie denn überhaupt etwas wert sind. Dieser scheinbare Glaube an ihre eigenen Fähigkeiten ist nur eine dünne, brüchige Hülle. Das Lieblingskind wächst in dem Glauben auf, es werde auch weiterhin um die Enttäuschungen und Frustrationen herumkommen, mit denen andere fertigwerden mußten. Vernarrte Eltern „verwöhnen" ihre Lieblingskinder. Dabei geht es nicht darum, daß das Kind zu viel bekäme, sondern daß Vater oder Mutter nicht darauf bestehen, ihm das zu geben, was es braucht. Stattdessen geben sie ihm, was sie selbst gerne gehabt hätten, aber nicht hatten, oder, was noch schlimmer ist, sie lassen ihm grundsätzlich seinen Willen. Durch diese Art von elterlichem Entgegenkommen fühlt sich das Kind bewundert und bringt dem Elternteil selbst Bewunderung entgegen. Doch dies ist eine schlechte Vorbereitung auf das spätere schutzlose Leben in einer Welt, die keinem eine besonder Gunst erweist, bloß weil er Wohlverhalten zeigt oder bewunderungswürdig ist.

So aufgeweckt und befähigt manche dieser Hätschelkinder auch sein mögen, so machen sie durch ihre Unfähigkeit , mit einer Welt ohne Bevorzugungen zurechtzukommen, oft den Eindruck von tolpatschigen Erwachsenen. Sie mögen für vieles überaus geeignet und empfänglich sein, doch legen sie immer immer wieder eine unglaubliche Naivität an den Tag. Wenn sie scheinbar unschuldig sichere Erfolge erwarten, dann ist dies eine fruchtlose Verdrängung der Tatsache, daß sie nichts Besonderes mehr sind. Selbst wenn sie merken, daß ihre Bemühungen zwecklos sind, bekommen sie eher einen Wutanfall, als daß sie sich mit den Gegebenheiten des Lebens abfinden.

Vielfach ist dieses irrational selbstzerstörerische Verhalten nichts anderes als die sture Erwartung, daß niemand in der Lage sein werde, ihren Machenschaften zu widerstehen. Da ihre Launen so lange hingenommen wurden, als wären sie kleine Prinzen oder Prinzessinnen, wird für sie das normale Leben eines gewöhnlichen Menschen zwangsläufig eine Enttäuschung.

Wenn sich solche Menschen als Erwachsene dumm anstellen, geschieht dies meist in dem absichtlichen Verlangen, die ganze Welt solle sie so behandeln wie früher ihre Eltern. Diese unsinnige Form von Pseudo-Unschuld zeigt sich deutlich in Flauberts klassischem Roman *Madame Bovary*.[1] ,,Man kann ohne Übertreibung sagen, daß der gesamte Roman sich daraus entwickelt . . . Dummheit ist das Hauptthema, und die romantische Schwärmerei ist eine ihrer Erscheinungsformen.''[2]

Ich will meine Aufmerksamkeit nur auf diesen Teilaspekt jenes vielschichtigen Romans richten. Der nachhaltigere literarische und soziologische Bedeutungsgehalt dieses Buches ist ebenso wie der allgemein psychologische von vielen anderen eingehend berücksichtigt worden. Flaubert gilt gemeinhin als der Vater des Realismus, als Schöpfer des zeitgenössischen Romans und Hauptkritiker der Romantik. Es gelang ihm, die Gefühle der Gestalten ohne direkte Beschreibung oder Analyse nur mit stilistischen Mitteln anzudeuten. Er konnte ihre psychologische Wesensart in einem soziologischen

Zusammenhang darstellen, der seine Verachtung für die Hohlheit der bürgerlichen Kultur des 19. Jahrhunderts zum Ausdruck brachte. Trotzdem war Flauberts Kritik der Selbsttäuschung voller Mitleid. Mitfühlend begriff er, daß wir uns alle ab und zu selbst zum Narren halten.

Oberflächlich gesehen ist die Geschichte der Bovarys ein Bericht über die unglückliche Ehe einer unbefriedigten, sehnsuchtsvoll romantischen jungen Frau und eines selbstzufriedenen, langweiligen Landarztes. Emma nimmt sich in ihrer Verzweifelung Liebhaber, die sie zwangsläufig immer wieder verlassen. Von der erträumten romantischen Eleganz bleibt ihr nur der materielle Schnickschnack. Sie kauft Luxusartikel, die ihr das Gefühl geben sollen, sie sei etwas Besonderes. Ihre Extravaganz hält sie Charles gegenüber geheim (genauso wie er selbst die Augen davor verschließt). Es ist unvermeidlich, daß sie hoffnungslos in Schulden geraten. Als die Enthüllung ihrer ehelichen Untreue und ihrer finanziellen Unterschlagungen droht, begeht Emma Selbstmord. Charles wiederum stirbt an einem zerbrochenen Traum.[3]

Bei genauerer Betrachtung scheint viel von ihrem Leiden unnötig zu sein. Beide waren in ihren eigenen Illusionen verfangen. Jeder klammert sich an ein Bild vom Leben, wie es sein sollte - nicht, wie es ist. Deswegen versäumen sie alle sich bietenden Möglichkeiten für ein glückliches Zusammenleben.

Unter soziologischen Aspekten können die gefährlichen Illusionen von Charles und Emma Bovary als Abbilder bürgerlicher Selbstzufriedenheit und romantischer Weltflucht interpretiert werden. Psychologisch gesehen können sie als jene Formen von Pseudo-Unschuld verstanden werden, die dem Hätschelkind aufgebürdet werden.

Charles Bovary war ein Muttersöhnchen. Jahrelang hatte seine Mutter darunter zu leiden, daß ihr egoistischer, unverhohlen ehebrecherischer Gatte sie vernachlässigte und erniedrigte. In ihrem Leid richtete sie ihre ganze Aufmerksamkeit darauf, ihren Sohn mit besitzergreifender Despotie zu verhätscheln. Die Mutter verwöhnte und verzärtelte Charles und bestimmte damit seine weitere Entwicklung zu einem Mann-Kind, von dem sie hoffte, daß es sie glücklich machen könnte. Sie hatte nicht damit gerechnet, ihn einmal einer Emma überlassen zu müssen.

Emma entgeht gerade noch der klassischen Rolle, Papas Goldschatz zu werden. Sie war weniger der kleine Liebling ihres verwitweten Vaters als vielmehr das Schmuckstück in seinem bequemen Leben, dem er sich gutmütig und sentimental hingab. Er verwöhnte sie, indem er ihren Launen nachgab und ihr eine Erziehung sowie Erwartungen gab, deren Erfüllung ihre gesellschaftliche Stellung nie erlauben würde. Doch sobald sie weggeheiratet hatte, wandte er seine Kraft wieder schleunigst seiner Genußsucht zu.

Durch die beherrschende Muttergestalt wurde Charles zu einem passiven Mann, der Frauen gefallen wollte. Auch nachdem er verheiratet war, erwartete er, daß er jedermann glücklich machen könne, wenn er sich nur gut benehme. Da er gelernt hatte, auf den äußeren Schein zu achten, war er für tiefere Gefühle nicht empfänglich. Wenn er sich umschaute und feststellte, daß er ein Arzt geworden war, der seiner Frau ein gut ausgestattetes Haus, schöne Kleider und ein angenehmes Leben zu bieten hatte, dann vermochte er sich nicht vorzustellen, sie könnte unglücklich sein. Der Besitz einer reizenden Frau, der er stets gern zu Gefallen war, genügte ihm, um seine Selbstachtung aufrechtzuerhalten. Er war überzeugt, Emma wäre glücklich, mit einem so braven Jungen verheiratet zu sein.

Doch Emma fand die Gesellschaft von Charles

> platt wie das Straßenpflaster, und die Allerweltsideen wandelten in ihrem Alltagskostüm darauf umher, ohne zu Rührung, Lachen oder Träumerei anzuregen ... Seine Zärtlichkeiten waren zu etwas Regelmäßigem geworden; er nahm sie zu bestimmten Stunden in die Arme. Es war eine Gewohnheit wie jede andere, gleichsam ein schon vorgesehener Nachtisch nach der Eintönigkeit des Mahls.[4]

Sie träumte von der Eleganz Pariser Theater und Prunkbälle, wo sie sich als die Prinzessin fühlen könnte, die sie so gerne sein wollte.

Als Emma schließlich ihre romantischen Sehnsüchte in die Tat umsetzte, kam die ersehnte Glückseligkeit, Leidenschaft und Ekstase, von der sie bisher nur gelesen hatte, nicht durch die Liebe eines Mannes, der sie besser behandelte als Charles. Sie stellte sich vielmehr durch ein geschöntes Märchenbild ihrer selbst ein, das sie in einem Schlafzimmerspiegel erblickte.

> Nie waren ihre Augen so groß, so schwarz und so tief gewesen. Über ihrer Gestalt lag etwas Zartes, das sie verklärte.

Sie wiederholte immer wieder: ,,Ich habe einen Geliebten!
einen Geliebten!"[5]

Weil Charles glaubte, sein passiver Gehorsam einer Frau gegenüber würde sie glücklich machen, ignorierte er die deutlichen Anzeichen von Emmas Unzufriedenheit. Da Emma überzeugt war, für sie
könne das Glück nur im Vergöttertwerden liegen, ,,. . . verwarf (sie)
alles als unnötig, was nicht unmittelbar zur Labung ihres Herzens
beitrug."[6] Emma konnte es nicht ertragen, von Charles erbitten zu
müssen, was sie sich wünschte. Wenn er sie *wirklich* liebte, dann
hätte er es gewußt, ohne daß man es ihm zu sagen brauchte. Sie
übersah geflissentlich die offensichtlichen Gefahren, die sich bei
ihren unüberlegten romantischen Abenteuern ergeben mußten. Mit
reiner Märchenunschuld bestand Emma darauf, ,,da das, was sie bis
jetzt vom Leben gehabt hatte, so trübe gewesen war, so mußte wohl
das, was noch kam, besser sein."[7]

Hätschelkinder wachsen in der Erwartung auf, man werde sie
stets als kleine Prinzen und Prinzessinnen behandeln. Immer wieder
hatte man ihnen gesagt: ,,Ganz gleich, wie groß du wirst, du wirst
immer Papas Goldschatz (oder Mamas lieber kleiner Junge) sein."
Diese Botschaft würde niemanden besonders belasten, wenn
schließlich genau begriffen würde, daß sie nicht mehr bedeutet als
,,Du wirst für mich immer wichtig sein, weil ich dieses besondere
Gefühl, ein liebevoller Vater / eine liebevolle Mutter zu sein, so sehr
mag." Stattdessen taucht sie in einem Zusammenhang auf, der dem
Kind den Glauben nahelegt, daß es über einen besonderen Zauber
verfüge, welcher andere Leute immer in seinen Bann schlagen
werde.

Ich kannte eine Frau, die davon überzeugt war, daß ,,Jeder Mann,
dem ich begegne, sich zumindest ein bißchen in mich verliebt". Viel
von ihrer Energie verbrauchte sie dafür, verführerisch zu sein. Die
unpersönlichen sexuellen Reaktionen vieler Männer verwechselte
sie mit Liebe. Diese ,Anbetung' erschien dieser Frau selbstverständlich, und die Männer wurden von ihr geringschätzig behandelt.
Zeigte jedoch ein bestimmter Mann deutliches Desinteresse, so
empfand sie dies als bestürzende Zurückweisung. Im Mittelpunkt
ihrer neurotischen Lebensweise stand die Verfolgung solcher gleich-
gültiger Männer. Wenn sie sich bei ihnen nicht durchsetzen konnte,
wurde sie deprimiert und selbstkritisch. Gelang es ihr, einen solchen
Mann zu fesseln, dann folgte eine kurze, intensive Affäre, an der sie

jedoch bald das Interesse verlor. Als einzige Bindung blieb danach der inbrünstige Wunsch, der verstoßene Verehrer werde sie für den Rest seines unglücklichen Lebens immer lieben und vermissen.

Bei einer Einladung zum Abendessen traf ich einmal einen Mann mittleren Alters, der es offenbar noch nicht überwunden hatte, daß man ihn als kleinen Prinzen aufgezogen hatte. Als wir uns alle zu Tisch begaben, erhellte sich sein Gesicht mit einem Lächeln großer Selbstzufriedenheit. Anfänglich glaubte ich, daß er mit diesem Lächeln nur ausdrücken wollte, wie gern er äße. Doch plötzlich lenkte er ohne Vorwarnung unsere Aufmerksamkeit mit überaus lauter Stimme auf diese freiwillige Bekanntmachung: „Wissen Sie, ich war schon immer ein guter Esser." Er war fünfundvierzig und erwartete von uns allen dieselbe Bewunderung, die seine Mami wohl gezeigt hatte, wenn er seine Hafergrütze aufaß.

Auch ich wurde in meiner Kindheit kräftig von meiner Mutter verwöhnt. Daher hätte auch ich in dem Glauben aufwachsen können, andere würden mich behandeln, als sei ich ein kleiner Prinz. Doch vor dem unglücklichen Ende dieses einen Märchens bewahrte mich der verhängnisvolle Anfang eines weiteren. Obwohl meine Mama bereit war, für ihr außergewöhnliches Jungchen die Königinmutter zu spielen, machte ihr der Eindruck schwer zu schaffen, ich sei ein *Wechselbalg*.

Eltern schützen sich schon seit langem davor, für ein Kind Verantwortung übernehmen zu müssen, welches Eigenschaften aufweist, die sie bei sich selbst ablehnen. Viel Aufhebens wird wegen dieser schrecklichen Merkmale gemacht, wenn sie bei einem Neugeborenen erstmals entdeckt (oder auf dieses projiziert) werden.

Der Überlieferung nach bekam man Wechselbälger, wenn ein Kind statt eines anderen untergeschoben oder gegen ein anderes ausgetauscht wurde. Im schottischen Hochland wurden die Kinder vor der Taufe streng bewacht. Bis zu diesem Zeitpunkt war es möglich, daß Feen das Baby aus der Wiege stahlen. Statt seiner würden sie einen unbefriedigenden Ersatz hineinlegen. Ein häßliches, schwaches oder verdrießliches Kind hielt man gern für einen Wechselbalg. So war es für die gute Mutter möglich, ein fragwürdiges, unvollkommenes Kind großzuziehen, ohne daß man ihr die Fehler zur Last legen konnte.

Heutzutage verleugnet man lieber in der Weise, daß man abwesenden Verwandten die Schuld zuschiebt: „Hör mal, wie das

Baby brüllt. Sie hat Omas Temperament mitbekommen." Oder: „Er ist erst zwei Wochen alt und schon zu faul, seine Milch zu trinken. Genau wie Onkel Harry – er wird es auch zu nichts bringen."

Meine eigene Mutter hatte eine eher traditionelle Auffassung und ging daher in ihrer Ablehnung weiter. Immer wieder sagte sie zu mir, es *müsse* im Krankenhaus ein Durcheinander gegeben haben. Ganz bestimmt habe eine andere glückliche Mutter das gute Baby mit nach Hause genommen, mit dem sie selbst eigentlich hätte gesegnet sein sollen.

Nun saß sie da mit dem falschen Kind. „Ich liebe dich, aber ich mag dich nicht", sagte sie mir. Obwohl ich ein unerwünschter Wechselbalg sei, wolle sie versuchen, ihren kleinen Frosch so aufzuziehen, als wäre er ein Prinz.

Und so erhielt ich, obwohl sie mich täglich daran erinnerte, daß ich ein schlechtes Kind sei, die königliche Behandlung, die einem Sohn in einem typischen jüdisch-amerikanischen, ganz auf das Kind abgestellten Haus zukommt.[8] Ich wurde verhätschelt, verwöhnt, übermäßig beschützt und stand so gut wie immer im Mittelpunkt familiärer Aufmerksamkeit. Immer wieder bekam ich zu hören, wenn ich nur wirklich wollte, dann würden mich all diese Vorteile in die Lage versetzen, der wunderbare, erfolgreiche Sohn zu werden, der ich sein sollte.

Ein schönes Beispiel für die Verhätschelung war vielleicht die Art und Weise, wie mich meine Mutter jeden Tag für die Schule fertig machte. Meine Eltern und ich lebten in einer kleinen Wohnung in einem sechsstöckigen, fahrstuhllosen Mietshaus in der Bronx. Das begrenzte Familieneinkommen erforderte es, daß wir die oberste Wohnung mieteten. Zum Leben in diesen preisgünstigen Mietwohnungen gehörte es, jeden Tag viele Treppen hoch zu steigen und zu den letzten Bewohnern zu gehören, die an kalten Wintermorgen Wärme in die Heizkörper bekamen.

In diesen frostigen Monaten stand meine Mutter bei Tagesanbruch auf, wenn es „so kalt war, daß es nur eine Mutter ertragen konnte". Sie suchte aus meiner Wäschekommode frische Unterwäsche und Socken aus, die sie dann zum Wärmen auf den Heizkörper legte. Ich wurde nicht geweckt, bis sie verkünden konnte: „Jetzt kannst du aufstehen. Keine Angst, deine Mutter ist schon lange auf in der kalten Wohnung, um die Kleider aufzuwärmen, die die Füßchen und den süßen kleinen *toosh* ihres *nisht-guteh's* (Nichtsnutz) wärmen sollen." Sie hob einen Zipfel meiner Bettdecke ein wenig hoch, so daß sie mir die angewärmten Socken und Wäschestücke sowie meine morgendliche Dosis Schuldgefühl überreichen konnte.

In den Grenzen dessen, was meine Eltern sich finanziell leisten konnten (und manchmal darüber hinaus), gaben sie mir von allem das Beste. Meine Mutter sagte zu mir, sie wolle, daß ich einen Vorgeschmack auf die guten Dinge des Lebens bekomme. So solle ich das Gefühl kriegen, daß ich nicht ohne sie auskommen könne. Dies würde mich später dazu antreiben, hinter allem, was ich wollte, mit aller Kraft her zu sein. Dann würde ich bestimmt Karriere machen und ein großes Tier in meinem Beruf werden, wenn ich bloß nicht im Gefängnis enden und das Herz einer Mutter brechen würde.

Meine Mutter war stets bereit, mir alle Vorrechte zu gewähren, die ich als Prinzchen erwarten konnte. Doch wie beim Verhätscheln war der von ihr gewährte besondere Schutz dadurch geprägt, daß sie die Wildheit des Wechselbalgs einkalkulierte. Als Kleinkind wurde ich in Windeln gewickelt. Später erzählte sie mir, jedesmal wenn die Windeln abgenommen wurden, sei ich so aufgeregt geworden, daß man mich rasch wieder einwickeln mußte. Sonst hätte ich mich womöglich beim wilden Umherschlagen noch verletzt.

Die liebevollen Zwänge meiner Mutter hatten das Ziel, mich vor meinem eigenen destruktiven Wesen zu beschützen. Als ich zum ersten Mal als Patient in einer Psychotherapie war, kamen Reste dieser Art von Beschützung auf dramatische Weise zum Vorschein. Mein junger freudianischer Therapeut glaubte, bei der Lösung neurotischer Probleme komme es darauf an, daß der Patient seine Geschichte erzählte. Dadurch lasse sich herausfinden, wie sie begonnen habe. Er ermutigte mich, viel Aufmerksamkeit darauf zu verwenden, meine frühesten Erinnerungen aufzustöbern und zu untersuchen.

Ihm zuliebe hätte ich so gut wie alles getan. Er kam mir wie ein älterer Bruder vor, der vielleicht auch einmal so wie ich emotionell in die Klemme geraten war, sich aber hatte davon freimachen können. Wenn ich diesem Vorbild folgte, würde mir dies auch gelingen. Seinen Anweisungen entsprechend verbrachte ich viele Stunden mit dem Versuch, meine allerfrühesten Erinnerungen hervorzuholen.

Es zeigte sich, daß das am weitesten zurückliegende Bild meine schwache Erinnerung daran war, wie ich in einem Kreis von Frauen gefangen war. Dies paßte genau zu meiner bewußt als Konflikt erfahrenen Haßliebe zu Frauen, die für mich der Anlaß war, Therapie aufzusuchen. Die Therapie half mir, einen meiner zentralen Konflikte zu verstehen. Ich sehnte mich danach, von einer guten Mutter umsorgt und in den Armen gehalten zu werden. Gleichzeitig rebellierte ich gegen das tyrannische Gebaren meiner eigenen Mutter und wehrte mich ängstlich gegen jene Nähe, die ich suchte.

Wie besessen untersuchte ich den Zusammenhang zwischen diesem Bild und meinen projizierten Ängsten, daß Frauen die Kontrolle über mich ausüben wollten. Nach fortwährendem Analysieren hatten der Therapeut und auch ich das Gefühl, wir hätten bei all dem etwas Wesentliches nicht begriffen. Er erklärte mir, das Bild vom Kreis der Frauen sei offenbar eine *Projektions*erinnerung. Dieses erfundene Geschehen nütze meinem Gefühlshaushalt, indem es einen einschneidenderen *tatsächlichen* Vorfall in meiner frühen Kindheit verschleiere. Sobald wir in der Lage seien, meine Assoziationen zu diesem Phantasiebild korrekt zu interpretieren, werde die Erinnerung an die tatsächliche, früher eingetretene Erfahrung bewußt werden und ich von diesem Trauma befreit sein.

Damals hatten mein Therapeut und ich selbst eine allzu intellektuelle Einstellung zur Problemlösung. Hartnäckig bestanden wir darauf, daß unerforschtes Leben nicht wert sei, gelebt zu werden. Dabei übersahen wir allzu gern die umgekehrte Wahrheit: daß das ungelebte Leben nicht wert ist, untersucht zu werden. Überzeugt, daß unser hingebungsvolles Spekulieren die Wahrheit ans Licht befördern werde, vergeudeten wir viel Zeit und Energie (sowie mein Geld) damit, Hypothesen aufzustellen.

Aus Verzweiflung und als Aufbegehren gegen etwas, das ich allmählich als autoritäres psychoanalytisches Dogma empfand, entschied ich mich für ein drastisches Vorgehen. Statt meine Forschungen auf freie Assoziationen, Träume und Phantasievorstellungen zu beschränken, könnte ich, so fiel mir schließlich ein, einfach nach Hause gehen und meine Mutter über meine Kindheit befragen. Ihre Berichte über ein frühes Trauma könnten mir behilflich sein, diese bruchstückhafte Projektionserinnerung zu verstehen, daß ich in einem Kreis von Frauen gefangen saß.

Meine Mutter war äußerst glücklich, mir helfen zu können. Sie wußte genau, worum es sich bei meiner Erinnerung handelte. Sie erzählte mir aufgeregt: „Schon als kleines Baby warst du wie ein wildes Tier. Deshalb ließ ich mir von Oma das Wickeln zeigen. Sobald du zum Wickeln zu alt warst, hast du mit allen möglichen Scherereien begonnen. Gehen hast du nie gelernt. Du hast nur gelernt, wie man rennt. Und sooft du gerannt bist, bist du hingefallen und hast mich in Aufregung versetzt. Selbst ein kleiner Junge könnte, wenn er ein anständiges Kind ist, an seine Mutter denken und sich nicht so oft wehtun, wie das bei dir passiert ist.

Ich mußte dich nach unten auf die Straße schaffen, damit du die frische Luft und den Sonnenschein bekommen konntest, die ein kleiner Junge braucht. Aber ich wußte, wenn ich nicht auf dich aufpassen würde, dann würdest du dich umbringen. Was kümmerte es dich? So ein Wildfang wie du! Es gab nur einen Weg, mit einem Jungen wie dir zurechtzukommen.

Ich brachte all die anderen Mütter dazu, mir zu helfen und mit mir in einem Kreis zu sitzen. Sie hatten schließlich keine Kinder, die man keine Minute aus dem Auge lassen konnte. Wir saßen auf Flaschenmilchkästen vom Lebensmittelhändler. Und dann konntest du ungefährdet in dem Kreis spielen, und ich brauchte mir keine Sorgen zu machen, was du als nächstes anstellen würdest.

Du wolltest natürlich ständig aus dem Kreis ausbrechen, damir du dich verletzen konntest. Aber eine Mutter liebt ihr Kind, auch wenn es wild ist. Deshalb sorgten wir dafür, daß du immer in dem Kreis dringeblieben bist. Die anderen Mütter fragten oft; ‚Woher haben Sie denn so einen Wildfang?' Und ich sagte immer zu ihnen: ‚Wo ich ihn herhabe? Von da, wo Sie Ihre Kinder auch herhaben, vom Krankenhaus. Bloß haben sie mir das falsche gegeben, und deshalb muß man auf ihn besonders aufpassen.'

Der Kreis von Frauen, an den du dich erinnerst, das ist die Umarmung einer liebenden Mutter, die ihren schlimmen Jungen beschützt."

Die mütterliche Sorge um mein Wohlbefinden reichte von solch destruktiven Einengungen bis zu wirklich teilnahmsvoller Fürsorglichkeit. Da ging es beispielsweise um die Frage, ob ich an Rachitis litt. Ich werde nie genau wissen, ob es eine medizinische Begründung dafür gab, daß ich nicht lernte, ‚wie ein Mensch' zu gehen. Meiner Familie zufolge rannte ich, sobald ich gehen konnte. Und beim Rennen fiel ich oft hin.

Da ich selbst drei lebhafte Söhne großgezogen habe, bin ich der

Meinung, daß sich dies vom normalen Verhalten der meisten kleinen Kinder nicht unterscheidet. Es handelt sich um eine Entwicklungsphase, die bei den Eltern eine gewisse Besorgnis hervorruft, mit der diese jedoch normalerweise zurechtkommen. Für meine Mutter aber war diese Zeit zum Verzweifeln gewesen. Sie war überzeugt, ich würde es schaffen, mich umzubringen. Man mußte etwas unternehmen gegen meine Wildheit. Da ich aus dem Wickelalter heraus war, ließ sie mir als nächstes die schützende Enge des magischen Mütterzirkels angedeihen. Viele Jahre lang waren Rollschuhe, Fahrräder und andere dämonische, für Mütter bedrohliche Apparaturen streng verboten.

Als der Gedanke auftauchte, meinem ‚Gehproblem' könnte irgendeine medizinische Ursache zugrundeliegen, schleppte mich meine Mutter von einem Arzt zum anderen. Falls bei mir wirklich etwas nicht stimmte, dann sollte es kuriert werden. Für mich war das alles sehr verwirrend. Einerseits spürte ich, daß sie mich wirklich vor Verletzungen bewahren wollte. Doch wenn ich dann tatsächlich hinfiel, ermahnte sie mich meist mit dem Spruch: „Siehst du, wie Gott ein Kind straft, das nicht auf seine Mutter hört."

Durch die Verrücktheit meiner Mutter wurde so manches von ihrer Hätschelei und Fürsorglichkeit grotesk und destruktiv. Trotz allem bleibt in mir das nachhaltige Gefühl, ein privilegiertes Kind gewesen zu sein, das von einer starken, teilnahmsvollen Mutter beschützt wurde. Eine bestimmte Geschichte, die ich im Laufe der Jahre immer wieder zu hören bekam, ruft dieses Gefühl sofort wieder wach.

Als meine Eltern zu der Überzeugung gekommen waren, mit meiner körperlichen Gesundheit sei wohl etwas nicht in Ordnung, gab es kein Halten mehr, die begrenzten Geldmittel der Familie und die grenzenlose Energie meiner Mutter einzusetzen, um dem kränkelnden Sohn Heilung zu verschaffen. Sie brachten mich zu den ‚bedeutendsten Männern' unter den teuren Ärzten an der Park Avenue, New Yorks jüdischem Gegenstück zu Lourdes.

Als wir den ‚allerbesten' Facharzt für Orthopädie besuchten, war ich noch im Vorschulalter. Meine Mutter erzählte mir die Geschichte viele Male. Ihr Bericht über seine Untersuchung, Diagnose und Empfehlung und ihr eigenes abschließendes Urteil darüber lautet so: „Ich erzählte ihm von deinem Problem. Er sagte, ich solle dir die Hosen ausziehen, damit er dich selbst untersuchen könne. Nach einem Blick sagte er: ‚Mißgebildete Knochen. Wir müssen seine beiden Beine brechen und in Gips legen.' Deine Mutter hat sich gerade soviel angehört und zu ihm gesagt ‚Brechen Sie sich doch den Schädel und werfen Sie ihn auf den Müll'."

Aus ihrer eigenen Verrücktheit heraus tat sie mir dann am meisten weh, wenn sie versuchte, mich vor meiner ‚Wildheit' zu beschützen. Aber sie ließ es nie zu, daß jemand anders mir wehtat. Ich hatte eine schlechte und eine gute Kindheit.

Wie sehr ich ihnen ans Herz gewachsen war, zeigten meine Eltern mir auf widersprüchliche Weise. Die meiste Zeit verwirrte mich ihre seltsame Mischung aus beflissener Verwöhnung und strafender Einengung. Ständig gaben sie mir etwas. Doch selten waren es die Dinge, die ich wirklich gebraucht hätte. Meistens resultierten ihre Gaben mehr aus ihren als aus meinen Bedürfnissen, und selbst wenn ihre Freigiebigkeit einmal meinen Bedürfnissen entsprach, hatten ihre Gaben meist den Beigeschmack des Ruinösen.

Als ich in die Pubertät kam, zogen wir in eine größere, teurere Wohnung um, damit ich mein eigenes Zimmer bekam. Meine Eltern konnten sich die höhere Miete kaum leisten. Doch „ein Junge braucht ein Zimmer, und deshalb bekommt der Junge sein Zimmer". Ich wußte das sehr zu schätzen und war ganz begeistert. Es bedeutete, daß mein Heranwachsen respektvoll anerkannt wurde. Sie machten Platz, damit ich meinen Freiraum bekäme, in dem ich über die Rolle des kleinen Jungen der Familie hinauswachsen könnte. Ich sagte ihnen, wie dankbar ich sei für ein Zimmer, das mir jene Ungestörtheit und Unabhängigkeit bieten würde.

Außerdem war ich insgeheim von dem Gedanken entzückt, ein eigenes Zimmer zu haben, in dem ich ungestörter onanieren könnte. Ich beging den Fehler, sie zu fragen, ob ich denn nicht an der *Innenseite* der Tür zu meinem Zimmer ein einfaches Schloß anbringen dürfe. Meine Mutter ließ sich das Problem durch den Kopf gehen und erwiderte: „Wie soll eine Mutter hineinkommen, wenn sie das Zimmer ihres Sohnes putzen will?"

Ich wies darauf hin, das Zimmer wäre natürlich nur dann abgeschlossen, wenn ich drin wäre. Wenn ich nicht da wäre, könne sie kommen und gehen, wie es ihr beliebte. Falls die Tür verschlossen wäre, brauchte sie nur zu klopfen, und ich würde sie einlassen. Sie erklärte mir, das sei kein guter Gedanke, denn dann müsse sie mich bei meinen Hausaufgaben unterbrechen. Und wenn ich beim Lernen gestört würde, wie sollte dann jemals ein Arzt aus mir werden?

Von ihrem Standpunkt aus gab es nichts mehr zu diskutieren. Es würde kein Schloß hinkommen. Um ihren vorläufigen Hinweisen einen Anstrich von Autorität zu verleihen, rief sie meinen Vater aus seiner gemütlichen Ecke im Wohnzimmer, wo er im Sessel saß und Zeitung las, herbei. „Sidney, komm mal her", befahl sie. Mein Vater kam *langsam* herein. Nur so konnte er zum Ausdruck bringen, daß er sich von niemandem herumkommandieren ließ.

„Jetzt sag's ihm mal", ordnete sie an. „Sag deinem Sohn, daß er jetzt ein großer Junge ist. Wir haben ihm ein Zimmer ganz für sich allein gegeben. Und wer soll den Dreck aufputzen? Seine Mutter natürlich, wer denn sonst? Und jetzt sag ihm mal, daß er so erwachsen sein muß, daß er seine Mutter in sein Zimmer kommen läßt, wann sie will."

Mein Vater bewahrte bei seiner stillschweigenden Einwilligung stets die schlichte Würde eines Mannes, dessen bloße Anwesenheit den närrischen Einfällen dieser Frau die nötige Autorität verlieh. Bestärkt durch seine wortlose Billigung, fuhr meine Mutter fort: „Und er verlangt auch noch ein Schloß. Und ein Schloß kriegt er nicht. Du hast gehört, was dein Vater gesagt hat. Und damit basta! Ein Junge streitet nicht mit seinem Vater herum."

Die Gestaltung meines Zimmers war ein weiteres Problem, das sich aus der Tatsache ergab, daß ich erwachsen genug war, um ein eigenes Zimmer zu haben. Ich war ein ganz außergewöhnlicher Junge, dessen Eltern dafür sorgen würden, daß er eine glänzende Zukunft hatte. Ein solcher Junge hat kein Zimmer, das mit Fähnchen und Postern verziert ist. Meine wertvollste Trophäe, ein geklautes Verkehrsschild, durfte nicht einmal ins Haus gelangen.

Wie die übrige Wohnung sollte auch mein Zimmer jedes Jahr renoviert werden. In feierlichem Ton verkündete meine Mutter: „Es ist Zeit, daß du dich entscheidest, wie dein eigenes Zimmer dieses Jahr aussehen soll. Die besten Geschäfte stellen jetzt allesamt Schiffahrtsmotive aus für die Zimmer von Jungen. Ich hab' gestern schon eine wunderschöne Schiffslaterne entdeckt, die du als Leselampe nehmen wirst, und kleine Anker als Kleiderhaken und eine herrliche Seekarte für die Wand über deinem Schreibtisch. Du brauchst dir gar keine Gedanken zu machen. Es ist alles schon ausgesucht. Es wird dir sehr gefallen. Nur vom Besten. Wenn du ein berühmter Arzt bist, wirst du dein eigenes Segelboot haben. Wer weiß? Wenn du Chirurg wirst, wird deine Mutter eines Tages eine Kreuzfahrt machen auf der Jacht, die ihrem Sohn ganz allein gehört."

Egal, was das auserwählte jährliche Dekorationsmotiv auch war, ein Stück blieb immer das gleiche und symbolisierte die geringen Erfolgsaussichten jedes Versuches, aus der Rolle des Muttersöhnchens herauszuwachsen. Bei jedem neuen Ausstattungsthema blieb stets ein Eckregal ausgespart, auf dem meine mit Bronze überzogenen Babyschuhe thronten. Der Gerechtigkeit halber möchte ich darauf hinweisen, daß es bei der Generation meiner Eltern nicht unüblich war, solche Andenken mit Bronze zu überziehen. Doch mein Zuhause ist meines Wissens das einzige, wo sie im Zimmer des peinlich berührten Teenagers, der sie einst getragen hatte, ausgestellt wurden.

Da ja kein Schloß an der Tür sie aufhielt, betrat meine Mutter manchmal ohne Vorankündigung mein Zimmer, gefolgt von einer Schar Mah-Jongg-Spielerinnen, die bei ihr zu Besuch waren. Sie führte diesen Frauen ihren Sohn vor und gab zugleich damit an, wie schön ich doch mein ganz eigenes Zimmer ausstaffiert hatte.

Meine bronzierten Babyschuhe bildeten den Höhepunkt der Führung. Nachdem sie eine Pause für die spontanen Ah- und Oh-Rufe der anderen Mah-Jongg-Mütter eingelegt hatte, kam das Allerabgeschmackteste an die Reihe. Voller Bewunderung holte meine Mutter die winzigen Schuhe von ihrem Thron auf dem Regal. Sie zeigte auf die durch die Bronze verewigten Falten in dem früher kuschelweichen weißen Leder und erinnerte uns alle an die Urintropfen, die dort ihre Spuren hinterlassen hatten. „Könnt ihr euch das vorstellen?" seufzte sie. „Dieser Junge, der jetzt lernt, damit er eines Tages ins College kommt und danach an die Medizinische Fakultät, der so büffelt, daß er fast schon ein Arzt ist, war einmal ein süßer kleiner *pisher*. Wenn er jetzt auch groß ist, für mich wird er immer Mamas kleiner Junge bleiben."

Durch die gesamte Pubertät hindurch und bis ins frühe Jugendalter hinein kämpfte ich gereizt dagegen an, daß sie diese Schuhe in meinem Zimmer aufbewahrte. Eine Zeitlang waren diese völlig nutzlosen Auseinandersetzungen der einzige Anhaltspunkt dafür, daß die natürlichen Wachstumskräfte in mir noch intakt geblieben waren. Erst mir sechzehn war ich soweit, daß ich diesen beschämenden Bronzeschatz in eine entlegene Mülltonne warf. Ich glaubte jahrelang, meine einzige Hoffnung liege darin, meine Mutter dazu zu bringen, mit mir einer Meinung zu sein. Ich brauchte schrecklich lange, um zu begreifen, daß ich auch nach eigenem Gutdünken handeln konnte, ob sie es nun verstand oder nicht. Diese schmerzliche Verspätung ist ein Tribut an die verführerische Macht, die in der Rolle eines Muttersöhnchens steckt.

Das Gefühl, etwas Besonderes zu sein, hat ein fast hypnotisches, unwiderstehliches Wesen. Von diesem naiven Glauben erfüllt, erwarten Mamas Jungchen und Papas Goldschatz, daß man überall merkt, was für wunderbare Geschöpfe sie sind. So ein Mensch ist völlig verwirrt, wenn er eines Tages feststellt, daß er zu einem unbedeutenden, von nicht besonders beeindruckten Fremden umgebenen Erwachsenen geworden ist.

Wenn das einstige Lieblingskind keine Vorzugsstellung mit besonderer Beachtung, Bewunderung und Verhätschelung mehr einnimmt, muß es irgendwie mit dem Leben in einer Welt zurechtkommen, die seine Existenz kaum wahrnimmt. Ein solcher Mensch mag weiterhin so tun, als wäre er der Erwählte, indem er die ihm widerfahrene gleichgültige Behandlung selektiv verdrängt oder vertuscht.

Für diejenigen, die auf der Phantasievorstellung beharren, sie seien das Lieblingskind, kann der Preis in persönlicher und gesellschaftlicher Hinsicht sehr hoch sein. Anderen Menschen mögen solche in die Jahre gekommenen Exemplare von Mamas Jungchen und Papas Goldschatz eingebildet, reserviert oder einfach viel zu anspruchsvoll vorkommen. Paradoxerweise kann ihre Haltung gerade dazu führen, daß sie weniger beliebt sind als andere. Ein Mensch, der von jedem bevorzugt werden möchte, sich aber nicht damit abfinden will, daß ihn manche mögen, andere aber nicht, gefällt zum Schluß vielleicht gar keinem mehr.

In dieser Lage – wenn die Vorstellung, etwas Besonderes zu sein, durch die Reaktionen anderer Menschen tatsächlich in Gefahr gerät – sieht es so aus, als wäre alles kaputt. Das Leben kann zur Fahrt in der Berg-und-Tal-Bahn aus übersteigerten Erwartungsphantasien werden, an die sich unweigerlich kaum zu ertragende Enttäuschungen anschließen. Wenn sie einfach wie alle anderen behandelt werden, kommen sich Mamas Jungchen und Papas Gold-schatz zurückgesetzt vor. Es mißfällt uns allen, wenn wir unseren Willen nicht bekommen. Das Leben ist voller kleiner Mißerfolge, mit denen die meisten Leute mit leichter Enttäuschung, Resignation und Zukunftshoffnungen fertig werden. In solchen Fällen fühlen sich Mamas Jungchen und Papas Goldschatz jedoch unweigerlich ‚verletzt'. Sie verlangen Rache oder Wiedergutmachung. Diese Gereiztheit garantiert fast schon die Wiederhohlung ihrer unnötigen Enttäuschungen.

Im Verlauf eines solchen schmerzhaften Tiefs bemühen sich diese Menschen manchmal um die Hilfe eines Psychotherapeuten. Zu Beginn meiner Tätigkeit nahm ich einige von ihnen in Einzeltherapie auf. Manchen brachte das Erlebnis, diese besondere Aufmerksamkeit zu bekommen, die gewünschte Bestärkung. Bald hegten sie von neuem die Hoffnung, die Welt werde sie genauso bewundern wie einst Mama und Papa. So gut wie immer ließen sie die Therapie zu diesem Zeitpunkt hinter sich und fuhren eine weitere Runde in der Berg-und-Tal-Bahn, die zu ihrem Leben geworden war.

Im späteren Verlauf meiner Tätigkeit beschloß ich, solchen Patienten eine Gruppentherapie anzubieten. Manche lehnten ab, weil sie überzeugt waren, daß für ihre besonderen Probleme eine Einzelbehandlung erforderlich sei. Für die Teilnehmer von Gruppensitzungen lag der therapeutische Wert nach meinem Dafürhalten in einer Art Resozialisierungsprozeß. In Monaten der Interaktion und Exploration erwarben diese ‚Lieblinge' ein größeres Verständnis und mehr Toleranz für die frustrierende Erfahrung, die Welt als gewöhnliche Menschen zu erleben. Es war schwierig, sie davor zu bewahren, zum Sündenbock der Gruppe gemacht zu werden. Wenn es mir nicht gelang, dieses Wüten wirksam zu stoppen, gingen sie früher weg, als gut für sie war. Die anderen Teilnehmer waren meist froh darüber und sahen in ihrem Verschwinden kaum mehr als einen Temperamentsausbruch.

Da ich inzwischen genauer weiß, welche Art von Therapie ich durchführen möchte, leite ich keine Gruppensitzungen mehr. Ich betrachte mein erstes Zusammentreffen mit einem zukünftigen Einzeltherapie-Patienten als Möglichkeit, festzustellen, ob wir einander gut genug leiden können, um so viel Zeit miteinander verbringen zu wollen. Daß ich damit auf mich selbst Rücksicht nehme, ist eine der kreativen Folgeerscheinungen meiner einstigen Verhätschelung.

Es gibt aber bei mir auch noch einige weniger attraktive Reste des verhätschelten Kindes. Meine Frau, ich und unsere Söhne treffen uns mit einer anderen Familie am Strand zu einem Abendessen am Lagerfeuer. Vor uns geht die Sonne unter. Ohne zu zögern, machen sich alle anderen (einschließlich der Kinder) daran, Brennholz zu sammeln, eine Feuerstelle auszuheben, Decken auszubreiten und die Lebensmittel auszupacken. Ich stelle fest, daß alle übrigen sofort gemerkt haben, was zu tun war, und auch damit begonnen haben. Einmal mehr entdecke ich, daß ich der einzige bin, der sich den Sonnenuntergang anschaut und darauf wartet, daß er sein Hamham bekommt.

Solche Entdeckungen pflegten früher in mir ein tiefes Gefühl der Beschämung hervorzurufen. Um meine Notlage zu lindern, plagte ich die anderen manchmal mit meinem Verlangen nach Anerkennung. „Ihr müßt einsehen, ich habe ein künstlerisches Gemüt." „Ihr müßt mir meine ‚zwanghafte' Faulheit verzeihen." Heute spiele ich seltener das Hätschelkind. Und wenn ich mich doch einmal dabei ertappe, schäme ich mich meistens nicht mehr. Meine Schrullen mögen mich ein wenig in Verlegenheit bringen oder irritieren, doch bin ich nicht mehr bereit, ihnen die Aufmerksamkeit zu widmen, die nötig wäre, um mich zu schämen. Ohne Kommentar nehme ich meinen Teil der Arbeit in Angriff, die wir zusammen machen wollen. Keiner von uns ist etwas Besonderes. Gemeinsam tragen wir zu etwas bei, das sich meistens für alle als ein vergnüglicher Abend erweist.

Weil ich selbst das Gefühl brauche, etwas Besonderes zu sein, begegne ich ähnlichen Haltungen bei Menschen, die mich zur Psychotherapie aufsuchen, manchmal mit Ungeduld. Vor kurzem klagte eine attraktive, redegewandte Geschäftsfrau bei unserer ersten Sitzung ein bißchen darüber, sie sei „zu dominierend" und wolle sich in dieser Hinsicht bessern. Sie schien keinen Zweifel daran zu haben, daß ich glücklich sein würde, meine Zeit mit ihr zu verbringen.

Ungefragt schilderte sie mir ihre Erziehung in glühenden Farben. Es war die allerschönste Kindheit gewesen, die man haben konnte. Oh, Mutter konnte einem manchmal ein bißchen auf die Nerven gehen, aber Vati war immer wundervoll. Sie sei für ihn das Liebste auf der ganzen Welt gewesen. Das sei sie übrigens immer noch und werde es stets bleiben. Er behandele sie als seine kleine Prinzessin. Er würde alles tun, um sie glücklich zu machen.

Im ganzen Verlauf dieser Schilderung hatte ihre vormals leise, kehlige Stimme den erzwungenen, bewußt frohen Klang einer Amateurschauspielerin angenommen, die ihre erste Waschmittelreklame ins Mikrophon spricht. Mir schien es, daß sie mit Erfolg gelernt hatte, einen schrecklichen geheimen Schmerz zu vertuschen. Eine verborgene Verzweiflung hatte den Blickwinkel ihrer beachtlichen Vorstellungskraft so verengt, daß sie ein vereinfachtes und daher beruhigendes Reklamebild von sich selbst entwerfen konnte, das zu gut war, um wahr zu sein. Sie verwarf meine Andeutung, daß sie verbergen müsse, wie schlimm ihr wirklich zumute war.

Nebenher lieferte sie einen beiläufig klingenden Kommentar zu allem, was sie sagte. In diesem verwirrenden, immer wieder auftauchenden Monolog schränkte sie die pseudo-unschuldige, kindliche Begeisterung mit subtilen, psychologisierenden Nebenbemerkungen ein, etwa mit ,,Ich bin mir natürlich bewußt, daß dies eine Idealisierung darstellt'', ,,Wir hatten all die normalen, entwicklungsbedingten Eltern-Kind-Auseinandersetzungen'' und dergleichen.

Als ich zu bedenken gab, es sei doch wohl lästig, seine Gedanken derartig überwachen zu müssen, beteuerte sie, diese ,Selbsterkenntnis' sei einer von den vielen Charakterzügen, die ihr Freude bereiteten. Sie wolle daran genausowenig etwas ändern, wie sie es aufgeben wolle, sich wie eine Prinzessin zu fühlen. Die Tatsache, daß sie anderen ein bißchen zu sehr über den Kopf wachse, vielleicht ausgenommen, gebe es kaum etwas, das sie an ihrem jetzigen wunderbaren Leben geändert haben wolle. Sie schien sich der Blasiertheit überhaupt nicht bewußt zu sein, die sich in ihrem rundum selbstzufriedenen Gebaren mitteilte.

Da es mir gegen den Strich ging, wie selbstsicher und distanziert sie sich gab, sagte ich ihr, ich sei mir nicht sicher, ob ich mit jemand arbeiten wolle, der so wenig Verletzlichkeit zeige.

Sie schien bestürzt zu sein, als sie merkte, daß sie mich nicht beeindruckt hatte. Ich war auf diesen Umschwung nicht vorbereitet. Das scheinbar unerschütterliche Selbstvertrauen dieser anspruchsvollen und kultivierten Frau zerfiel und enthüllte die Hilflosigkeit und Verzweiflung eines kleinen, einsamen Mädchens. Sie war überhaupt nicht mehr in der Lage, ihre dekorative Munterkeit aufrechtzuerhalten. Sie brachte nicht einmal eine die Dinge zurechtrückende Bemerkung zustande, etwa: es sei ihr bekannt, daß sie der Lage nicht gewachsen sei. Sie war momentan ganz geschlagen und konnte nur verzweifelt sagen: „Ich habe nie gelernt, jemanden dazu zu bringen, mir zu helfen." Mich rührte es, wie sie unversehens die Fassung verlor.

Bis zu diesem Augenblick war ich so gut wie entschlossen gewesen, diese anscheinend so oberflächliche Prinzessin zu einem anderen Therapeuten zu schicken, der mit ihrer übersteigerten Pose, sie sei ganz was Besonderes, eher zurechtkommen könnte. Plötzlich jedoch sah ich mich einem wirklichen Menschen von ungeahnter Tiefe gegenüber, einer leidenden, von Sehnsucht erfüllten Frau. Ihr gebieterisches Auftreten zielte eher darauf ab, sich selbst im Zaum zu halten als andere zu manipulieren. Ich wollte mit ihr arbeiten, obgleich es wohl schwierig werden würde. Genau das sagte ich ihr.

Obwohl *ich* wußte, daß meine anfängliche Ungeduld kein Trick gewesen war, schreckte sie begreiflicherweise davor zurück, meiner eingangs gemachten Feststellung zu glauben, daß ich sie nicht unbedingt als Patientin haben wolle. Trotzdem tat sie ihr möglichstes, ungeschützt zu bleiben, damit hinter dem großartigen öffentlichen Auftreten die verängstigte, unglückliche Privatperson für mich deutlicher sichtbar wurde.

Das Zutrauen, das sie an den Tag legte, bestärkte mich in meiner Entscheidung, sie nach Möglichkeit besser kennenzulernen - falls *sie* nach alledem die Zusammenarbeit fortführen wollte. Sie sagte, sie wolle sich um eine Art der Zusammenarbeit bemühen, bei der unsere Zeit nutzbringend angelegt wäre. Ich versicherte ihr, sie könne gerne das Quantum an zeitweiligem Mißtrauen einbringen, das erforderlich wäre, um sie dagegen zu schützen, daß ich ihr wehtat.

Wir begannen mit regelmäßigen, zweimal wöchentlich stattfindenden Psychotherapie-Sitzungen. Sie investierte den Großteil ihrer Energie in den Versuch, meine ganz spezielle Patientin zu werden. Die Erforschung ihrer eigenen seelischen Qualen blieb auf seltene Augenblicke beschränkt, in denen sie die Isolation nicht ertragen konnte, in die sie sich durch ihre königliche Haltung völliger Selbstgenügsamkeit brachte.

Ich strebte nach einer Umkehrung dieser Prioritäten, indem ich mich auf bestimmte Eingriffe beschränkte, die in diesem Anfangsstadium der Psychotherapie angebracht sind. Meine anfängliche Hauptaufgabe war es, eine Atmosphäre des Vertrauens zu schaffen, in der wir ein therapeutisches Bündnis eingehen konnten.

Ich beginne in solchen Fällen damit, daß ich mir genau anhöre, was ein neuer Patient zu sagen hat und wie er es sagt. Ich horche noch nicht auf die Dynamik, die dem Leiden meines Patienten zugrunde liegt, sondern suche lediglich herauszufinden, wie man sich eigentlich fühlt, wenn man eben dieser bestimmte Patient ist. Eine Zeitlang tue ich kaum mehr als zu versuchen, zum Ausdruck zu bringen, wie sich der Patient fühlt und diese Gefühle auf den Patienten zurückzuspiegeln. Es genügt, wenn er den Eindruck hat, daß ich zu verstehen versuche, wie er sein Leben erfährt, und daß ich ihm helfen will, sich über seine Gefühle Klarheit zu verschaffen, ohne daß ich dazu ein Urteil abgebe.

Diese spezielle Patientin war es gewöhnt, im Mittelpunkt der Aufmerksamkeit zu stehen. Doch daß sich jemand über ihre Gefühle ohne Bewunderung oder Vorbehalte Gedanken machte, war für sie etwas völlig anderes als das dauernde Herausgeputztwerden für die Prinzessinnenrolle. Es war, als hätte sich noch nie jemand angehört, was sie zu sagen hatte, nur um zu verstehen, wie sie sich fühlte. Stattdessen hatte man ihr gesagt, wie wunderbar sie sei, wann immer sie ihr Talent vorführte, klug, attraktiv und gehorsam zu sein. Es kam ihr wohl zum ersten Mal zu Bewußtsein, daß auf all ihre Klagen über Ungewißheiten, Schwäche und Traurigkeit ihr anbetungsvoller Vater mit der Ermahnung gekommen war: ,,Mach dir darüber keine Gedanken, mein Liebling. Darüber kommst du schnell hinweg. Ein wundervolles Mädchen wie du bringt alles fertig."

Sie zeigte bald offen ihre Furcht davor, daß sie gelernt habe, Menschen mit mehr zu beeindrucken, als sie je würde erfüllen können. Sie war überzeugt, daß sie hinter der majestätischen Pose von Leistungsfähigkeit und Selbstsicherheit ein oberflächlicher Mensch sei, der schließlich jeden enttäuschen werde. Wenn sie es zuließe, daß jemand sie wirklich kennenlernte, würde sie eines Tages als taube Nuß bloßgestellt, für die niemand mehr Interesse hätte. Deswegen sei es schrecklich wichtig für sie, ihre eindrucksvolle Distanz aufrechtzuerhalten, auch um den Preis der Einsamkeit und des ungestillten Verlangens nach einer Linderung ihres versteckten Schmerzes.

Ein weiterer Aspekt ihres Lebensstils, der sie unbewußt gegen die liebevollen Ansprüche des Vaters schützen sollte, war die Entwicklung ihrer sogenannten ,Selbsterkenntnis'. Der immer wiederkehrende Kommentar, den sie zu allem abgab, was sie zu sagen hatte, erwies sich als eine Methode, um den väterlichen Bemühungen, daß ,all ihre Träume wahr werden', zu entrinnen.

Sooft sie als Kind einen Gegenstand oder eine Tätigkeit erwähnte, die zu seinem projizierten Bild von ihr paßten, sorgte Vati sofort dafür, daß sie den Gegenstand bekam oder die Tätigkeit ausführen konnte. Als sie um die sechzehn, siebzehn Jahre alt war, wiederholte sie einmal ganz beiläufig die Bemerkung einer Freundin, Florenz sei wohl die schönste Stadt der Welt. Zwei Wochen später verkündete Vati, er habe alle Vorkehrungen für ihre Italienreise im kommenden Sommer getroffen.

Nach und nach hatte sie gelernt, nie einen Gedanken oder ein Gefühl aus ihrem Inneren preiszugeben, ohne den Kommentar dazuzuliefern, was das für sie bedeutete. Sonst hätte jemand aus diesem unbedachten Augenblick eine kostspielige, langwierige Verpflichtung machen können. Mit diesem ständigen Kommentar zu ihren eigenen Bemerkungen sorgte sie unbewußt dafür, daß Vati Bescheid wußte, wann sie wirklich etwas wollte und wann sie nur laut dachte.

In den ersten Monaten unserer gemeinsamen Arbeit geriet ich einmal während einer Sitzung unbewußt in ihr altes Familiendrama. Sie sah keine Aussichten, jemals die Rolle der einsamen Prinzessin aufgeben zu können, und hätte gerne gewußt, was aus ihrem Leben werden würde. Statt ihre Verzweiflung mit durchzumachen, gab ich die unangebrachte Zusicherung ab, sie werde eines Tages in der Lage sein, ihre majestätische Pose abzulegen, und sich dann als ein Mensch aus Fleisch und Blut erweisen, dem sich manch einer sicherlich gern zuwenden werde. Ihre Stimmung besserte sich sichtlich, und sie verlangte, ich solle ihr mehr darüber erzählen.

Ohne es zu ahnen, hatten wir bei jener Sitzung gemeinsam das gesamte komplexe Zusammenspiel von Vati und der Prinzessin wiedererstehen lassen. Ich hatte ihr die Wertschätzung entgegengebracht, die sie zu brauchen schien. Ohne danach fragen zu müssen, erhielt sie das Gewünschte und riskierte dabei keine Enttäuschung. Aber um es zu erlangen, mußte sie zulassen, daß ich ihre Befürchtungen verringerte, und sich mit dem abfinden, was mir für sie am besten erschien.

Die Zusicherung, die ich ihr irrtümlicherweise aufgehalst hatte, war allerdings nicht ganz das, was sie sich vorgestellt hatte. Alle Bestärkungen reichten nicht aus, um sie vor ihren Selbstzweifeln zu schützen. Ironischerweise wurde sie durch mein eigennütziges Zutrauen in sie noch mißtrauischer, wieviel ich dafür wohl zurückerwartete. Wieder einmal war der erste Eindruck, den sie gemacht hatte, zu gut gewesen. Dies bestärkte sie nur in der Gewißheit, daß sie sich als Enttäuschung erweisen werde.

Ihre Reaktion hätte bei mir zu weiteren leeren Zusicherungen führen können. Diese hätten sie gewiß ermutigt, mit ihrer Spiralfahrt weiterzumachen, hinein in eine weitere Runde von Befürchtungen, Forderungen und noch tieferer Verzweiflung. Sobald ich aber erkannt hatte, was ich heraufbeschwörte, gelang es mir zum Glück, zu meiner Selbstenthüllung überzuwechseln. Ich erzählte ihr von meiner eigenen Verhätschelung und wie dies dazu beigetragen hatte, daß ich mich manchmal in derselben Lage befand wie sie. Diese Verlagerung der Aufmerksamkeit trug zusammen mit unserem im Aufbau befindlichen gegenseitigen Vertrauen dazu bei, daß sie ihren Sinn für Humor einsetzen konnte. Dieser ermöglichte es ihr jetzt immer öfter, sich lachend aus den Fallen zu entfernen, in die man von Illusionen gelockt wird.

Es wirkte für uns beide befreiend, als sie sagte: „Wir glauben beide, wir seien etwas so Besonderes, daß wir ohne jegliche Hilfe und ohne alles Mitgefühl auskommen sollten. Was wir tun müssen, ist nur, die ganze Welt zu beeindrucken. *Noblesse oblige!"*

Es wäre uns bestimmt leichter gefallen, einander beizustehen, wenn wir nicht beide als Kinder bei unserer Verhätschelung solch schmerzliche Widersprüche erfahren hätten. Statt zu helfen, ließen sich Mamas Jungchen und Papas Goldschatz darauf ein, Seite an Seite auf einem Thron sitzen zu müssen, wobei beide unschuldig glaubten, etwas ganz Besonderes zu sein, und jeder sich unnötigerweise sehr einsam vorkam.

7

Pollyannas und Paranoide

Darauf zu bestehen, daß man etwas Besonderes sei, ist nur eine Weise, um sich von anderen Menschen unnötig isoliert zu fühlen. Ein stark vereinfachtes Weltbild kann eine Person ebenso von den alltäglichen gemeinsamen Erfahrungen vieler anderer Menschen ausschließen.

Die Vermutung, daß sich die Dinge meist zum Schlechten wenden, ist ebenso naiv wie der Glaube, dies sei die beste aller möglichen Welten. Eine allzu optimistische Pollyanna-Haltung[1] ist lediglich eine auffallendere Form von Pseudo-Unschuld als eine zynisch-paranoide Einstellung.

Beide Haltungen verdrängen, daß es der Natur völlig gleichgültig ist, wie sich die Menschen fühlen. Der eine stellt sich vielleicht vor, daß es droben jemanden gibt, der auf uns aufpaßt. Der andere glaubt an die Herrschaft dunkler Mächte. Beide Extreme sind vereinfachte Bilder von der Zwiespältigkeit des Lebens, denen gemeinsam die Illusion zugrunde liegt, das Universum sei ein geeintes, zusammenhängendes Ganzes, in dem der Mensch eine besondere, zentrale Stellung einnehme. Über die Grenzen dieser gemeinsamen romantischen Annahme hinaus hat jede dieser beiden entgegengesetzten Haltungen ihre eigenen Vor- und Nachteile.

Da ich recht früh, halb freiwillig, halb gezwungen, die Außenseiterrolle in der Familie und der Gemeinde übernommen hatte, galt meine eigene natürliche Vorliebe meist der pessimistisch-paranoiden Haltung. Bisweilen bin ich mir über den Preis dafür völlig im klaren. Ich weiß dann, daß mir durch meine Skepsis viele neue unerprobte Möglichkeiten durch die Lappen gehen, die sich womöglich als tolle Gelegenheiten erwiesen hätten. Oft hat mein Mißtrauen dazu geführt, daß ich Fremde, die vielleicht Freunde geworden wären, einfach links liegenließ.

Selbst dann, wenn mir bewußt war, was mir damit entgehen könnte, ließ ich mich doch eher von der für meinen Selbstschutz vorteilhaften Seite meiner Paranoia beeindrucken, die ja so vernünftig schien. Die meiste Zeit meines Lebens habe ich geglaubt, daß ich in einer gefährlichen Welt lebe, die voll ist mit Leuten, denen man nicht trauen kann. An die Stelle Gottes setzte ich ein Perversitätsprinzip und gaubte, wenn ich etwas wirklich wollte, würde ich es bestimmt *nicht* bekommen, und wenn alles eine Weile gut ginge, stünde eine Katastrophe kurz bevor. In einer solchen Welt müßte man schon verrückt sein, um nicht paranoid zu sein.[2]

Die Pollyannas dieser Welt leben die entgegengesetzte Seite dieser paranoiden Perspektive aus. Gelegentlich wird ihnen vielleicht klar, daß ihr Optimismus oft zu unerwarteten Enttäuschungen führt und ihre Leichtgläubigkeit zur eigentlich vermeidbaren Ausbeutung durch andere Menschen. Sie erwarten jedoch, daß sich letztlich alles zum Besten wenden wird und machen weiter mit ihrem Vertrauen. Dabei sind sie für gute Gelegenheiten offen, packen das Glück beim Schopf und lassen sich selten die Freuden entgehen, auf die wir Paranoiden verzichten müssen, weil wir auf Nummer Sicher gehen.

Diese Art beschützender Pseudo-Unschuld wurde für einen Großteil meines Erwachsenendaseins mein eigener Lebensstil. Ironischerweise waren es meine ersten Erfahrungen als Patient in der Psychotherapie, die zur Entstehung meiner paranoiden Einstellung beitrugen. Völlig verwirrt durch die lange Zeit, die ich in einer Atmosphäre familiärer Heuchelei zugebracht hatte, hatte ich am Ende meiner Jugend den Eindruck, ich sei ein schrecklicher und minderwertiger Mensch, der zu nichts anderem gut war, als andere Leute unglücklich zu machen. Das war die einzige Möglichkeit, um zu verstehen, daß Leute, die so ehrlich und gut waren wie meine Eltern, mich verurteilten. Ich ging in die Therapie, um loszuwerden, was auch immer zu dieser Verurteilung geführt hatte.

Mit der Hilfe meines ersten Therapeuten wurden einige meiner Probleme gelöst. Andere jedoch nicht.

Ich lernte die chronische Unzufriedenheit meiner Eltern von ihrem Ärger, für den ich ihnen wirklich einen Grund gegeben hatte, zu unterscheiden. Mein Schuldgefühl verschwand, als ich zu der Einsicht gelangte, daß ihre Kritik nicht unbedingt zu bedeuten hatte, daß mit mir etwas nicht stimmte. Es tat zur Abwechslung einmal gut, nicht schlecht zu sein. Doch mit dieser freudigen Erleichterung kam eine empfindliche Verletzlichkeit. Denn ich mußte die Illusion aufgeben, meine Eltern würden mich so behandeln, wie ich mir's von ihnen immer gewünscht hatte, wenn es mir nur gelänge, gut zu sein. Um diese Verzweiflung nicht voll und ganz durchmachen zu müssen, umgab ich mich zum Schutz mit den komisch-heroischen pseudo-unschuldigen Tagträumen, die mich schon früher gegen den Verlust der Unschuld geschützt hatten. Da ich noch nicht bereit war zu akzeptieren, daß es keine Gerechtigkeit in diesem Leben gab, war ich umso mehr entschlossen, der edle Rächer allen Unrechts zu werden und die Welt in das zu verwandeln, was sie sein sollte. Ein solcher Feldzug bedeutete, daß ich allein gegen eine schreckliche Übermacht stand. Ich allein wäre frei von Heuchelei und Tücke. Indem ich alles Unrecht sühnte und Licht in die Finsternis brächte, würde ich die Gefangenen befreien, die Opfer retten und die Verfolger bestrafen.

Hätte es in meinem recht willkürlich geordneten Leben nicht einen weiteren Zufall gegeben, wäre diese neue Illusion wohl vorübergegangen - sie wäre ein harmloser Puffer gewesen, der für eine Weile nötig war, da ich durch jenes therapeutische Erwachen verletzlich geworden war. Unglücklicherweise wurde aber die Therapie genau in dieser Phase der Selbstfindung unterbrochen, weil ich meine Einberufung in die Armee erhielt. Mein Therapeut wies warnend auf die seelischen Auswirkungen hin, die entstehen könnten, wenn ich die Arbeit nicht bei nächster Gelegenheit wieder aufnähme. Doch ich war berauscht von der erneuten Illusion eines heroischen Lebens und machte mich daran, die nächsten zwanzig Jahre meines Lebens mit der melodramatischen Vorstellung durcheinanderzubringen, ich sei ein guter Mensch in einer schlechten Welt, bedroht von den Mächten der Finsternis, doch letzten Endes durch meine eigene Tugend geschützt und gewiß dazu ausersehen, allzeit glücklich zu leben - und zwar schon bald.

Unterwegs begegnete ich anderen Pseudo-Unschuldigen. Statt sich selbst zum Helden zu machen, zogen viele es vor, einen zu haben. Das dadurch entstehende Wechselspiel gab mir die Gelegenheit, meine Illusion zu festigen, ich sei ein besonders bedeutender

Mensch. Wir spielten ein bißchen damit, wer die Ehre des Erwählt-
seins verlieh und wer sie erhielt. Wenn sie mich zu ihrem Guru
ernannten, würde ich sie als meine Jünger annehmen.

Endlich wurde ich für mein Verständnis geehrt, wegen meiner
Güte gewürdigt und dafür bewundert, daß ich Böses so freimütig
aufdeckte. Ich hatte gesiegt. Meine - allerdings schon längst verstorbenen - Eltern waren geschlagen.

Und dann stürzte eines Tages der Himmel ein. Ausgerechnet ich
mußte die für Märchen so abträgliche Erfahrung durchmachen, daß
ich an einem Gehirntumor litt. Warum ich? Ich hatte endlich gelernt, gut zu sein. Ich war der Beste geworden. Wie konnte man mir
dies antun?

Die Ungerechtigkeit war unerträglich. Ich konnte es nicht aushalten, daß ich mich wieder so hilflos verletzlich fühlte. Ich kam in
neurochirurgische Behandlung. Die Operation war ein Teilerfolg.
Ich überstand sie mit gringen Beeinträchtigungen, doch war es nicht
möglich gewesen, den Tumor völlig zu entfernen. Er könnte erneut
wachsen, zu einer weiteren schmerzhaften Operation und erschrek-
kendem Wahnsinn führen.

Auf jeden Fall würde ich bald sterben. Es sah so aus, als könnte ich
nichts dagegen machen. Es war so, als wäre ich von neuem als Kind in
meiner Familie. Ich konnte es nicht ertragen. Meine heroischen
Verdrängungen reichten nicht aus, um meine Hilflosigkeit zu ver-
schleiern.

Ich wurde stark depressiv. Reste meiner Paranoia entfremdeten
mich den Menschen, die mich liebten und mir helfen wollten. Ich
wollte mich mit dem Gefühl nicht abfinden, wieder in der Falle zu
sitzen. Ich wollte nicht nach der Laune eines grausamen Schicksals
leben und sterben. Ich wollte meine Hilflosigkeit überwinden. Diesmal würden sie mir nicht ungestraft davonkommen. Ich beschloß,
mich umzubringen.

Später schrieb ich folgendes über diese schreckliche Zeit:

> Ich fühlte mich so tief hilflos und hoffnungslos wie seit zwan-
> zig Jahren nicht mehr, als ich ein Junge war, wertlos und
> verloren.
>
> Angst, daß der kleine Rest des Tumors wieder wachsen
> würde, gab mir das Gefühl, daß ich nicht eines Tages einfach
> sterben, sondern daß ich völlig zerstört würde. Oder noch
> schlimmer, die Vorstellung des Schreckens, daß ich vielleicht

gar nicht sterbe, sondern nur paralysiert werde. Wie wird das wohl sein, wenn man jahrelang in einem toten Körper eingesperrt ist? Was, wenn ich selbst nichts mehr für mich tun kann und keiner da ist, der die Mühe auf sich nimmt, mir zu helfen, es sei denn, aus bedrückendem Mitleid?

Ich tat mir sehr leid. Ich würde es nicht ertragen, so ohne Kontrolle über mein Leben zu sein. Meine Frau war da, mit ihren eigenen Schmerzen und auch weit offen für meine. (Sie nannte es später „der Sommer, in dem wir am Strand geweint haben.'') Aber ich war so verbohrt, so erschreckt, so entschlossen, meinen Willen zu behaupten und meinen eigenen Weg zu gehen, daß nichts anderes eine Rolle zu spielen schien.

Ich verbrachte viele Stunden zusammengekauert allein und brütend am leeren Strand. Immer wieder beschloß ich, daß dies meine letzte Begegnung mit dem Meer sein sollte, daß ich so weit wie ich konnte hinausschwimmen und mein qualvolles Leben wie ein Bündel alter Kleider am Strand zurücklassen würde. Und jedesmal tat ich es dann doch nicht, erklärte mir, daß meine Frau und meine Kinder mich brauchten, mich zu sehr vermissen würden. Aber Fairneß gegenüber meiner Familie war nicht der Grund, warum ich nicht ins Wasser gegangen bin; als ich dem Selbstmord nahe war, interessierte mich wirklich nur noch die Flucht vor meiner Hilflosigkeit und Angst. Wenn ich mich daran erinnere, schäme ich mich auch jetzt noch.

Als wir die Insel verließen, um nach Hause zu fahren, war ich immer noch sehr deprimiert und unsicher, ob ich überhaupt fähig war, anderen zu helfen. Jetzt war es Zeit, daß ich selbst Hilfe suchte, aber es war so schwer, das zu akzeptieren. Ich war so niedergeschlagen, daß der Gedanke, wieder als Patient in die Therapie zu gehen, mir das Gefühl gab, mein ganzes Leben sei ein Selbstbetrug und ein Fehlschlag gewesen. Und doch, wenn ich nicht gehen und etwas für mich selbst erbitten würde, dann war alles, was ich meinen Patienten angeboten hatte, Lüge.

Ich kannte einen älteren Therapeuten in der Stadt, dem ich vertraute. Er hatte vor Jahren, in der Zeit, als mein Vater im Sterben lag, meine Arbeit beaufsichtigt. Jedesmal, wenn ich kam, um mir Rat zu holen, weinte ich. Er hatte mir damals geholfen, und ich hoffte, er würde es wieder tun.

In der Hoffnung, daß er Zeit für mich haben würde, rief ich ihn an und erzählte ihm von meiner Krankheit und auch von der Deprimiertheit, die ich endlich wahrgenommen hatte. Ich war dankbar und tief bewegt, als er sagte, daß er sich „Zeit nehmen" würde. Als ich in seine Praxis ging, hatte ich Angst, war aber finster entschlossen, die Sache durchzustehen und alles ans Licht zu bringen. Ich gab ihm einen detaillierten, wohlgeordneten Bericht und sagte, daß ich am liebsten gleich wieder an meine Arbeit möchte, um meine Depressionen zu überwinden und wieder auf die Füße zu kommen. Obwohl er voller Mitgefühl für die Qualen meiner Operation war, antwortete er auf meine Ungeduld sarkastisch: „Wie kommt es nur, daß so ein großer, starker Kerl sich von einem kleinen Gehirntumor umwerfen läßt?"[3]

Da ich mich schon nach wenigen Konsultationen besser fühlte, verzögerte ich die Fortführung der notwendigen Behandlung. Immer noch von Heroismus erfüllt, war ich entschlossen, mich selbst zu heilen. Nachdem meine Frau wochenlang sehr hingebungsvoll und rücksichtsvoll gewesen war, wurde sie schließlich ganz unumwunden böse. Es tue ihr leid, daß ich so viel zu erleiden hätte, und sie sei auch besorgt darüber, daß ich so unglücklich sei, doch sie habe jetzt auch die Nase voll.

Als sie damit fertig war, sagte sie zu mir: „Deine Paranoia geht einem auf den Wecker. Dein Argwohn und deine Reizbarkeit führen dazu, daß es mir und den Kindern miserabel geht. Ich möchte, daß du etwas dagegen unternimmst. Nicht bloß deinetwegen, sondern auch unseretwegen." Ich fühlte mich verletzt und war ärgerlich, doch ihre Offenheit erwies sich erneut als ungeheuer hilfreich.

Ich konnte meiner Krankheit nicht entkommen, und das paranoide Verhalten machte die Sache nur noch schlimmer. Es stimmte nicht, daß dies bedeutete, ich könnte mich auf niemanden und nichts verlassen. Keiner war schuld. Ich mußte lernen, mit dieser ganzen Willkürlichkeit meinen Frieden zu schließen. Dadurch, daß ich wieder als Patient in die Therapie zurückkehrte, hatte ich die Möglichkeit, damit anzufangen, meine Hilflosigkeit bereitwilliger hinzunehmen. Sobald ich offen darüber traurig sein konnte, daß ich wohl bald sterben würde, kam mir mein Leben trotz der Einschränkungen nicht mehr unerträglich vor. Ich war immer mehr in der Lage, die schönen Augenblicke des Lebens ohne zu klagen zu genießen. Wieviel schöner kamen mir diese Stunden vor, sobald meine Aufmerksamkeit nicht mehr so sehr durch mein rechthaberisches Beharren darauf, daß dieses Leben ungenügend sei, abgelenkt wurde.

Meine vorangegangenen Erfahrungen als Psychotherapiepatient hatten mein Bild von meinem Ich verändert. Bis zum Alter von zwanzig Jahren hatte ich geglaubt, meine Familie habe mich beschämt und bestraft, weil ich ein schlechtes Kind sei, das jeden unglücklich machte. Mit der Unterstützung meines ersten Therapeuten begriff ich stattdessen nach und nach, daß der einzige Grund für meine schlechte Behandlung darin lag, daß meine Mutter mich haßte und meinem Vater ein Eingreifen nicht der Mühe wert erschien.

Ich legte mir einen neuen persönlichen Stil zu: vom schuldbeladenen Beinahe-Straffälligen zum unverschämt selbstgerechten Sozialreformer. Ich gab das Glücksspiel, die Drogen und kleinen Straßengaunereien auf und wurde zum vielversprechenden jungen graduierten Studenten. Zum ersten Mal zeigte sich in meinen Noten meine beachtliche Intelligenz. Nachdem ich mich aufgerappelt hatte, begann ich auf meinem Superintegritäts-Trip mein Flammenschwert zu schwingen - mit dem Ergebnis, daß ich nicht mehr verrissen, sondern daß mir applaudiert wurde. Ich zog aus, die Bösen in die Flucht zu schlagen. Schlechte Eltern hatten meine unschuldigen Patienten zu Sündenböcken gemacht. Als Therapeut würde ich die Märchenfee oder der Märchenprinz sein und den Zauberbann brechen, damit meine Patienten für alle Zeit glücklich leben könnten.

Ich machte viele Fehler und bekam meinen Teil an Rückschlägen ab. Trotz alledem stand ich zwanzig Jahre später als erfolgreicher Fachmann da. Ich hatte höchstens einen etwas umstrittenen Ruf als unorthodoxer Psychotherapeut. Immerhin war ich weit davon entfernt, die Prophezeihung meiner Familie zu erfüllen, daß ich im Gefängnis enden werde.

Es fehlte nicht an Ironie. Mein beruflicher und persönlicher Erfolg hatte mich in meinem Glauben an Märchen bestärkt. Ich war so auf mein allzeit glückliches Leben eingestellt, daß ich überhaupt nicht auf die Ungerechtigkeit, sehr schwer krank zu werden, vorbereitet war. Die meisten von uns betrachten gute Gesundheit als selbstverständlich. Auf unerwartete Krankheiten reagiert dann jeder mit einem gewissen Abscheu. Diesem unumgänglichen Leiden fügte ich nun den überflüssigen Schmerz meines pseudo-unschuldigen Protestes hinzu, daß meine Erkrankung fehl am Platze sei. Wie Hiob wollte ich wissen: „Warum ich?" Es war nicht fair, nicht nach all dem Schmerz, den ich bereits ertragen hatte. Nicht, nachdem ich mein

Erwachsenendasein damit verbracht hatte, gut zu sein. Ich lehnte es ab, mich mit dieser schreienden Ungerechtigkeit abzufinden.

Ich kämpfte gegen den körperlichen Schmerz an. Durch diese zusätzliche Spannung machte er sich nur noch stärker bemerkbar. Ich wollte mich auch nicht in mein Leid schicken. Diese trotzige Ablehnung verwandelte eine Traurigkeit, die sich hätte lindern lassen, in eine Depression, aus der es keinen Ausweg gab.

Zu der Zeit, als ich krank wurde, glaubte ich noch, daß das Leben einen tieferen Sinn habe und ich bei dem, was mit mir und meinen Angehörigen geschehen sollte, ein gewichtiges Wort mitzureden hätte. Mein Tumor erschien mir als unverdientes, tragisches Schicksal. Wie zum Teufel paßte das mit dem großen Plan zusammen? Nicht nur, daß ich als unschuldiges Opfer elterlicher Mißhandlung angefangen hatte, ich hatte diese unfaire Benachteiligung sogar nobel überwunden und mich daran gemacht, mein Leiden umzusetzen in einen ständigen Kampf gegen Ungerechtigkeiten. Aus welchem Grund sollte ein guter Mensch wie ich einen Gehirntumor bekommen?

Zur Beantwortung dieser pseudo-unschuldigen Frage waren beinahe zwei weitere Jahre Therapie erforderlich. Zu wissen, daß meine Mutter mich gehaßt hatte, reichte nicht aus. Ich blieb äußerst anfällig gegen weitere zufällige Mißgeschicke des Lebens. Ich konnte mich nicht davor bewahren, gelegentliche Pechsträhnen überzubewerten, bis ich einsah: es mochte zwar stimmen, daß meine eigene Mutter mich haßte, doch das hatte *nichts mit mir zu tun.*

Jeder andere Junge, der in jenem Haus zu jener Zeit gelebt hätte, hätte als passende Zielscheibe gedient. Es war mein Pech, daß gerade ich hineingeraten war. All das hatte keinen tieferen Sinn, und für diesen nicht sonderlich gelungenen Anfang gab es keine Wiedergutmachung. Als Erwachsener konnte ich frei entscheiden, ob ich mein möglichstes tun wollte, um das Leid anderer zu lindern. Ich brauchte es nur zu tun - aber in dem Wissen, daß auch durch diese humane Arbeit weder meine Vergangenheit gesühnt noch meine Zukunft gesichert würde.

Als ich zum ersten Mal in die Therapie ging, lautete meine Frage: „Warum bin ich so ein schrecklicher Mensch?" Die Antwort lautete schließlich: „Du bist kein schrecklicher Mensch. Du fühlst dich jetzt nur so, weil du als Kind behandelt wurdest, als ob du schlecht wärst." Diesmal lautete meine Frage: „*Warum gerade ich?*" Als Antwort ergab sich: „*Wieso denn nicht?*"

Diese unbeschwerte Antwort verschaffte mir Platz für ein fröhlicheres Leben, das durch Hoffnungen auf Sinn, Vernunft und Fairneß weniger belastet war. Trotzdem habe ich den Eindruck, daß ich mit meiner Paranoia noch nicht ganz fertig bin. Wie bei anderen Formen der Pseudo-Unschuld zeigt sich ihre weitere Gegenwart hauptsächlich darin, daß man dem sinnlosen Leid, das durch willkürliches Unglück im Leben herbeigeführt wird, eine märchenhafte Bedeutung beimißt. Die paranoide Haltung ermutigt einen, in einer Welt, die die schlimmste aller möglichen zu sein scheint, als der große Rächer aufzutreten, und führt damit zur Wachsamkeit gegenüber allen, die mir schaden könnten.

Leider bringt mich meine Paranoia auch dazu, Ängstlichkeit mit Gefährdung zu verwechseln und anderen Menschen wehzutun, die wirklich freundlich oder lediglich gleichgültig sind. Darüber hinaus hat die exotische Blüte der Paranoia etwas Dämonisches. Sie gerät allzu leicht außer Kontrolle. Es gibt pseudo-unschuldige Neurotiker, deren paranoide Charakterzüge kaum jemals wahnhafte Ausmaße annehmen werden. Trotzdem kostet es emotionell einen hohen Preis, diese aus Selbstschutz zynische Lebenseinstellung aufrechtzuerhalten. Ich behandelte vor einigen Jahren einen solchen Mann. Obwohl er intelligent, kultiviert und von gewinnendem Charme war, sobald er seine paranoide Wachsamkeit ablegte, kam er in die Therapie, weil ihm jede Freude, die er noch an seinem Leben hatte, vergällt vorkam.

Er hatte jahrelang unter Depressionen gelitten. In seinen Beziehungen mit anderen Menschen wurde aus positiven Dingen stets etwas Schlechtes. Aus seinem unzufriedenen Gejammer hörte ich allmählich seinen Geiz, seinen Neid und sein Mißtrauen heraus. Er wußte viele lange Geschichten zu erzählen über Leute, die ihn enttäuscht hatten oder versucht hatten, ihm das Fell über die Ohren zu ziehen. Immer wieder wies er mit genüßlicher Selbstgerechtigkeit nach, daß jemand anders an seinem Unglück schuld war. Man konnte den Eindruck haben, es lohne sich für ihn, wenn er sich elend fühlte, solange er nur davon überzeugt sein konnte, daß jemand anders dafür verantwortlich war.

Langsam wurde er sich immer mehr bewußt, daß seinen freudlosen Begegnungen mit anderen Menschen dieses selbstzerstörerische paranoide Muster zugrundelag. Aber erst, als er es bei mir abreagiert hatte, spürte er die Verletzlichkeit, vor der es ihn schützte. Er und ich schienen eine Grundlage gegenseitigen Vertrauens gefunden zu haben. Wir hatten einander über persönliche Erfahrungen berichtet, die uns beide etwas paranoid gemacht hatten, und waren übereingekommen, Vertrauen oder Mißtrauen zu zeigen, wann immer das nötig schien.

Im Verlauf dieser Wochen mit neu entdecktem Wohlgefühl und Zutrauen versuchte er, mich dahin zu bringen, unsere Beziehung zu untergraben. Er schloß eine teure Krankenversicherung ab, obwohl er von vornherein wußte, daß die Police Beschwerden, die vor Vertragsabschluß aufgetreten waren, nicht abdeckte. Dann teilte er mir mit, er könne sich eine Fortführung der Therapie nur dann leisten, wenn ich mich bereiterklärte, seinen Erstattungsantrag zu fälschen - und zwar so, daß bei der Versicherungsgesellschaft der Eindruck entstand, er habe eben erst mit seinen Besuchen begonnen.

Zuerst verstand ich dieses Manöver falsch, nämlich als einen Versuch, herauszufinden, ob mir soviel an ihm lag, daß ich seinetwillen zu einer Lüge bereit war. Wir mühten uns über einige Sitzungen hinweg damit ab, den Grund zu finden, warum er mich auf die Probe stellte. Schmollend und klagend bestand er darauf, er wolle auf diese Weise nur seine finanziellen Belastungen verringern, um sich weitere Besuche bei mir leisten zu können. Ich wollte seinen Beteuerungen, daß es doch nur ein Verwaltungsproblem sei, nicht glauben. Ich meinte, daß hinter seinem Verhalten eine unbewußte Ursache liegen würde, und legte mich wegen seiner Bitte nicht fest. Weil ich ihm stattdessen nur psychologische Interpretationen anbot, wurde er frustriert und haßerfüllt.

Zu guter Letzt begriff er, was vor sich ging. Er teilte mir mit, ich glaubte zu Unrecht, er habe meine Zuneigung auf die Probe stellen wollen, indem er herauszufinden versuchte, ob ich für ihn lügen würde. Wir seien in unserem Umgang zu vertraulich geworden. Ihn habe seine Verletzlichkeit innerhalb der Beziehung erschreckt, und er habe beweisen wollen, daß man mir genauso wenig trauen könne wie allen anderen. Wenn ich hereinfiele und bei dem Betrugsmanöver mitmachte, dann würde er genau wissen, daß ich so korrupt wie jeder andere war und auch für mich nur das Geld eine Rolle spielte.

Nun war ihm klar, daß ich sein Angebot nicht ernst nehmen konnte. Stattdessen hatte ich selbst auf die Gefahr hin, ihn zu verlieren, darauf bestanden, meine Verpflichtungen zu erfüllen und die Arbeit zu leisten, die ihm ein besseres Selbstverständnis ermöglichte. Seine Reaktion auf mein Verhalten reichte von Unglauben über Gereiztheit bis zu einer großen Erleichterung darüber, daß er mich nicht hatte dazu verleiten können, ihn hereinzulegen. Doch mit dieser Erleichterung kam die angestaute Qual aus den vielen Jahren der Einsamkeit und der heimlichen Sehnsucht. An diesem Tag weinte er sehr lange. Wir mußten dieses Verhaltensmuster noch viele Male ausleben, bevor er es klar genug verstand, um dann die meiste Zeit von seinem nutzlosen Leiden frei zu sein.

Die Paranoia ist, ob sie nun erfolgreich eingesetzt wird oder nicht, eine gefährliche Abwehreinrichtung. Trotzdem halte ich die Vermutung, dies sei die schlimmste aller möglichen Welten, für eine annehmbarere Übertreibung als das Gegenteil davon. Wenn ich schon ein Pseudo-Unschuldiger sein muß, dann lieber ein Paranoider als eine Pollyanna. Im Verlauf meiner zynischsten Phase, als ich niemandem traute außer meinen Mitparanoiden, ging ich allen Leuten aus dem Weg, die darauf bestanden, dies sei die *beste* aller möglichen Welten. Es war genau der richtige Zeitpunkt für mich, auf Voltaires satirischen Roman *Candide*[4] zu stoßen.

Die Hauptfigur erschien mir als eine Karikatur eben jener optimistischen Unschuld, die ich bei so vielen jungen Leuten meines Alters am meisten haßte. Candide war von seinem Lehrer Pangloss in dem Glauben erzogen worden, daß hinter allem scheinbar Bösen doch immer größte Güte und göttliche Gerechtigkeit stünden. Pangloss erinnerte mich an all die älteren Leute, die ich damals verabscheute. Sie schienen mir immer einreden zu wollen, daß ich doch denen, die besser Bescheid wußten, vertrauen solle. „Eines Tages wirst du's schon merken", versicherten sie mir. „Vielleicht leuchtet es dir jetzt nicht gleich ein, aber am Schluß wendet sich alles stets zum Besten."

Candide verliert schließlich unter Schmerzen seine Unschuld. Er ist - in Form von Seuchen, Erdbeben und anderen Naturkatastrophen - einer Zerstörungsgewalt ausgesetzt, die sich jeder menschlichen Kontrolle entzieht. Selbst die sozialen Mißstände, denen er begegnet, sind so gewaltig, daß er einen Schuldigen nicht ausmachen und für das von ihnen verursachte Leiden keine Rechtfertigung finden kann. Neben den katastrophalen Verheerungen von Kriegen und Krankheiten erlebt Candide den zufälligen Schmerz einzelner, und er begreift, daß sowohl Glück als auch Unglück den Guten so unterschiedslos begegnen wie den Schlechten.

Voltaire war ein freimütiger Skeptiker und ein engagierter, aktiver Moralist. Er hielt das Leben weder für gut noch für schlecht, vielmehr als annehmbar mittelmäßig. Die paar schönen Erlebnisse auf dieser Welt verschaffen in dem sonst ohne Unterbrechung heranströmenden Elend und Unglück gelegentlich Erleichterung. Diese Augenblicke des Glücks und der Freundlichkeit geben einem immerhin soviel Freude, daß man oft das Gefühl hat, es lohne sich eigentlich doch. In solchen Fällen kann man das Leben auch lebenswert finden, wenn man nicht glaubt, das Leiden diene nur zu unserem Besten.

Wie Candide kommen auch manche meiner Patienten mit der Last unnötiger Enttäuschungen zur Therapie; diese entstammen ihrem pseudo-unschuldigen Beharren darauf, daß *diese Welt die beste aller möglichen ist*. Ihre kurzsichtigen Verdrängungen erinnern mich an den alten Witz über den optimistischen Sohn sadistischer Eltern. Als er an einem Weihnachtsmorgen die Geschenke öffnete, die er von ihnen bekommen hatte, stellte er fest, daß alle Geschenkkartons Mist enthielten. Statt sich zu ärgern, lief er aufgeregt umher und durchstöberte den Keller, die Kammern und den Dachboden. Seinen grausamen Eltern kam dies sehr merkwürdig vor, bis sie seine frohlockenden Rufe hörten: ,,Wenn hier soviel Pferdemist ist, muß irgendwo ein Pony sein!''

Manchen dieser Patienten erkläre ich, daß sie an *Narapoia* leiden. Diese pathologische Übersteigerung einer einfacheren und zweckgebundeneren Pollyanna-Haltung wird zu einer umgekehrten Form von Paranoia, für die der wahnhafte Glaube charakteristisch ist, daß es andere darauf abgesehen haben, einem zu helfen. Narapoide kümmern sich insoweit um sich selbst, als sie sich immer stärker bemühen, den Leuten zu gefallen, die sie schlecht behandeln. Je kühler und distanzierter ihre Liebhaber sich verhalten, desto vertrauensvoller klammern sich die Narapoiden an sie. Manche dieser Patienten sind Männer, die meisten jedoch Frauen. Unsere patriarchalische Kultur erhält ihre sexistische Machtstruktur auch damit aufrecht, daß sie einzelne Frauen dazu ermutigt, an diese besondere Art der Pseudo-Unschuld zu glauben.

Frauen bemühen sich häufiger um die Hilfe eines Psychotherapeuten als Männer. Daß sie mehr Optimismus haben, ist vielleicht einer der Gründe für diese Diskrepanz. Paradoxerweise fühlen sich solche Frauen meist sehr unwohl, wenn sie das Verständnis und die

Rücksichtnahme finden, die sie gesucht haben. Sie scheinen eher darauf vorbereitet zu sein, die Kritik entgegenzunehmen, die ihrer Ansicht nach nötig ist, um sie wieder auf die rechte Bahn zu bringen. Manche befürchten nur, keinen so guten Eindruck zu machen, daß sie lange genug in der Therapie bleiben dürfen, um richtig gedrillt zu werden.

Ich habe den Eindruck, daß so eine Patientin mir bereitwilliger vertrauen würde, wenn ich ihr barsch gegenübertreten und sofortige ‚Besserung' verlangen würde. Daß ich sie so nehme, *wie sie ist*, ist für sie viel schwerer zu ertragen. Die Tatsache, daß ich sie ernst nehme und mir Gedanken darüber mache, was sie fühlt, trifft sie so unvorbereitet, daß sie beinahe die Orientierung verliert. Es hat lange gedauert, bis ich zu begreifen begann, weshalb die naiv optimistische Patientin vor einer Freundlichkeit zurückschreckt, die sie doch angeblich sucht und erwartet.

Kürzlich schilderte eine an Narapoia leidende Patientin unter Tränen ihre erfolglosen Bemühungen, einen rücksichtslos anspruchsvollen und oft unzuverlässigen ‚Freund' zufriedenzustellen. Sie schloß ihre kleine Skizze mit der viel zu harten Selbstbezichtigung ab: „Ich glaube, ich bin für ihn einfach nicht interessant genug, daß er seine Zeit mit mir verschwenden möchte." Narapoide gehen meist mit herzlosen Liebhabern Bindungen ein. Charakteristisch ist, daß sie für die Grausamkeit des anderen Verständnis aufbringen.

Ich reagierte mit einer einfachen Reflektion ihrer Gefühle: „Er ist nie da, wenn Sie ihn brauchen. Sie glauben, es liegt daran, daß Sie ihm nicht genug bieten können." Sie fühlte sich verstanden und vermochte ihren Bericht nun dahingehend zu ergänzen, wie schön die Welt doch sein könnte, wenn sie selbst nur nicht so unzulänglich wäre.

Als sie mir soviel erzählt hatte, daß eine Interpretation am Platze war, brachte ich dies vor: „Sie sind ungemein hart gegen sich selbst. Sie leben in einer Phantasiewelt und beharren darauf, daß das Gute stets belohnt wird. Und wenn Sie dann nicht bekommen, was sie wollen, geben Sie sich die Schuld." Zuerst widersetzte sie sich dadurch, daß sie meine Bemerkungen in den Sumpf ihrer Selbsterniedrigung zog. „Sie haben recht. Ich gaube, ich bin sehr dumm. Wenn ich mir vielleicht mehr Mühe geben . . ."

Ich unterbrach sie. „Sie wollen nicht sehen, daß ich sehr besorgt darüber bin, wie ungemein hart Sie zu sich selbst sind. Wenn etwas nicht gut geht, bestehen Sie darauf, daß die Schuld bei Ihnen liege. Es fällt Ihnen so leicht, sich selbst weiterhin die Schuld in die Schuhe zu schieben. Es fällt Ihnen schwer, mit mir darin übereinzustimmen, daß Ihr ‚Freund' genauso unmöglich zufriedenzustellen ist, wie es früher Ihr Vater war. Keiner von beiden wußte es je zu schätzen, wie aufopfernd Sie selbst waren.''

Sie war von meinen Worten offensichtlich gerührt, doch über ihre eigene Reaktion bestürzt. Sie blinzelte ihre Tränen weg, erstickte die Seufzer und versuchte damit fortzufahren, daß es doch eine Sache der Selbstvervollkommnung sei. Wenn sie sich bloß bei Themen weiterbildete, die ihren Freund interessierten, dann würde er sie vielleicht besser behandeln.

Wieder intervenierte ich: ,,Sie meinen, daß ich zu freundlich bin zu Ihnen. Wenn Sie endlich spüren, daß jemand tatsächlich etwas von Ihnen hält, kommen Sie sich so verletzlich vor, daß Sie den Schmerz kaum ertragen können. Denn Sie merken, daß es ganz egal ist, wieviel Mühe Sie sich geben, wie gut Sie sind - manche von den Männern, die Ihnen am wichtigsten sind, werden Sie niemals richtig schätzen.''

Diesmal schluchzte sie eine lange, lange Zeit ganz offen. Jeder schmerzliche Stoßseufzer kündigte den Verlust eines weiteren Stükkes ihrer Unschuld an. Schließlich begann sie sich zu fragen: Wenn diese Welt die beste aller möglichen ist, wie müssen dann die anderen aussehen?

Auf lange Sicht funktioniert die Pseudo-Unschuld, eine Pollyanna zu sein, auch nicht besser als die des Paranoiden. Die populäre Psychologie versichert uns allen, daß wir in alle Zukunft glücklich leben können bis an unser seliges Ende. Trotzdem halten bei manchen von uns die Zweifel an. Die Smothers Brothers führen eine komödiantische Nummer auf, in welcher der eben von einem Wochenendseminar einer Encounter-Gruppe zurückgekehrte Tommy mit seinem neu entdeckten Schlüssel zum Glück über Dick herfällt: ,,Ich bin okay. Du bist okay.''[5] Er wiederholt das mit Begeisterung immer wieder, bis er ins Stocken gerät und die beschwörende Frage stellt: ,,Du bist doch okay, oder nicht?''

Rachesuchende Paranoide wie ich geraten in Versuchung, ihr Leben mit selbstgefälligen Rechtfertigungen zu verplempern. ,,Ich bin okay, doch du bist nicht okay'', meinen wir beharrlich.

Es wäre für Paranoide und Pollyannas gleichermaßen am besten, wenn wir uns bemühten, die menschliche Unvollkommenheit zu akzeptieren, und versuchten, aus diesem ungerechten Leben so, wie es eben ist, das Beste zu machen. Wenn wir einen Klub gründeten, könnten wir hinten auf unsere Jacken schreiben: „ICH BIN NICHT O.K., DU BIST NICHT O.K. - UND DAS IST O.K."[6]

8

Zu gut, um wahr zu sein

Sowohl der Paranoide als auch die Pollyanna beschäftigen sich hauptsächlich mit dem, was außerhalb von ihnen vorgeht. Wir können daraus schließen, daß jede dieser pseudo-unschuldigen sozialen Posen auch dazu dient, von unannehmbaren Aspekten des Innenlebens abzulenken.

Zweifellos unterstellen die Projektionen des Paranoiden anderen Menschen Motive, die so schlimm sind, daß sie nicht als zum eigenen Ich gehörend akzeptiert werden können. Und zum naiven Verlangen der Pollyanna nach einer so liebevollen und schützenden Welt, daß sie Enttäuschungen völlig ausschließt, gehört das Bild eines Ichs, das ein Leben verdient hat, in dem sich immer alles zum Besten wendet.

Trotzdem richtet sich bei beiden Haltungen die größte Aufmerksamkeit auf das Verhalten anderer und das Ergebnis äußerer Ereignisse. Unter den Pseudo-Unschuldigen gibt es noch einen Typus, der hauptsächlich darauf aus ist, von sich selbst das Bild eines Heiligen aufrechtzuerhalten. Als Lebensstrategie mag die Heiligmäßigkeit ihre eigenen insgeheim ausbeuterischen Erwartungen haben, wie andere auf die eigene Reinheit reagieren sollen. Am wichtigsten ist jedoch die fortwährende Bestätigung der eigenen engelgleichen Unschuld. Ich finde, solche Menschen erweisen sich immer als zu gut, um wahr zu sein.

Einige meiner frühesten Berufserfahrungen trugen zu dieser Feststellung bei. Spätere Begegnungen im klinischen wie im persönlichen Bereich haben sie untermauert. Im dritten Kapitel dieses Buches[1] habe ich geschildert, wie ich bei meinem ersten, unschuldigen Besuch in einem Gebäude für gemeingefährliche Geisteskranke zum komischen Helden wurde. Diesem Teil meiner Lehre aus der Zeit, als ich noch jung, unreif und manchmal von unnötig dümmlicher Naivität war, gingen zwei andere Erfahrungen mit ‚gesunden‘ kriminellen Insassen nichtpsychiatrischer Besserungsanstalten voraus.

Im Alter von zweiundzwanzig Jahren trat ich meine erste Stelle als Psychologiepraktikant am New Jersey State Reformatory in Bordentown an, einer Bewahrungsanstalt für männliche Schwerverbrecher zwischen sechzehn und dreißig. Rückblickend bin ich der Ansicht, daß ich in jenem Alter nichts im Kollegium einer Besserungsanstalt zu suchen hatte, nicht einmal in der Lehrlingsrolle des Praktikanten. Mit zweiundzwanzig war ich in vieler Hinsicht immer noch emotionell eine Jungfrau. Zwar kleidete und benahm ich mich wie ein Hipster und ein Rowdy, doch war ich ein Lamm im Wolfspelz. Die Insassen schätzten mich ohne Mühe völlig richtig ein. Sie schüchterten mich ein. Sie hauten mich übers Ohr. Sie manipulierten mich. Sie sprangen mit mir um, wie es ihnen einfiel.

Die Insassen waren in der Hauptsache junge Männer mit einer Liste von nicht mehr als ein oder zwei ‚schwerwiegenden‘ Verurteilungen. Sie wurden als potentiell rehabilitierbar angesehen und verbüßten Strafen von unbestimmter Dauer. Dies bedeutete, daß die ‚Fortschritte‘ eines jeden zweimal jährlich formell überprüft wurden und je nach dem Ergebnis dieser Beurteilungen innerhalb der Dauer der Höchststrafe jeweils nach sechs Monaten eine Freilassung möglich war.

Zu meinen Aufgaben gehörte es, bei diesen Beurteilungen mitzuwirken. Was einen damit aussöhnen konnte, war eigentlich nur die Tatsache, daß die Verwaltungsbeamten auf mein unausgegorenes Urteil vermutlich wenig gaben. Die Insassen verwendeten die unterschiedlichsten Tricks, um meine Beurteilung ihrer Fortschritte zu beeinflussen. Manche plapperten psychoanalytische Erkenntnisse nach über den Einfluß ihrer unglücklichen Kindheit. Andere zogen mich ins Vertrauen, als wäre ich das einzige Mitglied des Kollegiums, das wirklich Verständnis hatte. Einer von den eher ungeschliffenen Insassen wollte mir beibringen, wie man einen Safe knackt. Viele machten einfach dunkle Andeutungen, daß mir etwas Schreckliches zustoßen könnte, wenn ich sie im Stich ließe. Einem Mann fiel als Drohung nicht mehr ein, als mich daran zu erinnern, wie gut ich ihn doch kennen müsse: er arbeite ja im Speisesaal des Kollegiums und sei derjenige, der täglich zu bestimmen habe, welche Schüssel Suppe mir aufgetragen werde.

Ich traf diese Beurteilungen so unbeeinflußt von Schmeichelei, Betrügereien und Einschüchterungen, wie ich es vermochte. Doch selbst wenn meine Urteile in dieser Hinsicht objektiv waren, blieben sie bedeutungslos. Wie sollte ich zukünftiges kriminelles Verhalten vorhersagen können? Ich verstand kaum etwas von den Männern, deren Beurteilung ich mir anmaßte. Ich begriff nicht, was es bedeutete, eingesperrt und seiner Freiheit beraubt zu sein. Diese Männer und diese Umgebung flößten mir Entsetzen ein. Doch weil ich zeigen wollte, was ich konnte, mußte ich verdrängen, daß dies alles viel mehr war, als ich vorerst bewältigen konnte.

An meinem ersten Arbeitstag versuchte ich nach Kräften, den Eindruck zu ignorieren, daß praktisch jeder Insasse wie ein Gangster aussah, der mich nur so zum Spaß umbringen könnte. Sie erinnerten mich alle an jene Straßenecken-Ganoven, denen ich als Junge so viele Male über den Weg gelaufen war.

Sooft ich mich bei einer Besorgung aus meiner Gegend hinaustraute, ohne etwas im Schilde zu führen und ganz mit meinem eigenen Kram beschäftigt, schien ich unweigerlich auf einen dieser Typen zu stoßen. Unbeabsichtigt kam es zu einem momentanen Blickkontakt mit irgendeinem jungen Schläger, der gelangweilt an an einem Süßwaren- und Zeitungsstand an der Ecke herumlungerte. Er tat vielleicht nichts weiter, als sich die *News* oder den *Mirror* zur kostenlosen Lektüre zu schnappen, aber wenn ich mich später zurückerinnerte, war es immer so, als hätte er seine Fingernägel lässig mit einem Bowiemesser gereinigt.

Ganz gleich, wie harmlos ich wirkte und um welchen Schläger es sich gerade handelte: seine höhnische Begrüßung war immer dieselbe. Jedes Mal wurde ich im Singsang von neuem beschuldigt, in Form der so niederschmetternd unbeantwortbaren Frage: „Was glaubst denn du, was es hier zu sehen gibt?" Die ersten paar Mal versuchte ich es mit freundlichem Abstreiten. Doch wenn ich antwortete „Nichts", gab er zurück: „Du behauptest, ich bin nichts?" Und wenn ich versuchte, meine Aussage klarzustellen: „Ich meinte damit, ich hab' dich gar nicht angeschaut", dann kam von ihm mit Sicherheit die nächste Herausforderung: „Willst du etwa behaupten, ich lüge?"

Es hatte einfach keinen Zweck. Er verwickelte mich immer in eine Schlägerei. Egal, wie groß oder klein der Kerl sein mochte, ich wurde immer verprügelt. Ich hatte nichts Böses im Sinn gehabt. Ich konnte es nie ganz fassen, daß er mich grundlos zusammenschlug. Wenn ich in jenem Alter gelernt hätte, die Erwartung fallenzulassen, daß meine Unschuld mich beschützen würde, dann hätte ich ihm eine aufs Maul gegeben, sobald er mich herausforderte. Damit wäre der Fall erledigt gewesen. Aber ich war noch zu jung und zu aufrichtig, um mich so rücksichtslos selbst zu schützen.

Wenn ich mir in der Besserungsanstalt gleich eingestanden hätte, wie viele der Insassen mich an jene unbezwingbaren Herausforderer erinnerten, dann wäre ich voller Entsetzen von dort geflohen. Stattdessen hielt ich mein ungutes Gefühl für eine Art Kulturschock. Es war immer noch eine fremde Umgebung. Die Insassen sahen aus wie Leute aus einer ganz armen Gegend, ungebildet, aus der Unterklasse, vielleicht einfach Nichtjuden.

Verzweifelt klammerte ich mich an die beruhigende Einsicht, daß es einige Ausnahmen gab. Als ich umherzog, weil ich nicht genau wußte, wo ich die nötigen Unterlagen herbekommen sollte, was eigentlich mein Arbeitsgebiet war und wie der Betrieb in einer Besserungsanstalt lief, stieß ich tatsächlich auf drei oder vier sehr angenehme Insassen. Jeder war auf seine Weise hilfsbereit, verständnisvoll und nützlich. Jeder schien ein netter Kerl zu sein. Ich konnte beim besten Willen nicht verstehen, warum zum Teufel so nette Burschen an einem solchen Ort eingesperrt sein mochten.

Am Ende des Tages sprach ich mit einem der älteren Kollegen. Er hatte mich taktvoll gefragt, wie ich denn zurechtkäme, und mir eine Gelegenheit zur Aussprache gegeben. Statt die Chance zu nutzen und über meine Angst zu reden, legte ich meine philosophische Platte auf und hielt einen großen Vortrag über meine Vorstellungen zur Resozialisierung Krimineller.

Er lächelte nachsichtig und sagte, wenn ich nicht mehr so verängstigt sei, könnte ich vielleicht darüber reden, wieviel Angst ich wirklich hätte. Paradoxerweise brachte mich die verständnisvolle Art, wie er hinter meine Fassade blickte, dazu, ihm jene wenigen Insassen zu beschreiben, die mir *keine* Angst eingejagt hatten. Als ich ihm vom Verhalten dieser paar netten Burschen erzählte und von meiner Verwunderung, was sie hier eigentlich zu suchen hätten, konnte er sie durch eine Beschreibung rasch identifizieren und mir ihre Namen nennen. Mir war schleierhaft, wie er so schnell hatte erkennen können, wessen Hilfsbereitschaft ich geschildert hatte. Seine verblüffende Erklärung lautete: „Na klar, die gleichen sich alle, in jedem Gefängnis sind sie die nettesten Kerls. Jeder von ihnen sitzt wegen Mord."

Dann erklärte er, bei diesen Leuten sei es am unwahrscheinlichsten, daß sie ihr Verbrechen wiederholten. Mörder erhielten meist lange Haftstrafen und würden behandelt, als wären sie weiterhin eine Gefahr für die Gesellschaft. Dagegen gehöre jeder dieser Männer zu denjenigen, die von den Nachbarn als höflich, hilfsbereit und harmlos beschrieben würden. Wer sie kenne, sei verblüfft, wenn eine dieser lieben, pseudo-unschuldigen Gestalten eines Tages plötzlich seine Frau totschieße. Ein anderer habe einem Vetter nach einer kleineren Meinungsverschiedenheit ohne Vorwarnung mit einer abgebrochenen Flasche tödliche Schnittwunden beigebracht. Ein dritter habe einem Nachbarn mit einem Baseballschläger den Schädel zertrümmert. Bis zum Zeitpunkt jenes mörderischen Ausbruchs von Gewalttätigkeit sei jeder dem Anschein nach die Güte in Person gewesen. Gleich nach dem Mord habe sich jeder der Polizei ohne Widerstand ergeben, reuig auf schuldig plädiert und sich dem Gericht auf Gnade und Ungnade ausgeliefert. Alle hätten sie für die lange, vom Gesetz vorgesehene Höchststrafe vollstes Verständnis an den Tag gelegt. Hinter dem heilig erscheinenden Auftreten eines jeden steckte eine lange verdrängte und deshalb jetzt übersteigerte natürliche Anlage zur Brutalität. Nach dem Ausbruch der mörderischen Gewalt nahm jeder wieder die chronische pseudo-unschuldige Pose ein, die sich in der Tat als zu gut erwiesen hatte, um wahr sein zu können.

Als ich diesen Abschnitt meines Praktikums hinter mich gebracht hatte, erhielt ich eine weitere Anstellung, diesmal in einer staatlichen Nervenheilanstalt. Als ich mein Praktikantenjahr abgeschlossen hatte, war ich ,qualifiziert' für eine Festanstellung. Ich wurde als klinischer Psychologe am New Jersey State Prison in Trenton eingestellt, einer Hochsicherheitsanstalt für erwachsene männliche Schwerverbrecher. Das waren in der Regel mehrfach rückfällige Straftäter, die als zu abgebrüht galten, um für eine Resozialisierung oder für Strafen von unbestimmter Dauer in Frage zu kommen.

Diesen Job hatte ich nur drei Monate, dann wurde ich in die Armee eingezogen. Doch selbst während einer so kurzen Zeit konnte ich wiederum feststellen, daß fast alle wegen Mordes verurteilten Gefängnisinsassen liebe, hilfsbereite Menschen ohne Vorstrafen waren. Sie waren nur deswegen ins Gefängnis gesteckt worden, weil sie für eine Unterbringung in einer Besserungsanstalt zu alt waren.[2]

Zu diesem Zeitpunkt betrachtete ich meine erfolglosen Bemühungen, die Insassen der Besserungsanstalt zu resozialisieren, als die simple Folge meiner fehlenden technischen Fertigkeiten als Praktikant. Ich war zu der unschuldigen Auffassung gelangt, nachdem meine guten Absichten nun durch ein ganzes Jahr Ausbildung samt Zeugnissen und durch meinen Status als Fachkraft untermauert wären, sei ich soweit, die wundersam heilende Macht darzustellen, die ich hatte werden wollen.

Zum Glück mußte ich unter einem Gefängnisdirektor arbeiten, der weit weniger unschuldig war als ich. Dieser Direktor war ein recht bemerkenswerter Mann. Er hatte einen Dr. phil. in Soziologie und war seit langem ein bekannter Fachmann für kriminelles Verhalten. Trotz seines Doktorgrades sah er wie ein ehemaliger Preisboxer aus und benahm sich auch manchmal so.

Bei den Insassen stand er in dem Ruf, hart, aber fair zu sein. Er war dafür bekannt, daß er, wenn es sein mußte, seinen Doktorgrad an den Nagel hängte, ein Schnellfeuergewehr in die Hand nahm und einen Aufstand im Keim erstickte, indem er über die Köpfe der sich zusammenrottenden Gefängnisinsassen hinwegschoß. Ein andermal hatte er es mit einem gewalttätigen Insassen zu tun, der sich in psychotischem Zustand in einer Einzelzelle verbarrikadiert hatte. Dem mit einem selbstgebastelten Messer bewaffneten Häftling war es gelungen, alle Bemühungen der Wachen zunichtezumachen, sein Wüten unter Kontrolle zu bringen und ihn ins Hospital für gemeingefährliche Geisteskranke zu verlegen. Wie übereinstimmend berichtet wurde, hatte der Direktor die Zelle unbewaffnet betreten und den mordgierigen Wahnsinnigen dazu überredet, seine Waffe herauszurücken und sich ruhig ins Hospital schaffen zu lassen.

Ich war vom Chefpsychologen der Anstalt eingestellt worden. An meinem ersten Arbeitstag waren wir dem Direktor in der Eingangshalle begegnet, und mein Abteilungsleiter hatte uns lediglich durch das Nennen der Namen und Titel förmlich miteinander bekanntgemacht. Der Direktor sagte, er wolle mir die Gelegenheit geben, mich mit den Dingen vertraut zu machen, bevor wir uns zu einem Gespräch zusammensetzten.

Ich hatte schon fast drei Wochen im Gefängnis gearbeitet, bis ich in sein Büro gerufen wurde. Der Raum war kleiner, als ich erwartet hatte; er enthielt alle unbedingt nötigen Möbelstücke und Ausstattungsgegenstände, war jedoch völlig frei von Kinkerlitzchen.

Als ich mit dem Direktor allein im Büro war und eben Platz genommen hatte, wollte er wissen: ,,Würde die Psychoanalyse Ihrer fachmännischen Meinung nach diese Männer davon abhalten, daß sie ihr kriminelles Verhalten erneut an den Tag legen?''

Da ich der Auffassung war, eine Antwort haben zu müssen, wenn er eine Frage hatte, reagierte ich so, als verstünde ich das Problem. ,,Ich bin überzeugt, daß manche dieser Probleme sozialen Ursprungs sind und weniger psychologische, sondern vielmehr politische Lösungen erfordern. Trotzdem scheint mir, daß rehabilitierende Psychotherapie wirklich wertvoll sein könnte, wenn es darum geht, das Leben der meisten von diesen Männern zu verändern.''

,,Wie steht es mit Duke Donelli?'' warf er ein. ,,Ist er ein geeigneter Kandidat für rehabilitierende Psychotherapie?''

Joseph ,Duke' Donelli war ein ,Neuling'; er war erst vor kurzem eingeliefert worden. Ich hatte keinen direkten Kontakt mit ihm gehabt, wußte jedoch wie alle anderen im Gefängnis, wer er war. Er hatte jahrelang als einer der mächtigsten Statthalter des organisierten Verbrechens fungiert. Als sein Boß von den Bundesbehörden der Steuerhinterziehung überführt worden war, hatte Duke die Leitung der illegalen Glücksspielunternehmungen in diesem Bundesstaat übernommen. Viele Jahre danach war es der Regierung des Bundesstaates endlich gelungen, ihn unter dem Vorwurf der Bestechung einzusperren.

Um die Herausforderung des Direktors abzuwehren, fiel mir nur die Ausflucht ein, daß ich noch keine Gelegenheit gehabt hatte, die Akte des Mannes durchzusehen oder mit ihm ein Gespräch zu führen. Ich müßte mich deshalb eines klinischen Urteils enthalten.

Das sardonische Lächeln des Direktors verriet mir, daß keiner von uns beiden meiner absurden Haltung Glauben schenkte. Auf seine Art reagierte er darauf freundlich: ,,Ich glaube, Sie haben recht, daß viele der Probleme der Insassen sozialer und nur einige psychologischer Natur sind. Wegen der Auswirkungen der sozialen Umstände, die sie hervorgebracht haben, werden meiner Meinung nach fast alle Männer in dieser Anstalt hierher zurückkehren, ganz gleich, was wir mit ihnen anstellen. Wenn es ein paar gibt, die wir mit Beratungen oder sonstigen Methoden ändern können, würde ich es begrüßen, wenn Sie sich mit dem Problem befaßten, wie sich die Männer identifizieren lassen, bei denen Persönlichkeitsprobleme die Ursache ihres kriminellen Verhaltens sind.

Im Hinblick auf einen Verwaltungstyp wie Donelli besteht unser einziges Problem darin, darauf aufzupassen, daß er nicht die gesamte Insassenschaft unter seine Kontrolle bringt. Meiner Meinung nach ist er psychisch etwa genauso gestört wie ein Vizepräsident von General Motors, und auf genau dieselbe Weise. Wenn Sie glauben, daß sein Gegenstück durch Psychotherapie dazu veranlaßt werden könnte, seinen Führungsposten bei GM zu räumen, dann dürfen Sie auch von solchen Beratungen einen Berufswechsel bei Donelli erhoffen, vorausgestzt, er befindet sich mitten in einer Identitätskrise."

Es sah so aus, als gäbe es vorerst nicht mehr viel zu sagen. Ich war erleichtert, als er mich gehen ließ.

Einige Wochen später ließ mich der Direktor erneut holen. Wieder fragte er mich, wie ich zurechtkäme, und ich log wieder und sagte, es gehe gut. Er kam auf den Punkt zurück, wie man Insassen für eine Psychotherapie und für eine Haftentlassungsempfehlung an den Bewilligungsausschuß auswählen solle. „Wie ich höre, haben Sie umfangreiche psychologische Tests durchgeführt. Wie nützlich wird sich dieses Programm Ihrer Meinung nach erweisen für die genaue Vorhersage des Verhaltens freigelassener Häftlinge in der Gemeinschaft?"

Diesmal fühlte ich mich gut vorbereitet. Ich hatte viel über diese Auswahlverfahren nachgedacht und das Problem mit einer Reihe anderer klinischer Psychologen besprochen. Es könnte sich vielleicht sogar als brauchbares Thema für meine Dissertation erweisen.

Bei meinem ersten Wettstreit mit dem Direktor war ich sehr unsicher gewesen. Diesmal verspürte ich ein Selbstvertrauen, das fest auf wohl durchdachte Diskussionen (wenn auch noch nicht auf breite Erfahrung) gegründet war: „Diese Testergebnisse sind zwar nicht immer akkurat, aber zweifelsohne informativ. Damit sie von Nutzen sind, so meine ich, brauchen meine Vorhersagen nur statistisch gesehen besser zu sein als der Zufall. Wenn dies der Fall ist, habe ich dem Staat eine Menge Geld gespart und einem Menschen zu einem neuen Leben verholfen. Ich bin mein Geld schon wert, wenn ich zumindest in der Hälfte der Fälle die richtige Entscheidung treffen kann."

Diesmal lächelte der Direktor nicht. „Ihr Job erfordert täglich Entscheidungen über Männer, die so gefährlich sind, daß sie von der Gemeinschaft in Käfige gesperrt werden. Sie glauben, es liefe alles bestens bei Ihnen, wenn Sie mindestens in der Hälfte der Fälle recht haben. Wenn mir einer meiner Wachmänner sowas erzählte, würde ich ihn rausschmeißen."

Ich taumelte aus dem Büro des Direktors hinaus. Das war ein neuer Schlag des wirklichen Lebens. Einmal mehr war ich der tröstlichen Illusion beraubt worden, mein Verständnis und meine guten Absichten reichten aus, um die Dinge in Ordnung zu bringen. Die Konfrontation mit dem scheinbar unlösbaren Problem der Brutalität und Gewalt ließ rasch ein Bewußtsein entstehen, das für mich gleichzeitig neu aber auch sehr vertraut war.

Wieder gab es jene verwirrende Entdeckung, daß ich jedesmal, wenn ich etwas Wichtiges lernte, statt des Gefühls der Bereicherung zuerst ein Gefühl des Verlusts empfand. Diese neue Lektion über die Unmöglichkeit, das Böse auszutilgen, brachte mich in Gedanken mehrere Jahre zurück zu einem ruhigen Sommerabend in Pete's Place, wo ich in meiner Jugend so viele Stunden der Geborgenheit beim Billardspiel verbracht hatte.

Ich war siebzehn und ganz allein in der Stadt. Alle anderen Typen aus meiner Clique waren Musiker; sie hatten in den Catskill-Bergen Ferienjobs in Promenadenorchestern übernommen. Ich übte mich allein im Billardspielen, als ein stiller, kleiner Kerl an den Tisch kam, der etwa ein oder zwei Jahre älter war als ich. Er wartete, bis ich mit dem Spielen aufhörte und fragte dann leise, ob ich Shelly Kopp sei. Klar, sagte ich und fragte ihn, was er denn wolle. In bittendem Ton erklärte er, es sei eine Privatsache, und ob ich wohl nach draußen kommen würde zu einem kleinen Gespräch. Da ich sowieso ein bißchen gelangweilt war und meine Billardstöße nicht besonders erfolgreich liefen, sagte ich: „Klar, wieso nicht?"

Sobald ich draußen war, fand ich mich plötzlich von sechs oder acht Kerlen umzingelt, die ein verdammtes Stück größer und härter aussahen als der Bote, durch den sie mich hatten holen lassen. Sie drängten mich um die Ecke in die Dunkelheit einer verlassenen Seitenstraße hinein.

Ich hatte schreckliche Angst, versicherte mir aber, daß mir nichts Schlimmes passieren würde, weil ich niemandem etwas zuleide getan hatte. Es stellte sich heraus, daß der Anführer der Gruppe der

Freund eines halbwüchsigen Mädchens war, mit dem ich ab und zu ausgegangen war. Er hatte von einem anderen Mädchen gehört, ich hätte behauptet, seine Freundin sei eine meiner sexuellen Eroberungen. In Wirklichkeit hatte ich auf meine jugendliche Macho-Art nur zweideutig über unsere Beziehung gesprochen und dabei gehofft, ich hörte mich an wie ein Weiberheld.

Ich stritt jedenfalls alles ab. Ich sagte, ich würde das Mädchen schon kennen und hätte Achtung vor ihr, und wenn man von mir etwas Abträgliches über sie gehört habe, dann sei ich bestimmt mißverstanden worden. Diese harten Burschen schienen aber dazu aufgelegt zu sein, die Sache auf die Spitze zu treiben. Folglich behaupteten sie, daß ich mich über dieses Mädchen ‚unverschämt‘ geäußert hätte, sei Grund genug für einen Straßenkampf. Sie wollten wissen, zu welcher Bande ich gehören würde und wo meine ‚Jungs‘ seien. Ich lächelte schwach und erklärte, ich würde zu überhaupt keiner Bande gehören, und meine Jungs seien Musiker, die den Sommer über auf dem Lande in Hotelbands spielten; und wenn es zu einer Schlägerei gekommen wäre, hätte sowieso keiner von ihnen mitgemacht, weil sie als Musiker um ihren Ansatz beim Blasen fürchten mußten.

Sie konnten anscheinend nicht glauben, daß ich keinen Stolz besaß. Sie vermochten keine Herausforderung zu bieten, die ich nicht lächelnd hinnahm. Ich weiß nicht, ob sie schließlich glaubten, was ich ihnen erzählte, oder ob sie es einfach nicht fassen konnten, auf was für einen Schleimer sie da gestoßen waren. Jedenfalls zogen diese Schläger kopfschüttelnd fort und verwarnten mich, ich solle das lieber nie tun, was ich dem Vernehmen nach getan hatte.

Kurze Zeit hatte ich Angst gehabt, sie könnten mir wirklich wehtun, doch das war nicht geschehen. Während der nächsten paar Tage ließ ich die Szene immer wieder in meinem Kopf ablaufen; ich wandelte sie ab, um mich darin zu bestärken, daß ich schlimmstenfalls eine blutige Nase oder irgend eine unbedeutende Verletzung hätte davontragen können. Außerdem glaubte ich, daß einem sowieso nichts Schreckliches passieren kann, wenn man nichts Schlimmes getan hat. Das wäre ja nicht fair.

In der darauffolgenden Woche stand ich eines Abends an der Straßenecke, an der sich Teenager ohne feste Freundschaften herumtrieben. Mit quietschenden Bremsen hielt ein alter Chevy am Randstein. Es war der Elch. ,,Shelly, mein wichtigster Mann, hüpf in meine Karre.‘‘

Wenn der Elch „Hüpf" sagte, dann hüpften die Leute. Ich war der einzige in der Gegend, der es vielleicht wagen konnte, darauf nicht zu reagieren, doch ich hatte mich auf dieses Risiko noch nie eingelassen.

Der Elch, wie ihn jeder nannte, war ein stark gebauter, jähzorniger junger Mann, dessen Kraft scheinbar unbegrenzt war, während seine Intelligenz offensichtlich ihre Grenzen hatte. Von ihm wußte man, daß er jeden zusammenschlug, der ihn ärgerte.

Mich bedrohte er nie. Wir waren zusammen aufgewachsen. Als wir noch kleine Jungs waren, hatte ich ihn einmal bei einer Rangelei auf dem Schulhof besiegt. Er war sich anscheinend nicht bewußt, daß wir uns körperlich und geistig immer ungleicher wurden und glaubte fest daran, ich sei „der einzige Kerl in der Gegend, der den Elch in einem fairen Kampf geschafft hat".

Sobald ich in den Wagen gestiegen war, rasten wir los. In einer verlassenen Straße fuhr er an den Bordstein und parkte. Erst dann erzählte er mir die Geschichte, die er hinter seinem selbstgefälligen, blöden, freundlichen Lächeln nur mit Mühe hatte zurückhalten können.

„Shelly, alter Junge, Samstagnacht war ich mit ein paar schlimmen Typen auf einer Party in der East Bronx. Einer von denen machte einen Klamauk wegen einem Kerl aus meiner Gegend. Der hatte der Biene seines besten Kumpels unverschämte Sachen nachgesagt. Er fing an, mit seiner Knarre rumzufuchteln und sagte, er hätte den Bastard abknallen sollen, als sie ihn vergangene Woche bei Pete's rausholten. Und weißt du was? Ich würde dich doch nicht verarschen, alter Junge. Es stellte sich heraus, daß du der Kerl bist, den er umlegen wollte!"

Ich konnte es einfach nicht fassen. Eine Waffe. Wie hätte ich annehmen können, daß an jenem Abend einer der Schläger eine echte Schußwaffe bei sich trug? Ich hätte nur zu gerne geglaubt, daß der Elch die Geschichte erfunden hätte, aber ich wußte, daß er zu beschränkt war, um zu lügen. Auf jeden Fall waren alle meine Zweifel nach wenigen Augenblicken beseitigt.

„Mach das Handschuhfach auf", befahl er.

Ich zögerte.

„Mach's auf, alter Junge", drängte er mich ungeduldig.

Ich kam wieder zur Besinnung und drehte rasch den Absperrknopf, mit dem sich das Fach öffnen ließ.

„Da ist sie drin", sagte er beharrlich. „Nimm sie, Mann. Hast du geglaubt, sie wäre nicht da drin? Los, hol sie raus!"

Ich tastete in dem Dämmer des offenen Handschuhfaches herum. Als ich meine Hand herauszog, war eine Waffe darin. Ich konnte nicht glauben, daß all das mir passierte.

„Ich wollte es nicht zulassen, daß *dir* jemand Schwierigkeiten macht, Shelly. Ich hab' dem großmäuligen Schnüffler die Knarre abgenommen. Dem Elch seinen wichtigsten Mann rührt keiner an, hab' ich ihm gesagt."

Trotz meines lähmenden Entsetzens gelang es mir, ihm dafür zu danken, daß er mir das Leben gerettet hatte. Er genoß es.

„Du behältst das Ding", wies er mich an.

„Nein, Elch, das ist schon in Ordnung. Ich bin dir dankbar für alles, was du für mich getan hast. Warum behältst du die Waffe nicht? Vielleicht kannst du sie verkaufen oder so."

Er setzte das besonders warme, kindliche Lächeln auf, das er für jemand reserviert hatte, der zum Elch lieb sein würde, obwohl er wußte, daß er den in einem fairen Kampf schaffen könnte. „Hey, vielen Dank auch, Shelly, ich kann den Zaster gebrauchen. Du bist mein wichtigster Mann, mein allerwichtigster Mann."

Er ließ mich an unserem üblichen Treffpunkt an der Straßenecke wieder aussteigen. Ich ging von dort in den Süßwarenladen und bestellte wie immer eine Schokoladeneiercreme mit einem Stück Halwa. Die Theke war gedrängt voll. Ich ging nach hinten und setzte mich in eine Nische, um die Sache durchzudenken. Plötzlich merkte ich, daß der Ofen aus war. Das Leben war ein Spiel, dessen Regeln geändert worden waren. Die Kinderzeit war vorüber. Mit jemand aneinanderzugeraten, konnte viel mehr bedeuten, als nur ein blaues Auge oder eine blutige Nase zu riskieren. Jetzt war es echt, wie in den Filmen. Richtige Waffen samt Kugeln. Peng! Peng! Du bist tot, und damit basta. Man kann nicht aufstehen und sagen: „Jetzt bist du mal der Schurke." Man kann überhaupt nicht mehr aufstehen.

Ich mußte lernen, den Mund zu halten. Ich mußte begreifen, daß es ohne Rücksicht darauf, wie gut man war, auf dieser Welt gefährliche Leute gab, die einen umbringen konnten. Das alles mußte ich lernen. Das mußte einfach sein.

Der Machotyp mit der Knarre war eine Spielart des romantischen Unschuldigen. Der Elch war eine zweite. Ich war eine dritte. Auf seine Weise lief jeder von uns Gefahr, für sich und seine Umgebung

Gewalt heraufzubeschwören. Nicht alle Mörder dieser Welt sind lieb, und diejenigen unter uns, die es nach der Art Zu-gut-um-wahr-zu-sein machen, erweisen sich längst nicht alle als liebe Mörder. Doch auf ihre besondere Art ist die Pseudo-Unschuld eine Ermutigung für das Böse und die Zerstörung. Supergute Absichten führen oft zu superschlechten Handlungen.

Anscheinend reine Unschuldige erweisen sich in der Regel doch als zu gut, um wahr zu sein. Billy Budd ist das klassische Beispiel in der Literatur für eine heiligmäßige Gestalt, die hauptsächlich deswegen zu einer unerwarteten Bedrohung wird, weil sie die Existenz destruktiver Kräfte in sich selbst wie auch in ihrer Umwelt verleugnet.

Dieser britische „Handsome Sailor" ist der denkwürdige Held von Melvilles Erzählung[3], die den Niedergang des jungen Fockmatrosen schildert. Billys Betragen war so tadellos und engelhaft wie seine Erscheinung. Fast jedermann bewunderte ihn, und indem er seine Pflichten getreu erfüllte, schuf er bei nahezu allen seinen Schiffskameraden eine Atmosphäre des guten Willens und der Zuneigung.

Die Erzählung spielt gegen Ende des 18. Jahrhunderts, als die britische Marine Gefahr lief, die Kontrolle über die Meere zu verlieren. Gewöhnliche Seeleute lebten und arbeiteten unter so bedrückenden Bedingungen, daß sich ihre Unzufriedenheit schließlich in einer Reihe kurzlebiger Meutereien entlud. Selbst als diese Aufstände erstickt worden waren, zwang die Gefahr neuen Aufruhrs die Offiziere zu ständiger Wachsamkeit, ohne sie jedoch dazu zu bringen, den Klagen der Männer wirklich nachzugehen.

Es wurde immer schwieriger, die Schiffe zu bemannen. Da immer weniger Leute freiwillig anheuerten, sah sich die Admiralität gezwungen, auf den längst abgeschafften Brauch des Pressens zurückzugreifen. Preßbanden kidnappten junge Männer buchstäblich von der Straße. Die Offiziere der schwer mit Kanonen bestückten Kriegsschiffe holten sich nach Belieben Seeleute aus der Mannschaft von Handelsschiffen, die ihnen auf See begegneten.

So geschah es, daß Billy Budd dazu gepreßt wurde, von dem auf der Heimfahrt befindlichen Handelsschiff *Rights of Man* auf das kampfbereite Kriegsschiff *Indomitable* überzuwechseln. Billys Einfalt und Unschuld wurde durch diesen Eingriff nicht erschüttert, und er wechselte das Schiff ohne Widerrede. Mit beinahe fröhlicher

Ergebung hatte er wieder einmal ohne zu fragen hingenommen, was das Leben ihm bescherte.

Nach dem Wechsel erledigte er weiterhin mit freudiger Begeisterung und größter Freigebigkeit alles, was man von ihm erwartete. Wenn er sich die Mühe gemacht hätte, auf derlei Dinge zu achten, dann hätte er bald gemerkt, daß er wieder zum Liebling der Kameraden geworden war, die um ihn herum in ihren Hängematten lagen. Es wäre ihm vielleicht auch aufgegangen, daß ihm sogar Kapitän Vere mit Wohlwollen begegnete, ein Mann, in dessen Leben das Streben nach Gerechtigkeit und auf dessen Schiff der Gehorsam gegenüber dem Gesetz galten.

Billy machte jedoch selten den Versuch, den Sinn seiner Erlebnisse zu ergründen. Für ihn war alles so, wie es auf den ersten Blick aussah. Er akzeptierte das Leben ohne Nachdenken und fügte sich klaglos. Als ehrlicher und offenherziger Mensch erwartete er, daß alle anderen genauso seien und daß die Welt ganz in Ordnung sei. Obwohl Billy bei fast allen beliebt war, denen er begegnete, und ebenso stark war wie gutaussehend, hatte er mit weltlichen Dingen nichts im Sinn. Als ungebildeter Findling, der „nicht einmal wußte, wer sein Vater war ... (war Billy so) unbefangen ... (wie) der junge Adam vor dem Sündenfall."[4]

Bosheit war ihm völlig unbegreiflich, und der Gedanke an unaufrichtige Motive wäre ihm bestürzend vorgekommen. So wie die Unschuld dafür sorgte, daß ihm seine dunkle und aufrührerische Seite nicht bewußt wurde, machte sie ihn blind gegenüber Beweisen der in anderen Menschen vorhandenen Tendenz zum Bösen. Durch derart massive Verdrängungen wurde er mehr als verletzlich gegenüber der Verschlagenheit von Männern, die mehr auf dem Boden der Realität standen als er.

Weil Billys hartnäckige Unschuld dem abgestumpften Zynismus des Bootsmannes entgegenkam, machte sie ihn zum ahnungslosen Komplizen ihrer gegenseitigen Vernichtung. Als Bootsmann hatte Claggart die Aufgabe, unter den Mannschaften die Disziplin aufrechtzuerhalten. Dies erreichte er durch eine vorsätzliche Mischung aus Heimtücke und Gewalt, wobei er nach Möglichkeit verschlagen manipulierte und bei Bedarf brutal zuschlug.

Der junge Billy hatte sich jene Unschuld des reinen Herzens bewahrt, die der ältere Mann schon vor langer Zeit verloren hatte. Da Claggart nichts als sein eigener bitterer Zynismus geblieben war, haßte er Billy wegen seiner Gutgläubigkeit. Der Bootsmann verdrängte seinen Neid gegenüber Billys schlichtem, vertrauensvollen Verhalten und fühlte nur noch Verachtung für den jungen Narren, dessen Untergang er herbeiführen wollte.

Immer wieder legte Claggart Billy kleine Hindernisse und unnötige Probleme in den Weg. Selbst wenn ältere Seeleute Billy dabei helfen wollten, den wahren Charakter von Claggarts Mutwilligkeiten zu erkennen, konnte er es einfach nicht glauben, daß jemand ihm wehtun würde, dem er nichts getan hatte.

Als Billy schließlich in einer warmen Nacht einmal auf Deck schlief, schickte Claggart einen anderen zwangsverpflichteten Matrosen los, um ihn wegen Anstiftung zur Meuterei dingfest machen zu können. Billy aber wollte nichts Böses hören oder sagen. Er unterbrach den Burschen, bevor dieser richtig mit der Sprache herausgerückt war, und begann zu stottern, wie es stets der Fall war, wenn seine eigene, für ihn unanehmbare Wut aufzusteigen begann: ,,V-v-verdammt nochmal, ich weiß gar nicht, w-was du überhaupt willst. Scher dich lieber weg, da wo du hergekommen bist!"[5]

Unglücklicherweise handelte der unschuldige Billy nicht entschieden genug, um sich selbst zu schützen. Da er die Gefühle anderer nicht verletzen wollte, entgegnete er nie mit dem eindeutigen Satz ,,NEIN, ich werde an der Planung einer Meuterei nicht teilnehmen", und zog es auch nicht in Betracht, seinen Kameraden anzuzeigen.

Vom Glanz seiner eigenen bedingungslosen Unschuld geblendet, hatte sich Billy ironischerweise der Gefahr ausgesetzt, daß Claggart mit seiner Beschuldigung einen Schatten auf ihn werfen konnte. Als Billy befohlen wurde, sich in Kapitän Veres Kabine zu melden, konnte er sich dabei nichts anderes vorstellen, als daß er für sein Wohlverhalten eine Belohnung bekommen werde.

Stattdessen mußte er erleben, daß Claggart ihn beschuldigte, an den Vorbereitungen für eine Meuterei teilgenommen zu haben. Zuerst konnte es Billy gar nicht fassen. Überwältigt von der Ungerechtigkeit der Anschuldigung, vermochte er nur unverständlich zu stammeln.

Kapitän Vere beschwor ihn, laut und deutlich zu sprechen und sich zu verteidigen. Als der Kapitän dann merkte, daß sein Drängen das hilflose Stammeln des jungen Seemanns nur noch verschlimmert hatte, versuchte er, Billy zu besänftigen, indem er ihn ermutigte, sich Zeit zu lassen.

Doch dieser Ausdruck väterlicher Besorgnis machte die Sache nur noch schlimmer. Die Freundlichkeit des Älteren war für Billy der Anlaß, sich noch stärker zu bemühen, seinen Standpunkt klar zu machen. Gleichzeitig erfüllte ihn Claggarts ungerechte Beschuldigung mit einer ohnmächtigen Wut, für die er keine Worte fand. Zwischen den beiden Extremen gefangen, konnte er überhaupt nicht mehr sprechen.

Dann wurde Billys lebenslange Maske der unbeschwerten Unschuld urplötzlich weggerissen, und zum Vorschein kam das aufrührerische Element, das er bis dahin sogar vor sich selbst verborgen gehalten hatte: „;…und schnell wie der Feuerschein einer bei Nacht abgefeuerten Kanone fuhr sein rechter Arm in die Höhe, und Claggart stürzte zu Boden (tot).''[6]

Trotz seines Mitgefühls und der Zuneigung zu Billy blieb für Kapitän Vere das Gesetz die Richtschnur. Er hatte keine andere Wahl: „Geschlagen durch einen Engel Gottes! Und doch muß der Engel gehängt werden!''[7] Es folgte ein einfaches, knappes Standgericht. Billy nahm das Urteil an wie ein Kind, das den Eindruck hat, andere wüßten schon, was für es am besten wäre.

Billy sollte bei Tagesanbruch an der Großrah gehängt werden. Die gesamte Mannschaft wurde zu Billys Hinrichtung befohlen, damit es ihr eine Lehre sei. Unschuldig bis zuletzt rief Billy, gerade noch bevor er baumelte, ohne das geringste Stottern: „Gott segne Kapitän Vere!''[8]

Wenige der Zu-gut-um-wahr-zu-sein-Unschuldigen dieser Welt werden buchstäblich zu lieben Mördern oder unterstützen unabsichtlich Holocausts. Dennoch leistet jeder von ihnen in dem Maß, in dem er das Böse in sich und anderen verleugnet, unabsichtlich immer wieder in sozialer oder persönlicher Hinsicht destruktiven Tendenzen in seinem Verhältnis zur Umwelt Vorschub. Die Bekanntschaft mit solchen Menschen hat mich gelehrt, scheinbar reiner Güte zu mißtrauen. Es mag seltsam anmuten, wenn ich sage, daß wir uns vor Güte fürchten sollten. Sollten wir nicht vielmehr vor dem Bösen auf der Hut sein?

> Dummheit ist ein gefährlicherer Feind des Guten als Bosheit. Gegen das Böse läßt sich protestieren, es läßt sich bloßstellen, es läßt sich notfalls mit Gewalt verhindern, das Böse trägt immer den Keim der Selbstzersetzung in sich, indem es mindestens ein Unbehagen im Menschen zurückläßt. Gegen die Dummheit sind wir wehrlos. Weder mit Protesten noch durch

Gewalt läßt sich hier etwas ausrichten; Gründe verfangen nicht; Tatsachen, die dem eigenen Vorurteil widersprechen, brauchen einfach nicht geglaubt zu werden - in solchen Fällen wird der Dumme sogar kritisch -, und wenn sie unausweichlich sind, können sie einfach als nichtssagende Einzelfälle beiseitegeschoben werden. Dabei ist der Dumme im Unterschied zum Bösen restlos mit sich selbst zufrieden; ja, er wird sogar gefährlich, indem er leicht gereizt zum Angriff übergeht. Daher ist dem Dummen gegenüber mehr Vorsicht geboten als gegenüber dem Bösen. Niemals werden wir mehr versuchen, den Dummen durch Gründe zu überzeugen; es ist sinnlos und gefährlich.[9]

Unglücklich über das Ergebnis ihrer Dummheit, bemühen sich manche der neurotischen Zu-gut-um-wahr-zu-sein-Unschuldigen schließlich um eine Psychotherapie. Diejenigen, die Hilfe bei mir suchen, sind nicht von den Gerichten hergeschickt worden. Nur wenige beginnen damit, daß sie über Schuldgefühle klagen, weil sie sich ihres eigenen destruktiven Verhaltens bewußt geworden sind.

Die meisten von ihnen leiden an Depressionen. Doch es ist nicht diese sorgenvolle Einstellung zu sich selbst und dem eigenen Leben, die sie in meine Sprechstunde führt. Stattdessen suchen sie in den allermeisten Fällen nur deswegen Hilfe, weil sie die Entdeckung, daß sie aus dem Gleichgewicht geraten sind, unerträglich finden. Ihre Depression zuzugeben, bedeutet für sie, daß sie einen Makel haben und daß sie zurückgewiesen werden könnten. Sie betrachten ihre Illusion der Vollkommenheit als beschädigt und reparaturbedürftig. So kommen sie eilends in die Therapie, um die Depression hinter sich zu bringen, die ihr ansonsten wunderschönes Leben beeinträchtigt.

Eine derartige engelgleiche Pseudo-Unschuldige erläuterte folgendermaßen, weshalb sie eine Therapie brauche:

Mein Mann sagt, ich sei am Überschnappen. Er muß bestimmt recht haben, sonst hätte ich mich in den letzten paar Monaten nicht so aufgeregt benommen. Ich habe Tränenausbrüche, wenn es für mich überhaupt keinen Grund gibt, unglücklich zu sein.

Schließlich habe ich doch alles, was eine Frau sich nur wünschen kann. Mein Mann ist ein sehr prominenter Rechtsanwalt. Er ist höflich und rücksichtsvoll. Jeder, der ihm begegnet, hält ihn für einen wirklich netten Menschen, stets zuverlässig und sehr vernünftig.

Wir haben zwei reizende Kinder. Er hat für mich ein schönes Haus in einer Vorstadtgegend gekauft. Wir haben unseren eigenen Swimmingpool, und die Kinder gehen sogar in eine Privatschule.

Was habe ich für einen Grund, deprimiert zu sein? Ich habe so viel mehr als die meisten anderen Leute. Was würden manche Frauen dafür geben, ein so vollkommenes Leben zu haben wie ich.

Diese Depression ist etwas Häßliches. Ich bin für meinen Mann und alle anderen, die etwas für mich übrig haben, zur Plage geworden. Ich möchte ein Weilchen einmal wöchentlich in die Sprechstunde kommen, damit ich mit dieser dummen Verstimmtheit fertig werden kann und keine solche Nervensäge mehr bin.[10]

Obwohl man aus diesen knappen Angaben über ihre Beschwerden schwerlich darauf schließen würde, erwies sich diese Patientin als ein höchst phantasievolles, insgeheim kreatives Individuum. Sie hatte das Collegestudium und den Beginn einer vielversprechenden Karriere im künstlerischen Bereich aufgegeben, um das zu tun, was von ihr erwartet wurde. Sie arbeitete in einem besser bezahlten, jedoch nicht so interessanten Job, um ihrem Mann den Abschluß seines Jurastudiums zu ermöglichen. Dann ging sie völlig in der Rolle der Ehefrau und Mutter auf; sie fand sich damit ab, ein braves Mädchen zu sein, das für seine Unschuld dadurch belohnt werden würde, daß man sie beschützte und sich um sie kümmerte.

Sie war so gut wie irgend möglich gewesen, und ihr Mann hatte ihr „alles gegeben, was eine Frau sich nur wünschen kann". Sie und die Kinder waren Symbole *seines* Erfolgs. Er stellte sie in einem geschmackvollen Heim in einer prestigeträchtigen Gegend zur Schau, zog sie modisch an und gab ohne Murren gewaltige Summen aus für besondere Kurse und Gelegenheiten, auf welche die Familie eines Mannes in seiner Position ein Anrecht hatte. Er kaufte meiner Patientin ihren eigenen Mehrzweck-Kombiwagen, damit sie die Kinder in die Reit-, Ballett- und Musikschule fahren konnte. Er hatte sie sogar dazu überredet, einen teuren Kurs für Französische Küche mitzumachen. Als er eines Nachmittags frühzeitig aus seiner erfolgreichen Rechtsanwaltspraxis zurückkehrte, traf er sie in Tränen an. Diesmal schnauzte er sie nicht an. Stattdessen ließ er sich seine Verärgerung nicht anmerken, ging gleich wieder weg und kaufte ihr für 200 Dollar ein Küchengerät, um sie die kreativen Freuden der Gourmetküche noch luxuriöser erleben zu lassen. Zu seiner Bestürzung schrie und weinte sie noch viel unvernünftiger. In einem Temperamentsausbruch warf sie sein schönes Geschenk zu Boden.

Das schlug dem Faß den Boden aus. Er erklärte ihr, wie verrückt sie geworden sei. Sie war voller Schuldgefühle, wie es sich bei ihrer enormen Undankbarkeit gehörte. Gemeinsam beschlossen sie, daß sie zu einem Psychiater gehen und sich von dem Zeug kurieren lassen sollte, das bei ihr nicht in Ordnung war.

Als ich mir diesen Bericht über ihren ‚Nervenzusammenbruch‘ ruhig angehört hatte, bat ich sie, mir einiges über sich selbst zu erzählen, das nichts mit ihrem Mann zu tun hatte. Das erste, was sie erwähnte, war der plötzliche, unerwartete Tod ihres Vaters, als sie gerade drei Jahre alt war. Zum Glück seien ihre Mutter und ihre Großmutter in der ganzen Sache sehr hilfreich und vernünftig gewesen. Durch Vaters Lebensversicherung seien sie sehr gut betucht gewesen. Die Familie brauchte sich „nie wegen Geld oder sonst etwas Sorgen zu machen". Allmählich brachten sie ihr bei, ihre Zeit nicht mit Weinen zu vergeuden. Vati wohnte jetzt glücklich bei Gott im Himmel. Der Herrgott hatte beschlossen, Vati früh heimzuholen, weil Er ihn so lieb hatte. Das kleine Mädchen konnte sich glücklich schätzen, einen so wunderbaren Vati gehabt zu haben, wenn auch nur für kurze Zeit. Vati wache vom Himmel aus über sie, und am meisten wünsche er sich, daß sie ein braves kleines Mädchen sei, das alles tat, was von ihr erwartet wurde und vor allem glücklich sei.

Bis zum Beginn ihres naiven Berichts über ihre Heirat schienen der Tod ihres Vaters und die Art und Weise, wie man ihr „geholfen hatte, ihn zu akzeptieren" ausschließlich das Bild ihres Lebens zu bestimmen. Als ich mich für ihre beiläufig erwähnten jugendlichen Versuche, Gedichte zu schreiben, interessierte, zeigte sich bei ihr eine Innenwelt, die mit starken und schönen Symbolen, zarten Gefühlen und großer Sensibilität erfüllt war. All das tat sie als ‚dumm‘ ab. Das Gedichteschreiben sei nur ein Sichgehenlassen gewesen;

damit habe sie eine Weile ‚herumgekaspert', statt etwas Nützliches zu tun.

Ich gab ihr meine fachmännische Diagnose ihrer Probleme und sagte ihr, sie sei meiner Meinung nach dabei, gesund zu werden. Eine Psychotherapie sei in einem Fall wie dem ihren angezeigt, weil sie auf zweierlei Weise nütze. Zum ersten könnten selbst wöchentliche, nur über einen kurzen Zeitraum hinweg stattfindende Sitzungen mit einem Therapeuten ihr dazu verhelfen, jene Aspekte ihres Lebens klarer zu erkennen, die ihr guten Grund gaben, unglücklich zu sein. Und falls sie eine intensivere, langfristige Psychotherapie in Betracht zöge, könnte sie sogar die Chance bekommen, ihre Unzulänglichkeiten so zu akzeptieren, daß Platz vorhanden wäre für ein gelegentliches irrationales Unglücklichsein.

Wenn sie die Behandlung auf die Erste Hilfe der anfangs erwähnten Art beschränken wolle, sei ich gerne bereit, sie an einen anderen qualifizierten Therapeuten zu überweisen, der gewillt wäre, ihr auf diese Weise zu helfen. Was mich betreffe, sei ich nur dann bereit, mich mit ihr einzulassen, wenn sie mindestens zweimal (und später vielleicht dreimal) wöchentlich mit mir zusammentreffen würde, und zwar über einen Zeitraum hinweg, der sich lange ausdehnen könnte. Wenn wir oft und lange genug zusammenkommen könnten, um einander wirklich kennenzulernen, dann wäre es mir eine Freude, sie als meine Patientin aufzunehmen.

Sie schien sowohl durch meine Diagnose als auch durch die angebotenen Behandlungsbedingungen verwirrt zu sein. Dennoch ließ sie sich nicht durch die Angst leiten, sondern entschied sich für die Möglichkeit zu wachsen. Wir trafen uns in derselben Woche noch einmal und kamen fast drei Jahre lang mindestens zweimal wöchentlich zusammen.

Begreiflicherweise fiel es ihr anfangs sehr schwer, mir zu vertrauen. So brachte sie etwa ein ‚irrationales' Gefühl des Unglücklichseins über ihre Ehe zur Sprache und hoffte dabei, ich würde ihr behilflich sein, den in ihr steckenden Fehler zu beseitigen, der diese unangebrachte Unzufriedenheit verursacht hatte. Stattdessen machte ich sie neugierig, was ihr in der Ehe guten Grund geben könnte, unzufrieden zu sein. Im Verlauf eines derartigen Gedankenaustausches entstand bei ihr die Besorgnis, *ich* könnte im Begriff sein, verrückt zu werden.

Ihr Ehemann sei großzügig und aufmerksam. Trotzdem fühle sie sich in mancher Hinsicht vernachlässigt und emotionell ausgehungert. Ob ich denn nicht begriffe, daß sie mehr verlange, als sie verdient habe?

Ich sagte, es sei mir nicht klar, ob jemand überhaupt etwas *verdiene*. Manchmal bekommen wir, was wir wollen, manchmal nicht. Wer weiß denn, wer etwas verdient und wer nicht?

Ich hatte es schon lange aufgegeben, eine Beantwortung solcher Fragen zu versuchen. Ich sagte zu ihr, die Suche nach einer Antwort auf ihre Frage „Was steht mir zu?" komme mir so nutzlos vor wie meine früheren Bemühungen, zu entscheiden, ob ich denn nun ein egoistischer oder ein selbstloser Mensch sei.

Selbst wenn es möglich gewesen wäre, die Antwort zu finden, sei ich jetzt nicht mehr der Meinung, sie könne für mich irgend einen Wert haben. Ich teilte ihr mit, seit ich das Interesse an solchen Fragen verloren habe, sei ich nicht mehr so oft unglücklich. Ich versicherte ihr, wenn sie durchhalte, könne auch sie das Interesse an den Scheinproblemen verlieren, wer etwas verdient, wer egoistisch sei und wer selbstlos, was richtig und was falsch, was gut und was schlecht.

Ihr ‚Nervenzusammenbruch' sei einfach ein Anzeichen dafür, daß ihre engelhafte Pose nicht mehr ausreiche, um ihre dunklere Seite mit vollem Erfolg zu verleugnen. Wenn es Gutes und Schlechtes gebe, dann habe sie beides. Insgeheim leide sie unter der schmerzlichen Anstrengung, die von ihr gewählte Lebensweise aufrechtzuerhalten und, anstatt zu tun, was ihr gefiel, immer nur zu tun, was sie tun sollte.

Sie versuchte, ihre nachgiebige Seite auf mich zu projizieren und dann dagegen anzukämpfen. Als sie mich beschuldigte, ich sei der Teufel, gab ich zu, daß ich angesichts eines Engels stets diese Rolle übernähme. Da sie jetzt mein wahres Wesen erkannt hatte, machte ich sie darauf aufmerksam, daß sie diesem Anlaß zur Sünde entfliehen sollte. Wenn sie bliebe, würde ich dies als stillschweigende Zustimmung zu betrachten, sie zu lehren, wie man der Versuchung nachgibt.

Ich machte soviel Aufhebens davon, wie gut sie sei, und wie schlecht ich sei, daß sie schließlich anfing, gegen meine ungeheueren Übertreibungen zu protestieren. Wiederholt kam sie in die Situation, meinen beharrlichen Beteuerungen, sie sei doch ganz anders als alle übrigen Menschen, zu widersprechen. Oft endeten diese

‚Streitgespräche' damit, daß einer von uns beiden in Gelächter aus-
brach und der andere befreit einfiel. Diese Momente der Ausgelas-
senheit waren herzliche und glückliche Begegnungen von Mensch
zu Mensch.

Nach vielen Monaten der Therapie wandte sie sich ernsthafter
der Erforschung ihrer dunkleren Seite zu. Sie fühlte sich inzwischen
sicher und stark genug, um mit der Erforschung ihrer geheimen
destruktiven Impulse zu beginnen. Es kostete Mut, diese Schwelle
zu überschreiten.

Es stellte sich heraus, daß sie im Gegensatz zu meinen früher
erwähnten lieben Mördern niemand umgebracht hatte. Dennoch
hatte sie mehr zu gestehen als nur schreckliche, aber unausgelebte
brutale Phantasien. Mit tiefer Beschämung erzählte sie mir, wie sie -
nach ihren Worten - „mein kleines Mädchen verrückt gemacht"
hatte. Das kleine Mädchen war dabei, das hemmungslose Sichgehenlassen auszuleben, welches meine Patientin vor so langer Zeit in
sich selbst zu verdrängen gelernt hatte. Zum Besten des Kindes, wie
sie sich sagte, hatte die Mutter jeden Tag eine ‚stille Stunde' vorge-
sehen, in der sie ein geradezu wahnhaftes Märchengebilde errichtete
und fortbestehen ließ, dem das Kind Glauben geschenkt hatte.

> Ich habe sie dazu gebracht, zu glauben, daß ich zu jeder Tages-
> und Nachtzeit sehen kann, was sie tut. Sie glaubt, daß ich
> immer weiß, wenn sie etwas macht, was sie nicht sollte. Sie
> versucht, die ganze Zeit über gut zu sein. Ist sie schlecht
> gewesen, kommt sie sogleich zu mir. Sie bittet mich, ihr dies-
> mal zu verzeihen, und verspricht, es nie wieder zu tun. Ich
> verzeihe ihr immer, und ihr passiert es unweigerlich, daß sie
> es doch wieder tut.

> Anfangs glaubte ich, ich helfe ihr, gut zu sein, und hielte sie
> davon ab, in Schwierigkeiten zu geraten. Jetzt begreife ich,
> daß ich erreicht habe, sie verrückt zu machen und davon abzu-
> halten, daß sie das, was ihr gefällt, gerne tut.

> Ich fühle mich schrecklich dabei, und sie geht dabei kaputt,
> aber ich kann scheint's einfach nicht damit aufhören.

Ihr sorgenvoller Bericht zeigte, wie richtig es ihr vorgekommen
war, als sie diese Phantasievorstellung ihrem kleinen Mädchen ein-
geflößt hatte. Doch selbst als ihr klar wurde, daß sie das Leben des
Kindes in einen Spiegel ihres eigenen quälenden Vollkommenheits-

strebens verwandelt hatte, konnte sie mit dem ständigen Erzählen des Märchens nicht aufhören, das sie und das Kind jeden Tag auslebten.

Im Verlauf unser gemeinsam verbrachten Zeit gelang es ihr allmählich, nicht so stark von Schuld, Eingeständnissen und der Bitte um meine Vergebung besessen zu sein. Als sie das Interesse an dieser zwanghaften Litanei verlor, wurde sie neugierig, wie es überhaupt dazu gekommen war, daß sie ihr Kind so behandelte. Die ursprüngliche Unschuld des Kindes hatte ihr als leere Bildfläche gedient, auf die sie ihre eigenen Wünsche, auszubrechen und Schwierigkeiten in Kauf zu nehmen, projiziert hatte. Sobald sie in der Lage war, diese Projektion einzustellen, war sie fähig, die abgeleugneten Bereiche in sich zu erforschen und die Tatsache, daß sie verworfen worden waren, neu einzuschätzen.

Zwischen meiner Patientin und ihrer Tochter haben sich die Dinge geändert, doch wird es wohl lange dauern, bis der bei diesem Kind angerichtete Schaden behoben ist. Wie bei der körperlichen Züchtigung von Kindern wird, solange dieser Kreislauf kein Ende findet, auch die seelische Mißhandlung von Kindern von einer Generation zur anderen weitergegeben. Im Gegensatz zum tatsächlichen Totschlag ist diese Art von seelischer Ermordung wenigstens teilweise rückgängig zu machen. Doch nimmt dies eine sehr, sehr lange Zeit in Anspruch; Narben bleiben immer übrig, und manche von uns erholen sich nie ganz davon.

Ob der bei einem selbst oder anderen angerichtete Schaden nun körperlicher oder seelischer Art ist: für ein heiligmäßiges Leben voll heroischer Tugend muß ein hoher Preis bezahlt werden. Kein Mensch ist in Gedanken, Worten oder Taten rein. Wir dürfen sicher sein, daß jeder, der engelgleich zu sein scheint, auch zu gut ist, um wahr zu sein. Was es an bewußten Haltungen bei einem Individuum auch immer gibt: das genaue Gegenteil davon existiert in seinem oder ihrem Unbewußten. Je extremer und scheinbar reiner die bewußte Pose, desto mehr Energie wird erforderlich sein, um ihr genau gleichwertiges Gegenstück in Schach zu halten, und desto größer wird die Gefahr sein, daß die verdrängten Impulse irgendwann einmal unerwartet mit aller Gewalt ausbrechen. Da wir auf uns selbst gestellt sind, muß jeder die persönliche Verantwortung dafür übernehmen, daß er den Wolf in sich erkennt, sonst laufen wir Gefahr, zum Lamm zu werden, das die übrige Herde abschlachtet.

9

Jemand, der sich um mich kümmert

Es ist verständlich, daß wir nur widerwillig akzeptieren, auf uns selbst gestellt zu sein. Lernen, sich als Erwachsener um sich selbst kümmern zu müssen, ist einer der schmerzlicheren Verluste von Unschuld. Wir können als Erwachsene damit rechnen, daß sich andere in bestimmter Weise zeitweilig um uns kümmern. Aus Liebe, aus Gefälligkeit oder einfach als bezahlte Dienstleistung mag jemand unsere Bedürfnisse befriedigen. Es ist jedoch unwahrscheinlich, daß unser Wohlbefinden für jemand anderen jemals eine so fundamentale Bedeutung haben kann wie für uns.

Viele, die privat und berufsmäßig für andere sorgen, bleiben unbewußt darauf fixiert, ihre eigenen unerfüllten Bedürfnisse nach Zuwendung zu befriedigen. Manche wurden zu chronischen Helfern aus lauter Verzweiflung, wohl nie einen Menschen zu finden, der sich um sie kümmern würde. Wenn sie sich jetzt hungrig fühlen, sind sie damit zufrieden, andere zu füttern.

Dabei vernachlässigen sie oft die eigentlichen Bedürfnisse derjenigen, um die sie sich kümmern. Nehmen wir zum Beispiel einen nach Zuwendung gierenden Elternteil, dessen Kind darüber klagt, daß es eine Hausaufgabe nicht versteht. Solche Eltern werden eher das Mitgefühl verbreiten, nach dem sie sich selbst sehnen, als daß sie die Nachhilfe geben, die das Kind will und braucht.

Gewiß sind manche Methoden, wie sich Menschen umeinander kümmern, nützlicher und vertrauenswürdiger als die eben genannte. Fürsorge kann sich anfangs verläßlich, kompetent und selbstlos nach den Bedürfnissen jener richten, die auf sie angewiesen sind, weil sie manches nicht selbst tun können.

Aber jeder, der die Verantwortung für das Wohl eines anderen Menschen übernimmt, ist den verderbenbringenden Versuchungen ausgesetzt, die mit dieser Macht einhergehen. Selbst die liebevollste Pflege nimmt bald still und leise andere Gestalt an: Statt dem Abhängigen zu geben, worum er bittet, wird ihm aufgedrängt, was er nach Meinung des Gebers (zu seinem oder ihrem Besten) haben sollte. Es ist schwierig, Verantwortung für das Wohlbefinden anderer zu übernehmen, ohne sich in dem Glauben zu wiegen, man wisse am besten, was ihnen guttue. Allein die Tatsache, daß sie der Pflege bedürfen, scheint ihre Fähigkeit oder sogar ihr Recht, ihr eigenes Leben zu leben, in Frage zu stellen.

Immer dann, wenn wir uns so hilflos fühlen, daß wir auf die Pflege anderer angewiesen sind, mögen wir anfangen zu glauben, sie wüßten schon am besten, besser als wir selbst, was für uns das Richtige sei. Selbst wenn Menschen, die sich umeinander kümmern, im Interesse des anderen handeln wollen, können die besten Pläne schiefgehen. Solche ungeahnten Belastungen in der Beziehung zweier Menschen, von denen der eine sich um den anderen kümmert, ist das Hauptmotiv von John Steinbecks preisgekröntem Kurzroman *Von Mäusen und Menschen*.[1]

Die Hauptgestalten sind zwei umherziehende Landarbeiter, die aufeinander angewiesen sind. Lennie ist ein großer, schwerfälliger Kerl, dessen einfältige Unschuld in seiner geistigen Zurückgebliebenheit ihren bildhaften Ausdruck findet. George, ein pfiffiger, zynischer Klugscheißer, kümmert sich um den dankbaren Lennie. George beschreibt, wie es mit ihrer gegenseitigen Abhängigkeit anfing:

> Oben am Sacramento-Fluß lungerte einmal ein Haufen Burschen herum. Ich wollte mich wichtig machen und sagte zu Lennie: „Spring rein." Und er springt. Schwimmen konnt' er nicht, nicht einen Schlag. Wäre beinahe ersoffen, ehe wir ihn grade noch rausholten. Und dann war er einfach schrecklich anständig zu mir, weil ich ihn rausgezogen hätte. Hatte glatt vergessen, daß ich ihm gesagt hatte, er solle reinspringen. Seitdem habe ich so was nicht mehr gemacht.[2]

Lennie ist so dankbar für die Rettung, daß er die Tatsache völlig ignoriert, daß George derjenige war, der ihn an den Rand des Ertrinkens gebracht hat. Da Lennie weiß, daß er nicht für sich selbst sorgen kann, unterwirft er sich bereitwillig jedem dem Anschein nach hilfsbereiten Erwachsenen, der zu wissen vorgibt, was für ihn am besten sei. Diese dumme, gläubige Unterwürfigkeit gibt George Macht über ihn. Ironischerweise bürdet sie George auch die Verantwortung auf, sich um Lennie zu kümmern.

George klagt darüber, daß er glücklich und frei sein könnte, wenn er sich um niemand zu kümmern brauchte. Doch wenn George sich nicht um Lennie kümmern müßte, hätte sein ansonsten unerfülltes Leben offensichtlich keine Bedeutung. Wenn er auf Lennies Unschuld eingeht, gibt es für George Momente, in denen er selber glauben kann, daß sie eines Tages allzeit glücklich leben werden. Wie ein der Welt überdrüssiger Elternteil, der beim allabendlichen Erzählen einer vertrauten Gutenachtgeschichte für ein gutgläubiges Kind sich selbst in seiner Hoffnungslosigkeit tröstet, sieht George manchmal Hoffnung für sich in der Geschichte, die er erfunden hat, um Lennies unbestimmte Sehnsucht nach einem Happy-End zu stillen.

So sind sie stillschweigend übereingekommen, daß Lennie George dazu drängen soll, ihm ‚von den Kaninchen‘ zu erzählen. Immer wieder gibt George widerstrebend nach und erzählt von neuem die Geschichte, die beide so sehr mögen. Doch es muß so aussehen, als sei Lennie derjenige, der Zuwendung braucht.

„Erzähl mir doch . . . wie früher."

„Was soll ich erzählen?"

„Von den Kaninchen."

„Mir machst du nix weis", schnauzte George ihn an.

Lennie bettelte: „Los doch, George. Erzähl mir. Bitte, George. Wie früher."

„Das macht dir Spaß, wie? Na, schön . . . Ich erzähl dir, und dann essen wir."

Georges Stimme bekam einen tieferen Klang. Er leierte die Worte her, als hätte er sie schon oft gesagt. „Leute wie wir, die auf Bauernhöfen arbeiten, sind die einsamsten auf der Welt. Sie haben keine Familie. Sie sind nirgends daheim. Sie kommen auf einen Hof, verdienen sich ein bißchen was, dann gehen sie in die Stadt und verpulvern den Verdienst wieder, und dann setzen sie ihren Fuß weiter und machen auf einem anderen Gut Station. Immer ohne ein Ziel vor sich."

Lennie war begeistert. „So is es ... so is es. Jetzt erzähl, wie das mit uns ist."

George sprach weiter: „Mit uns ist das anders. Wir haben ein Ziel. Wir haben jemand, mit dem wir reden können, einen, der verflucht zu uns hält. Wir brauchen nicht im Wirtshaus zu hocken und unseren Mammon herauszuschmeißen, bloß weil wir nicht wissen, wohin sonst. Wenn die anderen Kerle ins Kittchen kommen, dann können sie da verfaulen, ohne daß ein Hahn nach ihnen kräht. Wir nicht."

Lennie unterbrach ihn: „*Wir nicht! Un' warum? Weil ich dich hab, wo auf mich aufpaßt, un' du hast mich, wo auf dich aufpaßt ... darum.*" Er lachte glückselig. „Weiter, George."

„Du weißt's ja auswendig. Kannst selber weitererzählen."

„Nein, du ... Ich weiß nicht mehr alles. Erzähl, wie's später wird."

„Also schön. Eines Tages legen wir unser Geld zusammen und dann kaufen wir ein kleines Haus und ein paar Morgen Land und eine Kuh und ein paar Schweine und ..."

„*Und leben vom Fett der Erde*", rief Lennie aus. „Un' halten *Kaninchen*. Weiter, George! Erzähl, was wir im Garten ziehen un' von den Kaninchenställen un' vom Regen im Winter un' vom Ofen un' wie dick der Rahm auf der Milch is', daß man ihn kaum schneiden kann. Erzähl davon George."

„Erzähl doch selbst. Du weißt ja alles."

„Nein ... erzähl du. Ist nicht dasselbe, wenn ich's erzähl. Los, weiter, George. Wie ich die Kaninchen besorgen muß."

„Also", sagte George, „wir haben ein großes Gemüsebeet und einen Kaninchenstall und Hühner. Und wenn's im Winter regnet, dann sagen wir nur: der Teufel hol die Arbeit, und machen ein großes Feuer im Ofen und sitzen dran und horchen auf den Regen, der aufs Dach platscht ..."[3]

Und George erzählt die Geschichte dann zu Ende, wobei Lennie aufpaßt, daß keine der guten Stellen ausgelassen wird. Dem Leser fällt inzwischen die Entscheidung schwer, welcher von diesen Unschuldigen vom anderen betreut wird.

Ihre Pläne führen zwangsläufig zu Fehlschlägen und Niederlagen.

Lennie gerät in Schwierigkeiten. Ohne böse Absicht tötet er bei dem Versuch, seinen Traum von den Kaninchen zu bewahren, eine Frau, die der Erfüllung des Traumes im Wege steht. George hingegen entschließt sich zu einer letzten fürsorglichen Handlung: Er meint, es wäre für Lennie besser, erschossen zu werden, als die Folgen seiner Tat tragen zu müssen. Um den Verlust der Unschuld zu verhindern, hat Lennie eine Fremde getötet und George einen Freund.

Um ihre pseudo-unschuldigen Träume vom Leben, wie es sein sollte, zu bewahren, zerstören George und Lennie alle Zukunftschancen, die sie vielleicht hatten. Viele der unglücklichen Menschen, die in meine Sprechstunde kommen, haben ebenfalls auf alles verzichtet, was ihnen ihr Leben hätte bieten können.

Es hat immer recht vernünftig angefangen. Als Kinder wuchsen sie in Familien auf, von denen sie so schlecht behandelt wurden, daß es ihnen unmöglich wurde, das Leben so, wie es war, zu akzeptieren. Ohne den Schutz pseudo-unschuldiger Illusionen wären sie vor Verzweiflung gestorben. Es blieb ihnen kaum etwas anderes übrig, als die Hilflosigkeit dadurch zu überwinden, daß sie einen das Leben verschönernden Tagtraum schufen, an den sie glauben konnten.

Damals diente der ursprüngliche Glaube an diese Kindheitsillusionen als nützlicher Ausweg aus einer sonst völlig hoffnungslosen Lage. Diese Menschen sind inzwischen längst über die Abhängigkeit von ihren Familien, die sie so schlecht behandelten, hinausgewachsen. Dennoch halten sie an dem pseudo-unschuldigen Glauben an die eigenen Märchen fest. Daß sie weiterhin Illusionen Glauben schenken, die einst dazu dienten, sie aus einer unerträglichen Gegenwart zu befreien, hält sie jetzt in einer chronisch angsterfüllten Vergangenheit gefangen. Anschauungen, die einst als Lösungen dienten, sind nun zu Problemen geworden. Wenn diese Patienten über das Unglück ihrer Neurose hinauswachsen sollen, muß ihnen die Psychotherapie die Gelegenheit zu einem weiteren Verlust von Unschuld bieten.

Bei manchen zeigt sich die Pseudo-Unschuld in Form einer lebenslangen Suche nach einer magischen Möglichkeit, andere Menschen dazu zu bringen, sich um sie zu kümmern. Wenn sie nur lernen könnten, andere mit ihrer Anmut und Schönheit zu bezaubern, sie durch ihre Gefälligkeit zu erfreuen, durch ihre Leistungen zu beeindrucken oder durch ihre kleinen Tricks zu beeinflusse, dann könnten sie für immer glücklich leben. Dann wären sie endlich in Sicherheit, würden umsorgt und vielleicht sogar geliebt.

Bei anderen besteht die Lösung darin, einen Weg zu finden, um sich zu rechtfertigen. Die Gerechtigkeit muß einfach siegen. Eines Tages werden die Opfer gerettet und die Unterdrücker bestraft. Schlechte Eltern würden es dann bedauern, sie mißhandelt zu haben und die Versäumnisse der Vergangenheit nachholen. Manche Neurotiker verplempern ihr Leben mit der Suche nach den guten Eltern, die sie einst so dringend brauchten, doch nie hatten. Das Schicksal muß sie doch einfach für die früheren Entbehrungen entschädigen.

Manchen würde es wohl schon genügen, wenn sie für ihr Unglücklichsein eine Erklärung fänden. Das Ganze käme ihnen erträglich, ja vielleicht sogar der Mühe wert vor, wenn sie ihrem Leiden nur einen Sinn abgewinnen könnten. Sie versuchen, sich Gründe für ihre unglückliche Kindheit auszudenken, sind aber mit ihren Begründungen nie ganz zufrieden. Irgendwo muß doch jemand sein, der die Antwort kennt. So gehen sie auf eine lebenslange Suche nach jemand, der klüger ist als sie selbst.

Wenn sie sich nur an jemand binden könnten, der den wahren Sinn des Lebens kannte; von diesem magischen Helfer könnten sie erwarten, daß er sich um sie kümmert. Leider ist es gar nicht so schwierig, die entsprechende neurotische Fürsorge zu finden. Doch kann derjenige, der zur Fürsorge bereit ist, vom Abhängigen verlangen, daß dieser genau das wird, was jener zur Besetzung der Rollen in seinem eigenen Märchen noch braucht. Dies endet meist für beide mit einer Enttäuschung.

Die abhängigen Sucher bestehen hartnäckig darauf, lieber dem Urteil anderer Leute zu vertrauen als ihrem eigenen, und stellen dann immer wieder fest, daß sie im Stich gelassen, ausgebeutet und betrogen wurden. Trotzdem suchen sie immer weiter nach jemand, der so klug und lieb ist, daß ihm die Verantwortung für ihr Wohlbefinden anvertraut werden kann. Die Aussicht auf fortwährende Enttäuschungen ist schrecklich. Doch die Hoffnung auf das Umsorgtwerden aufzugeben, führt zu der niederschmetternden Aussicht, auf sich selbst gestellt zu sein.

Solche Menschen können es kaum ertragen, sich auch nur in Gedanken vorzustellen, wie es wäre, offen zuzugeben, daß sie für ihr Leben selbst verantwortlich sind. Wenn ich ihnen gegenüber andeute, daß sie dann frei schalten und walten könnten, scheint sie das Entsetzen zu packen. Wenn sie dann behaupten, sie wüßten nicht so recht, was sie wollten, sind sie anscheinend überzeugt, daß sie mit eigenen Entscheidungen ihr Leben ruinieren würden.

Manchmal weise ich darauf hin, daß der Patient durch seine Abhängigkeit von anderen sein Leben bereits ruiniert hat. „Das mag stimmen", pflichtet mir der Patient dann widerstrebend bei, „aber ich bin nicht schuld daran, daß die Leute, auf die ich mich verlassen habe, sich immer als ebenso wenig fürsorglich erweisen wie meine Mutter (mein Vater). Auf jeden Fall habe ich keine andere Wahl. Als ich klein war, hat sich niemand richtig um mich gekümmert; wie kann man jetzt von mir erwarten, daß ich mich um mich selbst kümmere? Ich weiß, daß ich fast fünfundzwanzig (oder fünfunddreißig oder fünfundvierzig) bin, aber in meinem Inneren bin ich immer noch ein kleiner Junge (oder ein kleines Mädchen). Ich weiß nicht, wie ich für mich sorgen soll. Im übrigen wäre es auch nicht fair, wenn ich das tun müßte."

Eine an dieser quengeligen Art von Pseudo-Unschuld leidende Frau besuchte mich kürzlich wegen einer larvierten Form von chronischer Depression. Als sie von ihren zahlreichen Enttäuschungen erzählte, war in dem betont optimistischen Klang ihrer Stimme keine Spur von Besorgnis zu hören. Sie beschrieb ihre Lage klar und einfach: „Ich habe mich schon einer ganzen Reihe von Autoritäten überantwortet. Es kam immer dabei heraus, daß keiner genau wußte, was der eigentliche Sinn des Lebens ist. Ich habe alles ausprobiert, was sie mir empfahlen, aber alles half nur kurze Zeit. Ich bin immer noch unglücklich. Ich habe immer noch kein schönes Leben. Ihre Bücher habe ich gelesen. Ein wenig halfen sie schon. Und deshalb bin ich nun gekommen, um mich zu Ihren Füßen zu setzen, damit Sie mir die wirkliche Lösung verkünden können, die ich für all meine Probleme brauche."

Als ich vor Jahren erstmals auf diese Art von Pseudo-Unschuld stieß, betrachtete ich sie als Theater und war verstimmt. Damals begriff ich nicht, daß diese Leute nicht mich, sondern sich selbst zum Narren halten wollten. Ich tat solche Leute in Bausch und Bogen ab. Sie schienen die Psychotherapie nicht ernst genug zu nehmen, um bei mir als Patienten in Frage zu kommen.

Jetzt ist mir klar, daß das, was ich als absichtlichen Mißmut auffaßte, außerhalb der Kontrolle ihres Bewußtseins lag. Diese Menschen trugen zum Entstehen meines Mißverständnisses bei, indem sie lauthals behaupteten, sie hätten ihre zwanghaft anspruchsvolle Haltung völlig frei gewählt. Die meiste Zeit ihres Erwachsenendaseins hatten sie sich damit erniedrigt, daß sie sich als etwas zu groß geratene Kleinkinder gaben, die absichtlich schmollten und quengelten, um ihren Kopf durchzusetzen, und damit ihre Umwelt in die Irre geführt. Lieber so tun, als führten sie bei dieser kindischen Selbstbespöttelung Regie, als Erwachsene zu sein, die dem Zwang zu einem Leben ohne Entschädigung hilflos ausgeliefert waren und für immer um eine wohlbehütete Kindheit betrogen wurden.

Jetzt, da ich die tiefe Verzweiflung hinter dem scheinbar dümmlichen Sichgehenlassen erkannt habe, bin ich nicht mehr gewillt, solche Menschen abzutun, ohne sie richtig angehört zu haben. Sie versuchen, mich in die Rolle eines Sehers und Erlösers zu drängen. Ich teile ihnen mit, daß ich bislang noch nicht allzu viel Glück gehabt hätte bei der Suche nach Antworten, die mir oder anderen dazu verhelfen könnten, für alle Zeit glücklich zu leben. Stattdessen biete ich die Möglichkeit an, gemeinsam herauszufinden, ob es uns Spaß macht, einander kennenzulernen. Diese Einladung führt meist dazu, daß von einer ganzen Reihe enttäuschender Vorgänger berichtet wird, deren Hilfe sich bereits als nutzlos erwiesen hat.

Hätte die Patientin, mit deren Beschreibung ich weiter oben begonnen habe, von einem geplanten Club ‚Der Guru des Monats‘ erfahren, dann wäre sie ihm als Gründungsmitglied beigetreten. Ich sollte nichts anderes als der neueste Anwärter auf einen Mißerfolg sein in der langen Reihe von unvollkommenen magischen Helfern, die sie bei ihrer enttäuschenden Suche hinter sich ließ. Jeder Mensch, der neu in ihr Leben trat, könnte derjenige sein, den sie suchte.

Während der vergangenen zehn Jahre hatte sie sich damit beschäftigt, die Verantwortung für ihr Leben einem berufsmäßigen Helfer nach dem anderen zuzuschieben. Zuerst hatte sie sich an den Rechtsanwalt der Familie gewandt, dann an den Gemeindepfarrer. Dann wurde sie vom Studienberater einer Universität enttäuscht, und in jüngster Zeit vom Leiter einer Gruppe für Transaktionsanalyse. Ich war ihre letzte Hoffnung.

Ihrem Bericht zufolge hatte sich jeder meiner Vorgänger bemüht, auf das Ersuchen, ihr den richtigen Weg zu zeigen, einzugehen. Sie lernte rasch. In jeder Umgebung verstand sie es, sich so zu benehmen und so zu reden, wie es die theatralische Tradition des betref-

148

fenden Helferberufes erforderte, dessen weisen Rat sie gerade wollte. Jedesmal, wenn sie sich zu einer neuen Lebensweise bekehrte, bestätigte der jeweilige magische Helfer ihre Erhebung in die Rangstufe ‚vernünftig‘, ‚gerettet‘, ‚reif‘ oder ‚verwendungsfähig‘ (je nachdem, wie seine Bezeichnung für ‚geheilt‘ lautete).

Eine Weile hatte jeder Helfer seine professionelle Haltung beibehalten und darauf bestanden, daß sie die Verantwortung für ihr Leben übernehme. Unter der Gewalt ihrer mißmutigen Hilflosigkeit ließ sich jedoch jeder rasch dazu bringen, zuzugeben, daß sie zu zerbrechlich und kindhaft sei, um zu wissen, was für sie am besten wäre. Ein Berater nach dem anderen wurde dazu verleitet, die Rolle des Erlösers zu spielen.

Kurze Zeit gab es der Patientin ein ‚wundervolles‘ Gefühl, so etwas Besonderes zu sein, daß sie ihren Willen durchsetzen konnte. Paradoxerweise empfand sie jedesmal, wenn sie einen dieser Männer dazu gebracht hatte, das Kommando zu übernehmen und ihr zu sagen, wie sie ihr Leben gestalten sollte, schon bald Verachtung für seine Nachgiebigkeit und Geringschätzung für seine „blöden Antworten“. Zu guter Letzt entledigte sie sich ihres neuesten Helfers und machte sich auf die Suche nach jemand, der über eine bessere Magie verfügte. Stets hoffnungsvoll, blieb sie nach wie vor unglücklich unter der Last des nutzlosen Leidens , das durch die ständigen Enttäuschungen hervorgerufen wurde. Sie bestand hartnäckig darauf, es müsse doch irgendwo jemand geben, der sich auf so eine Weise um sie kümmerte, daß ihr Leben wunderschön wurde.

Es war verständlich, daß sie gierig nach jemand suchte, der sich um sie kümmerte. Als eines der jüngsten Kinder einer großen, unterprivilegierten, auf dem Lande lebenden Südstaatenfamilie bekam sie kaum mehr als ein überfülltes Zimmer und magere Kost, vom Vater Prügel und von der Mutter nachlässige Behandlung.

Ihre Eltern waren überwältigt von den Entbehrungen ihrer eigenen Kindheit und von dem frustrierenden Gefühl, ohnmächtig in Unwissenheit und Armut gefangenzusitzen, und betrachteten deshalb jedes Kind als eine weitere unerwünschte Last, die ihnen ungerechterweise auf den längst ermüdeten Rücken gepackt wurde. Der Vater war wegen seiner Unfähigkeit, seine Familie anständig zu ernähren, beschämt und wütend; er betrank sich oft und verprügelte seine Frau und die Kinder. Danach kam er sich noch schlechter vor. Dies führte meist zu einer neuen Runde von Verzweiflung, Trinkerei und Gewaltanwendung.

Wie lebhaft konnte sich meine Patientin an die seltenen, kurzen Zwischenspiele erinnern, wenn ihr der Vater freundlicher vorgekommen war. Das waren Zeiten, in denen er sich irgendeiner Gruppe angeschlossen hatte, von der er erhoffte, daß sie sein Leben verändern würde. Doch ob er sich der Baptistenkirche, den Freimaurern oder dem Ku-Klux-Klan anschloß, es währte nie sehr lange. Er konnte innerhalb weniger Wochen vom Skeptiker zum Bekehrten und wieder zum Abtrünnigen werden. Und dann stellten sich die Schwierigkeiten und die Hoffnungslosigkeit wieder ein, schlimmer als je zuvor.

Die Mutter versuchte sich mit ihren eigenen Wunschträumen zu trösten und gab meiner Patientin so wenig wie der Vater. Inmitten der Öde und Brutalität, die ihre Welt war, stützte sich die Mutter auf die beruhigende Fiktion vom wunderbaren Leben, das sie hätte haben können, wenn sie nur nicht so früh geheiratet, nur einen aussichtsreicheren Ehemann genommen, nur nicht so schnell so viele Kinder gehabt hätte, und so weiter. Wenn dies und jenes nicht gewesen wäre, hätte sie gewiß ein Star sein/werden können.

Schon seit der Zeit, als sie ein kleines Mädchen gewesen war, hatte die Mutter jenes gewisse Etwas gehabt. Das sagten ihr viele Leute. Sie war sogar auf der Bühne gewesen, und nicht nur bei öffentlichen Aufführungen der Schule. Manche Leute sagten, sie sei der hübscheste, talentierteste kleine Teenager, der je in der Theatergruppe des Bezirks gesungen und getanzt habe.

Wie sie sich danach sehnte, entdeckt und in die Sphäre der Stars hinaufkatapultiert zu werden, an den Broadway, vielleicht sogar nach Hollywood. Aber es war keiner dagewesen, der ihr den Weg zeigte.

Die Mutter hatte den Fehler gemacht, sich an den ersten kräftigen jungen Mann zu binden, der ernsthaftes Interesse für sie zeigte. In der Hoffnung, daß er sich um sie kümmern würde, ließ sie ihn die Entscheidungen treffen: Zuerst, wann sie heiraten würden, und später, wann sie Kinder haben würden. Als er ihr den Hof machte, hatte es den Anschein, als freue er sich riesig darauf, daß sie eines Tages im Showbusineß groß herauskommen könnte. Später wollte er von ihr kein Wort mehr darüber hören. Zu diesem Zeitpunkt suchte sie nur noch eine Gelegenheit, laut davon zu träumen, was alles verloren war. Er sagte ihr, zum Träumen gäbe es keine Zeit bei all den Kindern und ihrer knappen Kasse. Außerdem sei es völlig verrückt zu glauben, daß Leute wie sie je etwas Besonderes werden könnten. Sie hätte sich nach New York oder Hollywood davonmachen sollen, solange sie die Gelegenheit dazu hatte. Nun war es zu spät. Wenn nur jemand sie entdeckt und gemerkt hätte, daß aus ihr etwas ganz Besonderes werden könnte, dann hätte man ihr beibringen können, wie man ein Star wird. Doch sie hatte nie jemand gefunden, der sich auf diese Weise um ihre Karriere kümmerte. Immer wieder beklagte sie sich bei den Kindern, daß sie stattdessen den Fehler gemacht habe, auf ihren Vater zu hören.

Während der ersten paar Wochen in der Therapie wiederholte meine Patientin ihre eigene, dem neuesten Stand entsprechende Version des Klageliedes ihrer Mutter. Auch sie habe die ganz besondere Person noch nicht gefunden, die ihr zeigen würde, wie sie jenes wunderbare Leben erlangen könnte, das die Zukunft zweifellos noch für sie bereithielt. Allein schon durch die Lektüre meiner Bücher habe sie gemerkt, daß ich „wüßte, worauf es ankommt". Nachdem sie mich kennengelernt habe, merke sie schon, daß ich genau die Art von Berater sei, wie sie ihn gesucht habe. Die anderen hätten sich als Nieten entpuppt, doch sei sie sicher, ich würde sie nicht enttäuschen. Wenn ich ihr das Nötige beibrächte, dann könne sie, davon sei sie völlig überzeugt, ihrem außergewöhnlichen Potential gerecht werden.

In der Anfangsphase richtete sich unser Hauptaugenmerk auf ihr Verlangen, jemand solle sich um sie kümmern. Meist versuchte ich ihre Gedanken und Gefühle auf eine Weise aufzunehmen und zurückzugeben, die es ihr erlauben würde, die angstvolle Verletzlichkeit und bittere Traurigkeit zu erleben, die ihrem hartnäckigen Wunsch nach einem für alle Zeit glücklichen Leben zugrundelagen.

Allmählich verlagerte ich den Schwerpunkt dahin, ihr die selbstzerstörerische pseudo-unschuldige Lebensweise stärker bewußt zu machen. Als das Vertrauen zu unserer therapeutischen Allianz wuchs, begann sie sich hinreichend sicher zu fühlen, um sich dessen immer mehr bewußt zu werden, was sie tat, wie sie es tat und schließlich auch, weshalb sie diese Phantasie ihres Wunschdenkens auslebte.

Es machte ihr ungeheure Schwierigkeiten, damit anzufangen, ihr Erwachsenenleben zu akzeptieren, wie es war. Jedesmal, wenn sie sich offen mit einem weiteren verdeckten Aspekt ihrer Forderung, jemand müsse sich um sie kümmern, auseinandersetzte, erlebte sie wieder etwas von ihrer Verletzlichkeit und der Qual, die darin lag, den Rest ihres Lebens ohne eine Wiedergutmachung dafür verbringen zu müssen, daß sie als Kind die dringend benötigte liebevolle Zuwendung nicht bekommen hatte.

Die Reaktionen auf diese Entbehrungen bestanden im wesentlichen aus Wut, Trauer und Hilflosigkeit. Damit mußte sie sich Stück für Stück auseinandersetzen, sobald sie wieder zu einer neuen Aufdeckung bereit war. Auf qualvolle Zeiten der Erkenntnis und Befreiung folgten stets Pausen der Entspannung und des Rückzugs, die sie jedesmal brauchte, um eine neue Entdeckung langsam zu integrieren. Das spiralförmig verlaufende Wiedereindringen und Zurückweichen gewann immer mehr Tiefe mit jeder neuen Drehung ihres wachsenden Bewußtseins.

Ihr offensichtlicher Verzicht auf die Hoffnung, daß sich jemand um sie kümmern werde, stand in einem verborgenen Zusammenhang. An der Grenze ihres Bewußtseins fand sich der Glaube, wenn sie ihre Verzweiflung wie ein braves Mädchen akzeptierte, dann würde ich sie für ihre Bemühungen belohnen. Wenn sie nur meine allerbeste Patientin sein könnte, dann würde ich schließlich nachgeben und die Verantwortung für ihr Wohlbefinden übernehmen.

Wir befanden uns bereits im zweiten Jahr ihrer Psychotherapie, als die Leere dieser letzten, verzweifelten Illusion deutlich wurde. Sie hatte den ersten Teil der Sitzung damit verbracht, die märchenhaften ‚Fortschritte‘ Revue passieren zu lassen, die sie in der Zeit der Behandlung erzielt hatte. Sie hatte ihre seit langem unglückliche Ehe aufgegeben. Ihren Sekretärinnenjob ohne Zukunftsaussichten hatte sie gekündigt zugunsten einer Position mit Karrieremöglichkeiten auf leitender Ebene. Da ihr nicht mehr dauernd durch den Kopf ging, was andere wohl von ihr dächten, hatte sie viel mehr Freiheit, das zu tun, was sie wollte.

Die zweite Häfte der Sitzung war einem treffenden Bericht über die neuen Probleme gewidmet, die durch all die Fortschritte entstanden waren. Da sie nicht mehr an einen immer gleich tyrannischen Ehemann gebunden war, mußte sie Beziehungen mit Männern anknüpfen, die weniger konsequent in ihrem Wesen waren. Zu dem neuen Job gehörten administrative Aufgaben, mit denen man sie vorher nie betraut hatte. Angesichts größerer Energie und geringeren Durcheinanders empfand sie die Aussicht, ihr Leben frei bestimmen zu können, als überwältigend. Sie zählte die vielen Einzelentscheidungen auf, die zu treffen *ich* ihr nun behilflich sein müsse. Nachdem ich bis dahin weitgehend geschwiegen hatte, antwortete ich schließlich mitfühlend: „Es ist schwer, richtig erwachsen zu sein."

Sie stimmte mir mit heftigem Kopfnicken zu, ließ einen tiefen Seufzer folgen und beschrieb dann im einzelnen die vielen neuen Wahlmöglichkeiten, die sich ihr boten. Es käme ihr einfach zu schwierig vor, fügte sie hinzu, alleine die Entscheidungen zu treffen. Mein anhaltendes Schweigen veranlaßte sie dann zu folgender Bitte: „Ich bin jetzt so weit gekommen, wie das alleine ging, und es war nicht einfach. Jetzt bin ich vor Entscheidungen gestellt, wie ich sie noch nie treffen mußte. Sie müssen mir sagen, was zu tun ist."

Die restliche Stunde über setzte sie meinem anhaltenden Schweigen ihr eigenes gegenüber. Als unsere Zeit gerade zu Ende ging, gelang es ihr, ihre Erbitterung in Worte zu fassen: „Sie geben mir auch heute die Antworten nicht. Ich habe alles getan, was Sie von mir als Patientin erwarteten, und dennoch wollen Sie mir nicht sagen, was ich tun soll. Sie führen sich auf, als wäre es Ihnen gleichgültig, was ich mit meinem Leben anfange, als käme es nur auf mich an. Manchmal kommt es mir vor, als wären Sie gar keine Hilfe für mich. Warum gebe ich Ihnen eigentlich das ganze Geld?"

Sie hielt einen Augenblick inne; eine Erleuchtung, die ihren verdrießlichen Strom von Beschwerden unterbrochen hatte, nahm ihre Aufmerksamkeit in Anspruch. Ihre Augen wurden groß vor einem Erstaunen, welches durch das plötzliche Erkennen einer Tatsache hervorgerufen wird, die so einfach ist, daß man sie ein ganzes Leben lang übersehen kann. Ihre Stimme besaß die übertriebene Sorgfalt, um die sich jemand bemüht, der kaum glauben kann, was er sagt: „Wollen Sie etwa behaupten, daß das alles ist, worauf es ankommt? Ich habe dreißig Jahre lang versucht, jemand zu finden, der sich um mich kümmert, und zum Schluß dann *das*? Ich habe so viel Zeit gebraucht, um herauszufinden, daß ich fünfzig Dollar die Stunde zahlen muß, um jemand zu haben, der sich meine Sorgen anhört, *ohne* daß er mir sagt, was ich mit meinem Leben anfangen soll!"

Mich um mich selbst zu kümmern, bereitet mir mehr als genug Schwierigkeiten. Wie ich mein eigenes Leben gestalten soll, ist schon schwer genug - auch ohne daß ich herauszufinden versuche, was für jemand anderen am besten wäre.

Als Psychotherapeut fühle ich mich verpflichtet, meinen Patienten meine fachmännische Hilfe dabei anzubieten, daß ihnen bewußter wird, wie sie ihr Leben tatsächlich gestalten. Auf diese Weise werden sie vielleicht begreifen, was ihnen dieses Leben einbringt und um welchen Preis. Meine Unterstützung bei dieser Selbstprüfung wird wahrscheinlich ihr Bewußtsein für Wahlmöglichkeiten erweitern, doch begreife ich durchaus, daß mich ihre eigentliche Entscheidung nichts angeht.

Wir tun alle gut daran, uns anzuhören, welche Erfahrungen andere mit Situationen gemacht haben ähnlich denen, mit denen auch wir zu tun haben. Es mag sogar nützlich sein, wenn man sich ihre Meinung durch den Kopf gehen läßt. In manchen Fällen erweist es sich als hilfreich, sich von einem Fachmann beraten zu lassen. Doch nachdem wir Informationen, Meinungen und praktische Dienstleistungen eingeholt haben, stehen wir immer noch vor der Frage, ob wir die gesammelten Ratschläge befolgen sollen.

Welchen Anteil an der Verantwortung wir delegieren, mag davon abhängen, was für ein Problem zu lösen ist. Wenn man einen Gipser holt, damit er beurteilt, ob die Decke im Eßzimmer ausgebessert oder heruntergerissen werden sollte, ist dies eine Sache. Gipserprobleme sind trivial im Vergleich mit solchen, die uns dazu zwingen, einen Scheidungsanwalt zu nehmen. Den Anwalt mag man wie den Gipser für technische Hilfestellungen und Ratschläge benötigen. Ein gewisses Maß an Vertrauen ist selbst dann erforderlich, wenn man jemand entscheiden läßt, ob eine Decke ausgebessert oder heruntergerissen werden sollte. Doch wie steht es mit Problemen, die eine weit größere persönliche Tragweite haben? Jeder kann die Verantwortung für die Entscheidung delegieren, ob eine abbröckelnde Decke ausgebessert werden soll oder nicht. Doch nur ein Pseudo-Unschuldiger würde es zulassen, daß sich jemand anders um eine zerbröckelnde Ehe kümmert.

Als ich in die Dreißiger gekommen war, hatte ich meist den Eindruck, daß ich die persönlichen Entscheidungen meines Lebens sehr gut im Griff hatte. Wie jeder andere sehnte ich mich manchmal so sehr danach, jemand möge sich um mich kümmern, daß ich andere die Entscheidungen an meiner Stelle treffen ließ. Der Preis erwies sich immer als zu hoch, und deshalb erledigte ich meine Sachen meist selber. Ich machte viele Fehler, aber oft genug ging alles gut. Ich war zuversichtlich, daß niemand besser geeignet sei als ich, über mein Leben zu bestimmen.

In der Anfangsphase meiner Erkrankung war ich eine Zeitlang in der Lage, diese klare Sicht der Dinge beizubehalten. Manchen Ärzten hatte ich schon lange Achtung entgegengebracht für die kompetente Ausübung ihrer volkstümlichen Kunst: der Instandhaltung und Reparatur der Körperinstallationen. Dennoch entging mir nicht, daß Medizinexperten manchmal unterschiedlicher Meinung waren, sich oft irrten und selten zugaben, daß sie nicht wußten, was nicht in Ordnung war.

Die Autorität von Ärzten flößte mir genauso wenig Ehrfurcht ein wie die von anderen Experten, die sich herausnahmen, mir zu sagen, wie ich leben sollte. Es war leicht, mit Virginia Woolfs Bericht über die Dinge zu sympathisieren, die sich abspielten, als ihre literarische Gestalt Orlando für das Symptom eines eine Woche dauernden Schlafes eine Behandlung suchte:

> Die Ärzte aber waren damals kaum kundiger, als sie es heute sind, und nachdem sie ihm Ruhe und Bewegung, Fasten und reichliche Nahrung, Geselligkeit und Einsamkeit verordnet hatten und, den ganzen Tag im Bett zu bleiben und vierzig Meilen zwischen Mittag- und Abendessen zu reiten, und dazu die üblichen Beruhigungs- und Reizmittel, abwechslungsreicher gemacht, je nachdem es ihnen einfiel, durch Aufgüsse von Molchschleim beim Aufstehen und Absude von Pfauengalle beim Zubettgehen, überließen sie ihn sich selbst und hielten nicht mit ihrer Meinung zurück, er habe eine Woche geschlafen.[4]

Virginia Woolfs Beschreibung der magischen Helfer aus dem Bereich der Medizin entstand vierzig Jahre vor meiner Erkrankung. Damals suchte man einen Arzt nur dazu auf, um von Schmerzen befreit oder von einer Krankheit geheilt zu werden. Als ich das Erwachsenenalter erreicht hatte, schien es fast eine ganz natürliche Sache zu sein, daß sich Ärzte zunehmend um alle möglichen Aspekte unseres Lebens kümmerten. Die Zuständigkeit der Mediziner war von der Behandlung von Krankheiten auf die Ausbeutung der Gesundheit ausgeweitet worden.[5]

Gestützt durch eine immer umfassendere gesetzliche Sanktionierung, ist die ‚Medizinische Wissenschaft‘ zur sozialen Ordnungsmacht geworden, die uns durch den einst als natürliche angesehenen Lebenskreislauf aus Geburt, Kindheit, Partnersuche, Schwangerschaft, Älterwerden und Tod das Geleit gibt. Wenn uns eine Krankheit befällt, erleben wir alle den unvermeidlichen Rückfall in kindliche Abhängigkeit. Die mit staatlicher Unterstützung betriebene medizinische Überwachung unserer Gesundheit ermutigte ganz einfach dazu, daß wir Ärzten die Verantwortung für Entscheidungen übertrugen, die eher persönlicher als medizinischer Art sind. In den vorgangenen Jahren hing während meiner Krankheit mein Überleben erneut davon ab, ob ich in der Lage war, darauf zu verzichten, daß sich jemand um mich kümmert. Einige der Ärzte, die meine Krankheit diagnostizierten und behandelten, haben sich als recht nützlich erwiesen. Andere hingegen nicht. Auf jeden Fall bin *ich* es, bei dem das Recht und die Verantwortung für die persönlichen Entscheidungen bleiben muß, welche diese medizinischen Fürsorger sonst für mich treffen würden.

Mein erstes Symptom trat vor neun Jahren auf. Zuerst dachte ich, mein Telefon sei ab und zu gestört. Innerhalb weniger Tage kam ich darauf, daß es daran lag, daß ich mit meinem linken Ohr nicht mehr hören konnte. Der Hausarzt beruhigte mich und versuchte es mit konservativen Behandlungsmethoden, wie der Entfernung von Ohrenschmalz, dem Freimachen der Nebenhöhlengänge und so weiter.

Als nichts half, schickte er mich zu einem Hals-Nasen-Ohren-Facharzt. Im Vertrauen darauf, daß dieser liebe kleine Mann genauso weise war, wie er alt war, gab ich meine Zustimmung zu einer Reihe von ‚Untersuchungsterminen'. Ich unterzog mich breitgefächerten diagnostischen Tests und erfolglosen Behandlungsversuchen. Es schien, als sei nichts geeignet, den Bann zu brechen. Nach mehreren Wochen verkündete er, er habe meinen Fall erfolgreich diagnostiziert. Er teilte mir mit, ich litte an den Auswirkungen eines seltenen Virus, das Männer in meinem Alter schon öfter befallen habe. Es komme ohne Vorwarnung und führe über Nacht zu Gehörverlust auf einem Ohr. Glücklicherweise gäbe es keine weiteren Symptome. Unglücklicherweise gäbe es aber auch keine Möglichkeit der Heilung.

Er versicherte mir, es bestehe keinerlei Gefahr für das andere Ohr, sagte jedoch auch, der Zustand sei nicht rückgängig zu machen. Ich sollte mit dem Gehörverlust so gut wie möglich zurechtkommen. Es sei schon ein Pech, aber weitere medizinische Behandlung sei nicht erforderlich.

Trotz seiner Beschwichtigungen war ich entsetzt über die Möglichkeit, durch völlige Taubheit als Person isoliert zu werden. Diese

Furcht brachte mich dazu, seinen fachmännischen Rat in Zweifel zu ziehen. Ich sagte ihm, ich wünschte ein weiteres Gutachten, machte jedoch den Fehler, ihn um die Auswahl eines fachärztlichen Beraters zu bitten. Er überwies mich an einen weiteren Ohrenarzt, der wiederum dieselbe *Fehl*diagnose traf. Obwohl ich nicht der Meinung war, daß „Ärzte am besten Bescheid wissen", war ich jedenfalls durch den Konsens dieser Experten so eingeschüchtert, daß ich mich ihrer „Weisheit" beugte.

Ich lernte, mit dem Verlust zu leben. Zu Anfang bemerkte ich, daß ich mich bei solchen Gelegenheiten zurückzog, bei denen es mir schwer fiel, richtig zu hören. Wenn man nur mit einem Ohr hört, läßt sich nur unter großen Schwierigkeiten feststellen, wo Geräusche herkommen. Folglich war es für mich in einer Gruppe schwer feststellbar, wer gerade redete, es sei denn, daß ich ihn reden sah. In großen Räumen, etwa in Restaurants, war die Situation besonders verwirrend. Ich konnte nicht unterscheiden, was an meinem Tisch gesprochen wurde und was ich nur als Hintergrundgeräusch von anderen Gästen vernahm. Doch mit etwas Hilfe von Seiten meiner Freunde und meiner Familie begann ich darauf zu achten, daß ich den günstigsten Platz bekam, sagte es den Leuten, wenn ich nicht recht wußte , wer gesprochen hatte, und ließ jeden, den ich kennenlernte, wissen, daß ich auf einem Ohr taub war und dankbar wäre, wenn er oder sie lauter sprechen würde.

Wie alle Benachteiligungen hatte ein partieller Gehörverlust sogar seine Vorteile. Ich brauchte nicht lange, um diesen Verlust unabsichtlich als einen vielseitig verwendbaren Filter zu verwenden. Als mir Geräusche nur noch begrenzt zugänglich waren, zeigte sich bald, daß ich freundliche Worte besser hören konnte als Kritik. Als die Monate verstrichen, wurde das spezielle Hörproblem immer unwichtiger für mich.

Ein Jahr danach kam es zu Schwindelanfällen. Sooft ich den Kopf drehte, stellte sich ein schreckliches Schwindelgefühl ein: es war, als drehe sich die Welt um mich im Kreise. Diesmal machte ich mir nicht die Mühe, den Hausarzt aufzusuchen, sondern ging direkt zu einem vielgepriesenen Internisten. Er war sich des Gehörverlustes bewußt, brachte ihn jedoch nicht mit den Schwindelanfällen in Verbindung. Mein zweites Symptom führte zu einer zweiten *Fehl*diagnose. Diesmal teilte man mir mit, ich hätte eine milde Form von Mittelohrentzündung. Dieser Zustand sei schwierig zu behandeln, doch nur keine Bange, er nehme eben seinen Lauf und verschwinde ohne ein medizinisches Eingreifen.

Da ich schon den Gehörverlust abbekommen hatte, war ich diesmal entschlossen, auf die bestmögliche Weise für mich zu sorgen. Ich teilte dem Internisten mit, ich wolle ohne Rücksicht auf seinen Rat einen weiteren Arzt konsultieren. Ich lehnte es ab, mich an einen ihm bekannten Kollegen überweisen zu lassen, da dieser unabsichtlich zu einem nicht objektiven Befund gelangen könnte. Stattdessen ging ich der Sache nach, bis ich glaubte, das beste Lehrkrankenhaus der Gegend ausfindig gemacht zu haben. Auf diese Weise würde ich mit größter Wahrscheinlichkeit ein Team von gutausgebildeten, mit den neuesten Entwicklungen vertrauten Fachleuten bekommen, welche ihre einzelnen medizinischen Beiträge untereinander überprüften.

Weil ich darauf bestand, daß *ich* zu entscheiden hatte, was für mich am besten sei, setzte ich mich über das Urteil des Internisten hinweg und rettete mir selbst das Leben. Daß ich die ersten beiden Ohrenfachärzte *an meiner Stelle* Entscheidungen treffen ließ, mag es verkürzt haben. Die kombinierten Befunde der HNO- und Neurologieabteilung des Lehrkrankenhauses führten zur ersten korrekten Diagnose: Akustisches Neurom, ein gutartiger Tumor am linken Gehörnerv. Der Tumor hatte den Gehörverlust wie auch die Schwindelanfälle verursacht. Wenn man ihn nicht chirurgisch entfernte, würde er weiterwachsen und immer größeren Schaden anrichten. Man versicherte mir aus freien Stücken, die Irrtümer der anderen Ärzte seien verständlich. Es hat den Anschein, daß solche Tumoren im Frühstadium oft falsch diagnostiziert werden.

Die Operation bedeutete für mich zwar eine gewisse Gefährdung, doch war der Tumor vermutlich immer noch so klein, daß er komplikationslos und vollständig entfernt werden könnte. Von den fünf Krankenhäusern in Amerika, die dem Vernehmen nach über die besten neurochirurgischen Spezialistenteams verfügten, war das Massachusetts General Hospital in Boston das nächstgelegene.

Trotz der Versicherungen der Ärzte des Diagnosezentrums hatte ich schreckliche Angst, daß ich sterben würde. Meine Familie und ich dachten in den Wochen des Wartens auf die geplante Operation an kaum etwas anderes. Wir redeten über unsere Ängste, trösteten einander und brachten einander aus der Fassung. Dann gaben wir uns zur Abwechslung realistisch und taten so, als gäbe es wirklich keinen Grund zur Beunruhigung. Wie alle Menschen, die mit einer furchterregenden, letztlich unkontrollierbaren persönlichen Situation konfrontiert sind, machten auch wir alle Möglichkeiten durch, uns dem Problem zu nähern oder es zu umgehen.

Die Operation sollte in zwei Abschnitten verlaufen. Zuerst sollte ich mich einem „einfachen" Eingriff genau hinter meinem linken Ohr unterziehen. Sobald ich mich davon erholt hätte, würde das Neurochirurgieteam versuchen, den Rest des Tumors mit einem zweiten Eingriff von der Schädelbasis aus zu entfernen. Man hoffte, auf diese Weise das Risiko ausgedehnter neurologischer Beschädigungen so gering wie möglich zu halten.

Als ich zur Operation nach Boston flog, hatte ich meine gespielte Tapferkeit teilweise wiedergewonnen. Der Teil des Massachusetts General Hospital, in dem die Operation am Ohr durchgeführt werden sollte, war genau richtig für die Außenseiterpose, die mir noch vertrauter war:

> ...ein altmodisches, vom Pflegepersonal beherrschtes Krankenhaus voller willkürlicher Vorschriften, angeblich zum Wohle des Patienten, doch offensichtlich zu dem Zweck, dem Personal die Arbeit zu erleichtern. Besonders in den mit weiteren diagnostischen Tests ausgefüllten Tagen vor der Operation bildete dies genau die Art von Herausforderung, die ich brauchte, um den Einfluß meiner eigenen Person geltend zu machen - als Mittel zur Flucht vor der Tatsache ..., wie verängstigt und hilflos ich mich fühlte.[6]

In der ersten Nacht wurde mir ein Zimmer zugewiesen, in dem sich noch zwei weitere Patienten befanden. Einer von ihnen war ein alter Mann, der offensichtlich im Sterben lag. Er stöhnte gequält bei seinem Warten auf diese Erlösung. Daß ich ihm dabei zuhören mußte, brachte mir mein eigenes Entsetzen wieder zu Bewußtsein. Ich ging zur Oberschwester der Station, um ihr mitzuteilen, wie aufreibend es für mich sei, die Qualen des alten Mannes anhören zu müssen, und wie ich deshalb voller Angst sei, ich würde auch sterben. Ich wollte ein anderes Zimmer bekommen. Sie erklärte, alles sei in Ordnung; der alte Mann sterbe selbstverständlich *nicht* (er starb in der darauffolgenden Nacht), und ich bräuchte mir keine Sorgen zu machen. (Ich lebte am nächsten Tag noch, machte mir aber weiter Sorgen.)

Zu den Aufgaben einer Krankenschwester in der Subkultur eines Krankenhauses gehört es, Schwierigkeiten abzuleugnen. Obwohl es dabei ihre erklärte Absicht ist, zum Wohlbefinden des Patienten beizutragen, scheint dies in der Hauptsache dem Ziel zu dienen, daß der Krankenhausbetrieb glatt läuft. Besorgte Patienten sind lästig. Sie verlangen individuelle, persönliche Aufmerksamkeit und äußern Zweifel daran, ob das Personal ihren Krankheitsfall richtig betreut.

Sobald die Schwester weggegangen war, schlich ich hinaus und pirschte den Gang entlang, bis ich einen Raum mit einem nicht belegten Bett gefunden hatte. Ich kehrte in mein eigentliches Zimmer zurück, packte meine Habseligkeiten zusammen und schaffte sie in das neue Zimmer. Ich achtete darauf, meine Namensschildchen am anderen Bett und an der anderen Tür anzubringen, damit bei mir nicht die für einen anderen Patienten vorgesehene Operation ausgeführt wurde.

Am nächsten Morgen war das Pflegepersonal in Aufruhr. Sie hatten das Sagen: das mußte man sich merken. Sie wußten am besten Bescheid. Sie würden sich schon um mich kümmern, wenn ich bloß den Mund hielte. Daß sich die Krankenhaus-Subkultur als verantwortlich und für alles zuständig begreift, führt unter anderem dazu, daß Patienten zu austauschbaren Nummern werden. Man behandelt den Patienten auf eine entmenschlichende Weise, die auf seine Gefühle keine Rücksicht nimmt. Dies kann sogar zu Irrtümern führen, bei denen ein Patient, der sich vom anderen nur durch sein Namensschild unterscheidet, die falschen Medikamente usw. bekommt.

Ein Freund von mir ließ sich dies durch den Kopf gehen und beschloß, für mich eine Bresche zu schlagen. An dem Abend, als zu ersten Mal über den Lautsprecher der Haussprechanlage ausgerufen wurde, Dr. Kopp solle ans Telefon kommen, stieg ich aus dem Bett, ging ins Schwesternzimmer und sagte ich sei Dr. Kopp. Weil ich einen Bademantel trug und ein Hemd, das bei Bedarf den Hintern freigab, wurde mir bedeutet, ich könne unmöglich ein Doktor sein. Ich müsse einfach ein Patient sein. Ich bestand darauf, daß ich sowohl ein Patient als auch ein Doktor sei, daß der Anruf in der Tat für mich sei und mich kein Schwein daran hindern könne, ihn entgegenzunehmen. Als ich den Hörer ergriff, sagte mein Freund aus Wahington: „He, Mann, ich wollte denen nur klarmachen, daß wir zu dir durchkommen können, wann immer du uns brauchst." Ich verbarg meine Tränen vor der Krankenschwester.

Die erste Operation ging gut; ich konnte zu einem zweiwöchigen Genesungsaufenthalt nach Hause zurückkehren, bevor ich mich der zweiten, weit schrecklicheren Prüfung unterziehen mußte. Ich hatte die enormen körperlichen und seelischen Auswirkungen unterschätzt, die selbst die unkomplizierteste größere Operation haben würde. Obwohl ich immer noch beharrlich meinte, ich sei zum Überleben wie geschaffen, merkte ich, wie mein sonst recht lebhaftes Selbstvertrauen dem stärker gewordenen Verlangen Platz machte, man möge sich um mich kümmern. Als ich am Abend vor der zweiten Operation mit dem Neurochirurgen sprach, fühlte ich mich zwischen diesen beiden scheinbar widersprüchlichen Wünschen hin- und hergerissen.

Dieser Mann ist der vollendete Neurochirurg. Er ist ein überaus geschickter Techniker, ein meisterlicher Handwerker. Gefühlsmäßig hat er den nötigen Abstand, um eine zwölfstündige Operation am Gehirn eines anderen Menschen durchzustehen. Doch auf seine eigene distanzierte Weise zeigt er den Patienten gegenüber menschliche Anteilnahme und sorgt dafür, daß er erreichbar ist, um auf jede von ihnen aufgeworfene Frage medizinischer Art eine offene Antwort zu geben.

An jenem Abend erklärte er mir, wie die Chancen für mich standen, die Operation zu überleben; er beschrieb, welche Behinderungen als Preis für das Überleben zurückbleiben könnten. Es gab viele Gefahren, darunter Schwäche, Entstellungen und Paralyse. Während seines detaillierten Berichts über diese Folgen bemerkte er, daß ich weinte. Dies war das einzige Mal, daß ich erlebte, wie er aufgebracht war, wenn auch nur ganz entfernt. „Nehmen Sie sich zusammen Dr. Kopp", beschwor er mich.

„Einen Patienten, der sich mehr zusammennimmt als ich, werden Sie nie bei einer Operation erblicken", protestierte ich. „Sie haben mir eben erzählt, daß ich morgen tot oder ein Krüppel sein kann. Wenn man Ihnen für die Zukunft schreckliche Dinge in Aussicht stellte, würden Sie auch weinen."

„Ich glaube, das ist normal unter den gegebenen Umständen", murmelte er, bevor er weitere Antworten auf meine Fragen gab.

Die Operation erwies sich als Teilerfolg. Der größte Teil des Tumors wurde entfernt. Zu jenem Zeitpunkt stand noch nicht fest, ob das an meinem Hirnstamm verbliebene Stückchen sich zurückbilden oder wieder wachsen würde. Immerhin hatte ich die Sache überlebt.

Mein Schwindelgefühl war zu einer schwachen Gleichgewichtsstörung geworden. Neben der nicht rückgängig zu machenden partiellen Taubheit traten täglich Kopfschmerzen auf. Doch es hätte alles schlimmer kommen können. Als ich die scheinbar unerträglichen postoperativen Schmerzen und die kurze psychotische Reaktion hinter mir hatte, war ich froh, daß ich lebte, und war den Ärzten dankbar. Es dauerte noch mehrere Monate, bis ich einen seelischen Zusammenbruch hatte. Die ganze von mir verdrängte Depressivität brandete empor und breitete sich in den Ferienwochen aus, in denen ich verletzlich war, weil mir keine Arbeit als schützende Ablenkung zur Verfügung stand. Nach einem Sommer voller Selbstmordgedanken kehrte ich wieder als Patient in die Psychotherapie zurück. Es war an der Zeit, daß ich mit den Veränderungen in meinem Leben zurechtzukommen versuchte. Keinem wäre es leicht gefallen, den Erfahrungen, die ich durchgemacht hatte, einen Sinn abzugewinnen. Mein schmerzhafter Kampf erfuhr eine Steigerung, weil dabei der Inhalt meines pseudo-unschuldigen Glaubens zerbrach. Ich war der krasse Einzelgänger gewesen, das Sühneschwert der Gerechtigkeit, die Mutter der Ausgestoßenen. All das zählte nicht. Bei manchen Leuten verkürzen Tumoren das Leben. Bei anderen nicht. Was geschehen war, ließ sich nicht ändern, und es gab vieles, das sich nicht einmal begreifen, geschweige denn steuern ließ. Wenn der Versuch, das Leben eines Gerechten zu leben, noch einen Wert hatte, dann mußte er in einer ungerechten Welt stattfinden. Es gab keine Möglichkeit zum Einspruch, keine Schuldzuweisung. Es ging nur darum: Entweder du bringst dich jetzt um, oder du machst weiter.

Drei Jahre nach der ersten Operation entstand ein neues Symptom. Jeden Tag wurde ich im Laufe des Nachmittags von einer überwältigenden Müdigkeit außer Gefecht gesetzt. Als ich zu einer Untersuchung nach Boston zurückkehrte, wurde mir mitgeteilt, der Tumor sei wieder gewachsen und erfordere eine weitere Operation.

Ohne den Rat des Neurologen und des Chirurgen in Zweifel zu ziehen, unterzog ich mich einer zweiten zwölfstündigen Operation. Der Tumor konnte wiederum nicht vollständig entfernt werden. Er hatte sich zu tief in meinen Hirnstamm eingebettet. Man sagte mir, der Tumor werde weiterwachsen; alle zwei bis fünf Jahre seien weitere chirurgische Eingriffe erforderlich, und ich würde schließlich bei einer Operation sterben. Jedesmal, wenn ich eine Operation überlebte, könnte ich mit einer weiteren Behinderung rechnen.

Das Massachusetts General Hospital gilt als das Mekka der Neurochirurgie. Diese Ärzte hatten mein Leben zweimal gerettet. Eine Zeitlang war ich überzeugt, sie wüßten schon am besten, wie man sich um mich zu kümmern hatte. Ich machte mich daran, den übrigen Teil meines Lebens zu gestalten, vetraute jedoch ihnen die medizinischen Aspekte an. Viele Leute schlugen vor, ich sollte andere Arten der Hilfe in Betracht ziehen. Manche bedrängten mich, ich solle mich dem Gebet zuwenden, andere empfahlen übersinnliche Heilmethoden und alle möglichen bekloppten oder vernünftigen Kuren. In einem Punkt waren sich alle einig: ich solle mich nicht zu sehr auf die Ärzte verlassen.

Ich bestand darauf, daß ich bereits die beste medizinische Betreuung hatte, die es im ganzen Land, ja vielleicht auf der ganzen Welt gab. Zweimal hatten meine Ärzte mir das Leben gerettet. Sie waren zweifellos dazu bestimmt, sich um mich zu kümmern. Zum Teil kommt mir dieser unerschütterliche Glaube immer noch vernünftig vor. Doch ein anderer Teil davon war nichts als das Beharren, endlich jemand gefunden zu haben, der wußte, was für mich am besten wäre.

Im Mai 1976, drei Jahre nach dem zweiten neurochirurgischen Eingriff, unterzog ich mich einer längerfristig geplanten Überprüfung meines Zustandes. Es ging nicht darum, daß ich neue Beschwerden gehabt hätte. Meine Ärzte hatten mich angewiesen, alle sechs Monate nach Boston zu kommen, um ein erneutes Tumorwachstum überprüfen zu lassen. Ohne zu fragen, kam ich den Anweisungen der Ärzte pflichtschuldig nach.

Ich hatte keine neuen Symptome. Die Untersuchung des Neurologen ergab keine neuen Anzeichen. Diesmal erwischten mich die Maschinen. Die Computertomographie des Gehirns gehört zur Spitzentechnologie der Medizinwissenschaft. Statt der schmerzhaften, gefährlichen diagnostischen Prozeduren, denen ich mich früher unterzogen hatte, macht diese Maschine gleichsam scheibchenweise Querschnitt-Röntgenaufnahmen des Schädels, schickt sie durch den angeschlossenen Computer und wertet exakt Veränderungen in vormals gesundem Gewebe aus.

Als der Neurologe seine Untersuchung abgeschlossen hatte, sagte er mir, mein Zustand scheine stabil zu sein. Er habe keinen Hinweis auf neues Tumorwachstum entdeckt. Höchstwahrscheinlich werde der Computerbefund seinen eigenen Befund bestätigen. Ein Bericht über diese Ergebnisse stehe etwa eine Woche später zur Verfügung. Er werde seine Sekretärin dann beauftragen, mit mir Verbindung aufzunehmen.

Wie mein Neurochirurg ist dieser Neurologe auf seinem Spezialgebiet ein anerkannter Experte. Er ist seiner Persönlichkeit nach nicht so freimütig wie der Chirurg und ist bei der Entscheidung, was für mich am besten ist, manchmal herablassend. Beispielsweise bezeichnet er meine Operationen euphemistisch als „Druckentlastung", während er meine postoperativen Kopfschmerzen als „irrelevant" abtut. Unter „irrelevant" versteht er, daß meine Schmerzen nur dann von Interesse wären, wenn sie zur Differentialdiagnose beitragen würden. Er gibt mir das Gefühl, daß er Tumoren behandelt und keine Patienten.

Bald darauf schrieb er mir, der Computerbefund zeige unerwarteterweise ein erneutes Auftreten von Tumorwachstum an, das weitere Verschiebungen des Gehirns verursache. Da ihm meine Besorgnis über „operationsbedingte Ausfallerscheinungen" erinnerlich sei, wolle er mich nicht drängen. Der Computerbefund weise jedoch darauf hin, daß ich sehr bald eine weitere Operation haben sollte.

Plötzlich wurde alles sonnenklar. Ich hatte bis dahin geglaubt, dieser magische Helfer wisse am besten, was ich brauchte. Die ganze Zeit hatte er zum Computer hingeschaut als seinem eigenen magischen Helfer, der am besten wußte, was er zu tun hatte. Es war an der Zeit, die Macht wieder zu übernehmen, die ich vertrauensvoll den Ärzten überlassen hatte.

Daß meine naive Bindung an diese Fürsorger entzweiging, ermöglichte mir, meine Aufmerksamkeit auf eine Neueinschätzung dessen zu richten, was mir wichtig war. So viele meiner persönlichen Belange waren von Interventionen medizinischer Art abhängig geworden. Noch eine Operation, und ich hätte vielleicht weitere Behinderungen, oder ich wäre womöglich tot. Zumindest würde das erneut Schmerzen und Entsetzen bedeuten. Mein eigenes Leben und das Leben derer, die mich lieben, würde wochenlang auf den Kopf gestellt werden, wie es in den vergangenen sechs Jahren schon zweimal der Fall gewesen war.

All diese persönlichen Belange erschienen mir jetzt wichtiger, als das, was der Computer dem Arzt mitgeteilt hatte. Der Computer hatte gesagt, ich sei so geschwächt, daß ich all diese anderen Überlegungen hintanstellen und der Medizintechnologie die Bestimmungsgewalt über mein Leben geben müsse. Doch für mich war jetzt am wichtigsten, daß mir nichts wehtat. Zum Teufel mit den Fürsorgern! Ich beschloß, mich diesmal selber um mich zu kümmern.

Ich sprach mit meiner Frau über meine Abneigung, mich diesen so bewährten Ärzten zu einem Zeitpunkt anzuvertrauen, zu dem für mich persönlich keine direkte Notwendigkeit für eine Operation ersichtlich war. Wie immer ließ sie mich wissen, daß ich bei jeder von mir getroffenen Entscheidung mit ihrer Unterstützung rechnen könne. Es liege an mir, eine Wahl zu treffen. Doch bevor ich das täte, würde ich doch hoffentlich den Neurochirurgen anrufen und weitere Informationen einholen.

Dankbar nahm ich ihre Hilfe an und befolgte ihren Rat. Ich rief den Chirurgen an und stellte ihm zwei Fragen: Wenn ich mich entschlösse, den Eingriff hinauszuschieben, bis er zur Linderung der neuen, unweigerlich auftretenden Symptome erforderlich wäre - würde diese Verzögerung meine Überlebenschance beeinträchtigen? Würde die Wahrscheinlichkeit weiterer Behinderungen dadurch größer werden?

Mit der üblichen Klarheit und Offenheit informierte mich der Chirurg ganz gelassen, daß meine Überlebenschancen durch die Verschiebung nicht beeinträchtigt würden. Diese Risiken seien bei jeder Operation, der ich mich unterzog, die gleichen. Er wies dann jedoch darauf hin, daß ein chirurgischer Eingriff, wie ich aus eigener schmerzlicher Erfahrung wisse, bereits aufgetretene Symptome nicht immer rückgängig machen könne. Deshalb würde ich, wenn ich mich für eine Verschiebung der Operation entschiede, die Wahrscheinlichkeit postoperativer Behinderungen vergrößern.

Ich dankte ihm für seine freimütige Stellungnahme, überlegte mir die Sache einige Tage lang und teilte ihm mit, daß ich mich entschieden hätte, die Operation so lange zu verschieben, bis sie mir nötig erschiene. Ich machte ihm klar, daß mich die Operationsempfehlung in Abwesenheit neuer Symptome dazu gebracht hatte, meine gesamte Situation neu zu überdenken. Ich begriffe nun, daß es ganz bei mir liege, die persönlichen Aspekte meiner Entscheidung von den medizinischen zu trennen. Wir kamen überein, daß ich im Spätherbst jenes Jahres zu einer weiteren Beurteilung zurückkehren solle. Dann könne man die ganze Angelegenheit neu überdenken.

Ich war sowohl erleichtert als auch erschreckt darüber, daß ich vorübergehend frei von ihrer Fürsorge war. Doch vor meiner Rückkehr nach Boston zur nächsten planmäßigen neurologischen Untersuchung erlitt ich unerwartet einen schweren Herzinfarkt. Hätte ich mich dem zuvor empfohlenen Eingriff unterzogen, wäre ich bestimmt auf dem Operationstisch gestorben.

Plötzlich waren alle Wetten ungültig. Die Genesung hatte zwar rasche Fortschritte gemacht, doch war es offenkundig, daß mich mein Herzleiden mit gleicher Wahrscheinlichkeit das Leben kosten würde wie mein Gehirntumor. Nach der ersten Genesungsphase traten gelegentlich Schmerzen in der Brust auf. Ich konsultierte den Arzt, der mir bei dem Herzanfall beigestanden hatte. Er teilte mir mit, wenn diese Symptome nicht auf bestimmte vorhersehbare Weise reagierten, könnte *er* vor eine sehr schwerwiegende Entscheidung gestellt werden. Ich befragte ihn, wie eine in diesem Zusammenhang zu treffende schwerwiegende Entscheidung von ihm statt von mir ausgehen könne. Er erläuterte mir, daß er möglicherweise eine diagnostische Prozedur anwenden müsse, die er lieber vermeiden wollte. Als er sie beim Namen nannte, fragte ich, ob das nicht der Test sei, bei dem eine Nadel ins Herz des Patienten eingeführt werde, und ob nicht die Hälfte der Patienten wegen dieser Tests sterbe. Er versicherte mir, der Test sei zwar riskant, doch hätte ich eine übertriebene Vorstellung davon, wie viele Patienten dabei ums Leben kamen. Es seien weniger, als ich mir vorstelle, doch immerhin genug, um dies für einen Arzt zu einer schwierigen Entscheidung zu machen.

Ich konnte es nicht fassen, was ich von diesem sonst anständigen, intelligenten Mann zu hören bekam. Angenommen, *er* entscheide, daß ich mich diesem Test unterziehen müsse, und gesetzt den Fall, ich überlebte ihn, inwiefern hätte mir der Test dann genützt? fragte ich ihn. Der Arzt erläuterte mir, daß die Testergebnisse als Anleitung für eine Bypass-Operation dienen würden, einen einfachen Eingriff am Herzen, bei dem meine unzulängliche Arterie durch ein Implantat ersetzt werden würde. Der Arzt war inzwischen so damit beschäftigt, diese komplizierten medizinischen Sachverhalte in Begriffe zu fassen, die sogar ein Patient verstand, daß er meinen ironischen Ton nicht mitbekam.

„Und wenn ich soviel Glück habe, daß ich den diagnostischen Test überlebe, und wenn der Bypass dann genau richtig funktioniert, Doktor, was wäre damit für mich erreicht?" fragte ich. Ohne mit der

Wimper zu zucken, erwiderte er vergnügt: „Das würde Sie in die Lage versetzen, zukünftige Gehirneingriffe zu überleben, ohne daß Sie sich Sorgen machen müssen, daß Ihr Herz während der nächsten Operation versagt."

Genau in diesem Augenblick fiel ein weiteres Stück meiner Unschuld von mir ab. Ich hatte mir angehört, wie man sich um mich kümmern würde, und hatte gemerkt, wie leicht mich diese Fürsorge das Leben kosten könnte. Ich versicherte dem Arzt, *er* brauche sich keine Sorgen mehr zu machen. Von nun an würde ich nur noch Geld für Ärzte ausgeben, um mich beraten zu lassen, aber nie wieder, um sie an meiner Stelle entscheiden zu lassen. Ich würde selbst ihre besten technischen Ratschläge nach Maßgabe meiner eigenen, nichtmedizinischen persönlichen Bedürfnisse beurteilen müssen, da ich wieder die volle Verantwortung für die Gestaltung meines Lebens übernähme.

Einige Monate danach wurde mein Entschluß auf die Probe gestellt. Die Ärzte, die sich in Boston um mich kümmerten, teilten mir mit, daß sie eine weitere neurologische Untersuchung samt Gehirntomographie eingeplant hätten. Ich fürchtete mich davor, daß selbst ein Routinebesuch auf ihrem Territorium genügend Einschüchterung mit sich brächte, um meine Entschlossenheit, selbst für mich zu sorgen, ins Wanken geraten zu lassen. Wenn ich verängstigt und unsicher bin, dann bin ich am anfälligsten für die Überzeugung, daß irgendwo ein schlauer Jemand stecken muß, der genau weiß, was für mich am besten wäre, und stark genug ist, um für mich zu sorgen. Wenn meine Besorgnis auf meine Krankheit gerichtet ist und die Szenerie einen amtlichen medizinischen Anstrich hat, ergibt dies eine fast unwiderstehliche Kombination. Es wäre verlockend, einfach auszurufen: „Doktor/Mama/Papa, ich verspreche, daß ich von jetzt an gut sein werde. Sorgt bloß für mich. Ich will alles tun, was ihr sagt."

Ich erzählte meiner Frau, ich sei entschlossen, mich erst dann einer weiteren Operation zu unterziehen, wenn ich den Eindruck hätte, daß ich sie brauche. Diesen Test wolle ich nicht. Solange ich keine Schmerzzustände hätte, wolle ich es nicht riskieren, in die Nähe des Krankenhauses zu geraten. Sie sagte wieder, sie werde zu mir stehen, und forderte mich erneut auf, alle für eine sichere Entscheidung notwendigen Informationen einzuholen. Mein Brief an den Neurochirurgen lautete:

Ich schreibe Ihnen, um Ihre Meinung über den nächsten Schritt auf meiner medizinischen/persönlichen Odyssee zu erbitten.

In Abwesenheit neuer Symptome und ohne Anzeichen irgendwelcher Veränderungen bei meiner neurologischen Untersuchung ergab meine Gehirntomographie im Mai letzten Jahres Anzeichen für ein weiteres Wachstum meines akustischen Neuroms. Dr. A. (der Neurologe) empfahl damals eine Operation. Meine Kontaktaufnahme mit Ihnen erwies sich als sehr hilfreich für die Entscheidung, der ich gegenüberstand.

Auf meine Anfrage hin informierten Sie mich, daß eine Verschiebung des chirurgischen Eingriffs meine Chancen, die Operation zu überleben, nicht beeinträchtigen würde. Sie wiesen außerdem darauf hin, wenn ich den Eingriff bis zum Entstehen neuer Symptome hinausschöbe, würde ich riskieren, daß alle oder ein Teil dieser Symptome blieben.

Wie Sie wissen, entschied ich mich damals gegen einen Eingriff. Es ist Ihnen vielleicht auch bekannt, daß ich im September einen schweren Koronarverschluß erlitt. Mein Kardiologe wies darauf hin, daß jede größere Operation innerhalb von sechs Monaten nach dem Herzinfarkt sehr gefährlich sein würde. Er schickte Dr. A. einen entsprechenden Bericht. Vor kurzem erhielt ich eine Benachrichtigung von Dr. A.s Sekretärin: ich sei im Mai 1977 für eine Tomographie und eine neurologische Untersuchung vorgemerkt.

Wie Sie sich vorstellen können, bildeten zwei neurochirurgische Eingriffe und ein Herzinfarkt innerhalb von sieben Jahren für mich und meine Familie eine beträchtliche finanzielle Inanspruchnahme (und eine unglaubliche seelische Belastung). Wenn ich zu der festgesetzten Tomographie nach Boston komme, belaufen sich der Einkommensverlust, die Reisekosten und die medizinischen Ausgaben zusammen auf über 500 Dollar. Sie haben sicher Verständnis dafür, daß ich die Kosten dieser Untersuchung nur dann in Kauf nehmen möchte, wenn sie für mich wirklich von Nutzen ist.

Sollten die Ergebnisse der vorgeschlagenen Untersuchung kein klareres Bild bieten als jene, mit denen ich mich letztes Jahr auseinanderzusetzen hatte, sehe ich keine Veranlassung, daran teilzunehmen. Ich bin weiterhin frei von neuen Symptomen. Der Zustand meines Herzens ist weiter ungewiß. Da ansonsten alles gleich geblieben ist, erscheint mir eine Verschiebung eines größeren Eingriffes sogar noch vernünftiger zu sein, als dies im Frühjahr letzten Jahres war. Seien Sie versichert, daß ich bei einem Auftreten neuer Symptome entschlossen bin, eine weitere Operation vornehmen zu lassen.

In Anbetracht all dessen wäre ich dankbar, wenn Sie mir mitteilen würden, welche konkreten Vorteile sich für die *Gestaltung meines Lebens* durch mein Erscheinen in Boston zu einer weiteren Untersuchung im Frühjahr ergeben könnten.

Zehn Tage später erhielt ich diese Antwort:

Besten Dank für Ihr Schreiben vom 7. Februar 1977. Ich verstehe Ihre Lage und bin gleichfalls der Meinung, daß unter den vorliegenden Umständen die zur Zeit beste Verfahrensweise darin besteht, daß Sie Ihr gegenwärtiges Leben fortführen; wenn neue Symptome auftreten, werden wir uns freuen, Sie hier in Boston wiederzusehen.

Ich werde Dr. A. anhand einer Kopie dieses Schreibens mitteilen, daß die für Mai 1977 vorgesehene Untersuchung ausfallen sollte.

Mit den besten Empfehlungen

Das ist also bei mir der jetzige Stand der Dinge. Ich habe einen Gehirntumor und ein Herzleiden. Ich werde weiterhin für Ärzte Geld ausgeben, damit sie mir helfen, und ich werde auf ihre Dienste verzichten, wenn dies nicht der Fall ist. Ich bin auf mich selbst gestellt und bin der einzige, auf den Verlaß ist, daß er so entscheidet, wie es für mich am besten ist.

Ich schrieb meinem Neurochirurgen und forderte die volle Verantwortung zurück für die Art und Weise, wie ich mein Leben verbringe. Er schrieb zurück: ,, Schön, Sie haben sie.'' Es gibt noch einen Teil von mir, der sich wünscht, er hätte mir mitgeteilt, wegen meines Tumors wisse ich nicht mehr, was für mich am besten sei. Dieser pseudo-unschuldige Teil von mir sehnt sich nach seiner Zusicherung, daß ich mir keine Sorgen zu machen brauche, weil ich ihn habe, damit er sich um mich kümmert. Ich weiß, daß dieses Sehnen eine Versuchung ist, gegen die ich weiterhin jeden Tag bis an mein Lebensende ankämpfen muß.

Dritter Teil

MIT DER ENTTÄUSCHUNG
ZURECHTKOMMEN

Komm mit fort, oh Menschenkind!
Zu den Wassern und dem Wind
eine Fee nimmt deine Hand,
denn auf der Welt wird mehr geweint
als je faßt dein Verstand.

William Butler Yeats
Das gestohlene Kind

10

Gemeinschaftliche Unschuld

Verglichen mit anderen Lebewesen, hat der Mensch die längste Phase einer hilflosen Kindheit zu bestehen und braucht am längsten bis zur vollen Reife. Zusätzlich belastet durch das erwachte Bewußtsein, stehen Kinder einer Gefährdung gegenüber, die bei den Jungen anderer Arten unbekannt ist. Durch die Möglichkeit, daß sie ihrer eigenen überwältigenden Verletzlichkeit inmitten einer teilnahmslosen, gefährlichen Umwelt inne werden, droht den Kindern ein allzu plötzliches, katastrophales Erwachen.

In dieser Phase gewährt selbst ein falsches Gefühl der Geborgenheit ein gewisses Maß an Sicherheit. Dadurch, daß das unschuldige Bild vom Leben in einer Welt, in der alle Ereignisse von persönlicher Bedeutung sind, beibehalten wird, ergibt sich die unentbehrliche Illusion, man habe die Dinge im Griff. Der Glaube, daß Dinge geschehen, weil sie geschehen sollen, ermöglicht Kindern die wunderbar beruhigende Vorstellung, sie besäßen Macht und Bedeutung.

In einer solchen Welt vermag das Kind immer noch zu glauben, seine eigenen Wünsche und Handlungen beeinflußten das Ergebnis von Geschehnissen, von denen es später erst erkennt, daß sie einer Kategorie jenseits des persönlichen Einflusses angehören. Zumindest eine Zeitlang stellt es für das Kind eine dringlich benötigte Beruhigung dar, zu glauben, die Sonne gehe jeden Morgen auf, weil „sie das tun soll" oder weil „es für *mich* Zeit zum Aufstehen ist". So geht die Sonne auch jeden Abend unter, weil sie (wie ich) „müde wird" oder „weil es Zeit für *mich* ist, zu Bett zu gehen".

Fast in der gesamten überlieferten Geschichte brauchten selbst die

Erwachsenen in ihrem Verständnis des Naturgeschehens eine beruhigende pseudo-unschuldige Perspektive. Das wissenschaftliche Verständnis, daß die Gegenwart des Menschen beim sogenannten ‚Auf- und Untergehen' der Sonne belanglos ist, taucht in unserer Geschichte erst spät auf.

Diese Entmythologisierung ist selbst für einen aufgeklärten Erwachsenen fast zuviel. Ein Mensch kann die Kindheit weit hinter sich gelassen haben und trotzdem von einem überwältigenden Gefühl der Hilflosigkeit und Bedeutungslosigkeit befallen werden, wenn er sich unsere Stellung im Universum genau vor Augen führt.

Nehmen Sie das einmal richtig in sich auf: Sie sind ein einzelnes Wesen unter Milliarden, ein biologischer Zufall, der einen kosmischen Augenblick lang lebt. Wir befinden uns auf einem bestimmten Planeten, der sich blindlings im Zusammenspiel von Gravitationskräften dreht. Tag und Nacht und den Wechsel der Jahreszeiten erleben wir nur deshalb, weil sich die Auswirkungen der schnellen Drehung dieser Masse um ihre Achse und in ihrer Umlaufbahn um die Sonne in unserem jeweiligen begrenzten Blickfeld bemerkbar machen.

Diese heliozentrische Sicht würde schon für sich allein ausreichen, um uns zu überwältigen. Noch darüber hinauszugehen und einzusehen, daß sogar dieses ‚Universum' nichts weiter als ein Mikrokosmos ist, führt zu völliger Fassungslosigkeit. Wie sollen wir die Folgerungen aus der Tatsache ertragen können, daß unser Sonnensystem nur eines von Millionen solcher Systeme in einer Galaxis ist, die wiederum nur eine von Millionen von Galaxien darstellt?

Mir war wohler zumute, als ich noch an die Kraft meiner Wünsche in einem Universum glaubte, in dem ich von besonderer Wichtigkeit war. Ein Weilchen war ich überzeugt, um anderes Wetter zu bekommen, brauchte ich bloß zu singen:

Regen, Regen fort mit dir
der kleine Shelly spielt jetzt hier.
Regen, Regen fort mit dir
komm ein andermal zu mir.

Sich an Pseudo-Unschuld zu klammern, ermöglicht es, die Einsicht zu verdrängen, wie machtlos wir alle tatsächlich sind. Wenn wir aus der authentischen Unschuld der Kindheit herauswachsen, werden wir mit den überwältigenden Realitäten des Erwachsendaseins konfrontiert. Diese Desillusionierung stellt sich ein, wenn wir zwangsläufig in Erfahrung bringen,

> ... daß wir nicht imstande sind, viele Menschen zu beeinflussen, daß wir wenig zählen, daß die Werte, denen unsere Eltern ihr Leben weihten, für uns leer und nichtssagend sind, daß wir uns ... bedeutungslos für die Mitmenschen und vor uns selbst nicht viel wert [fühlen].[1]

Der Selbstschutz individueller Pseudo-Unschuld kann uns zeitweilig darin bestärken, daß wir nicht hilflos und verletzlich zu sein brauchen. Wenn wir die Enttäuschungen des tatsächlichen Lebens hartnäckig ignorieren, können wir weiterhin daran glauben, das Leben sei das von uns erwünschte Märchen. In einer solchen Märchenbuchwelt können wir die Hoffnung wiedergewinnen, welche mit der Illusion einhergeht, wir seien etwas Besonderes. Wir können wieder glauben, daß wir einen wichtigen Platz in einem letztlich gerechten Universum einnehmen. Tugend wird belohnt und Böses wird bestraft werden. Wir können dafür *sorgen*, daß sich jemand um uns kümmert. Um diese Macht wirksam werden zu lassen, brauchen wir nur gut zu sein.

Doch wenn wir weiter wachsen und unsere Freiheit ausbauen wollen, das in der bestehenden Welt erreichbare Glück zu suchen, muß ein jeder von uns immer wieder Verluste von Unschuld durchmachen. An der Schwelle eines jeden neuen Lebensabschnitts steht eine derartige Krise. Zusätzlich treten fast täglich kleinere Verluste ein, die ein natürlicher Bestandteil des Heranwachsens zu sein scheinen. Sie setzen sich auch in unserem Leben als Erwachsene fort. Es ist unsere Pflicht zu lernen, wie wir uns durch dieses wechselvolle Leben durchschlagen, ohne diese Verluste mehr als unbedingt nötig zu beachten. Vielleicht besteht Weisheit einfach darin, das hinzunehmen, was wir nicht ändern können, und die Dinge nicht dadurch zu verschlimmern, daß wir mehr erwarten oder auch weniger, als das Leben bietet.

Es hat den Anschein, als wären all die wichtigen Übergänge ohne den zeitweiligen Schutz der Einbildung, das Leben sei das von uns erträumte Märchen, einfach nicht zu ertragen. Wenn die Krisen zu früh eintreten oder allzu wild über uns hereinbrechen oder in einer Atmosphäre emotioneller Heuchelei bewältigt werden müssen, kann das als Schutz erforderliche So-tun-als-ob anhalten und zu einem beständigen Lebensstil werden.

Zu den einzelnen neurotischen Lebensstilen, die sich aus dem Festsitzen in derartigen pseudo-unschuldigen Haltungen ergeben, gehört viel unnötiges Leiden. Unter der Last übersteigerter Eitelkeit oder dem Handikap naiver Glückserwartungen kommt es unvermeidlich zu unnötigen Enttäuschungen und übergroßem Leiden. Wenn eine Pollyanna konkrete Gefahren erfolglos verleugnet, kommt es rasch zu vermeidbarem Schmerz. Am anderen Ende des Spektrums verbringt der Paranoide, der Verängstigtsein mit Gefährdetsein verwechselt, ein allzu beschütztes, eingeengtes Leben voll übertriebener Wachsamkeit. Weil wir so sehr darauf achten, was andere denken und fühlen, laufen wir in beiden Fällen Gefahr, daß wir nicht mehr wissen, was wir eigentlich für uns selbst erstreben.

Diejenigen, die Heiligmäßigkeit zu ihrer pseudo-unschuldigen Haltung machen, zahlen für den Anschein von soviel Güte einen überaus hohen Preis. Ihre unechte Oberfläche wird durch eine entsprechend groteske Karikatur heimlicher Bosheit ausgeglichen. Weder die ‚guten Menschen‘ selbst noch diejenigen, denen sie wehtun, sind auf die Ausbrüche unerwarteter Destruktivität vorbereitet, mit denen das Leben derjenigen, die zu gut sind, um wahr zu sein, durchsetzt ist.

Alle bewußten Haltungen werden durch ihr Gegenteil kompensiert. Je extremer und scheinbar ‚rein‘ die Haltung, desto destruktiver sind ihre unbewußten Folgen. Zu diesen neurotischen Fällen von Pseudo-Unschuld gehört offensichtlich ein unkontrollierbares So-tun-als-ob. Zu heucheln, daß man nicht heuchelt, kostet schließlich einen Preis, der die Vorteile übersteigt. Doch die Neurose ist für Erwachsene nicht die einzige Form von Unschuld.

Daß sich der einzelne immer wieder eingestandenermaßen Phantasien hingibt, ist für alle Erwachsenen eine weitere Form der Unschuld. Wenn dies bewußt abläuft und der Tagträumer sich darüber im klaren ist, daß es sich um ein absichtlich herbeigeführtes, momentanes So-tun-als-ob-Erlebnis handelt, braucht sein erwünschtes Sichgehenlassen nicht zu Selbsttäuschungen zu führen.

Ein weiterer relativ sicherer Puffer für den Schmerz individueller Desillusionierung ist der Schutz, den die Teilhabe an kollektiver oder gemeinschaftlicher Unschuld bietet. Ein Gruppenmitglied mag zeitweilig die Grenze zwischen der konkreten Wirklichkeit und dem Tagtraum aus den Augen verlieren, etwa wenn es den kritischen

Verstand vorübergehend ausschaltet. Dadurch, daß kulturell sanktionierte Mythen und Märchen akzeptiert werden, wird es möglich, gemeinsame Phantasien zu zelebrieren, von denen sich der einzelne später wieder zurückziehen kann ins Privatleben seiner persönlichen Anschauungen.

Selbst bei den primitivsten Stämmen gibt es eine hochentwickelte mündliche Überlieferung bezaubernder Geschichten. Dabei werden meistens zweierlei Arten von Geschichten unterschieden, wobei die eine als wesentlicher und bedeutungsvoller gilt als die andere. In diesem Buch habe ich mich mit den weniger bedeutenden Geschichten befaßt, mit den Volksdichtungen, die unterhaltend oder erheiternd wirken sollen. Diese naiven romantischen Erzählungen mit der Bezeichnung Märchen sind sentimentale Berichte, denen oft traditionelle Klischees zugrunde liegen wie

> ... geheimnisvolle Geburt; orakelhafte Prophezeihungen über zukünftige Verwicklungen in der Handlung; Pflegeeltern; Abenteuer, die die Gefangennahme durch Piraten (Hexen oder Schlimmeres) mit sich bringen; lebensgefährliche Situationen, denen man nur mit knapper Not entrinnt; Erkennen der wahren Identität des Helden und schließliche Heirat mit der Heldin.[2]

Neben diesen Märchen hat jede Gesellschaft einen von ihr tiefer verehrten Schatz an Geschichten, welche die vorrangigen Zielsetzungen ihrer Kultur verdeutlichen. Im frühen Entwicklungsstadium einer jeden Gesellschaft werden diese die Gesellschaft begründenden Geschichten nicht als Mythen oder gar als etwas von Menschen Stammendes betrachtet. Sie bilden vielmehr den Grundstein der Religion dieser Gruppierung und gelten als Offenbarungen. Diese Mythen sind heilige Geschichten über die Götter und Dämonen und deren Beschäftigung mit dem Verhalten der Menschen. Zu den Schauplätzen gehören manchmal unsere Ursprünge in Himmel und Hölle, jenen Welten oberhalb und unterhalb dieses zentralen Ortes, der Erde.

Wann immer eine Kultur eine andere verdrängt, werden die Götter der geschlagenen Gruppe zu den Dämonen der Eroberer. Was ursprünglich klassische Mythologie war, wird zur Fabel oder Folklore. Wenn die Metaphern ihre Aussagekraft verlieren, wird die Mythologie einer Gruppe der säkulären Literatur der Märchen zugeschlagen. In der zeitgenössischen Kultur des Westens wird die biblische Mythologie des Alten Testaments allmählich auf genau diese Weise entmythologisiert.

Die ursprüngliche Kraft dieser alten Erzählungen von spirituellen Erlebnissen wiederherzustellen, hat sich der außergewöhnliche zeitgenössische Mythologe Joseph Campbell zur Aufgabe gemacht.[3] Er wies dem Mythos vier Funktionen zu.[4] An erster Stelle steht der *mystische* oder *metaphysische* Versuch einer „Versöhnung des Bewußtseins mit einer Bedingung seiner eigenen Existenz ... dem ungeheuerlichen Wesen dieses schrecklichen Spiels, welches das Leben darstellt.“[5] Die zweite Funktion ist die *kosmologische*, eine mythische Darstellung des Universums, die uns erlaubt, unseren Aufenthaltsort als sinnvoll zu betrachten. Die dritte, *soziologische* Funktion des Mythos ist die Bestätigung und Erhaltung einer bestimmten gesellschaftlichen Ordnung.

Am aufschlußreichsten für Märchen ist Campbells vierte, *psychologische* Funktion der Mythologie:

> Hier sieht er den Mythos als Führer und Helfer, der den Menschen durch die schwierigen Übergänge des Lebens von der Geburt bis zum Tod begleitet. Das ist für Campbell vielleicht die wichtigste Funktion, denn er betrachtet die soziologische und kosmologische Ordnung als veränderlich und die entsprechenden Funktionen der Mythologie als zeitabhängig. Dagegen nimmt er einen biologischen Kernbestand für die ganze Spezies an, so daß alle Menschen notwendig den gleichen inhärenten psychischen Problemen gegenüberstehen. Er betont die beim Menschen auffällig lange Zeit der Unreife und Abhängigkeit und die daraus entstehenden Schwierigkeiten beim Überschreiten der Schwelle zur Eigenverantwortlichkeit des Erwachsenen, bei der zweiten, der sozialen Geburt des Menschen. „Die vierte Funktion soll die Initiation des Individuums in seine eigene Psyche sein und ihn zu spiritueller Selbstverwirklichung führen.“[6]

Wie verwässert und verkürzt Märchen auch sein mögen, sie erfüllen in der Kindererziehung weiterhin diese mythischen Funktionen. Wie die Bejahung des mythischen Universums schafft auch der Glaube an Märchen eine Illusion von Form und Harmonie in einem sonst ungeordneten und unvollkommenen Leben. Und wie die Mythen tragen die Märchen zu der Erwartung bei, daß es eine besondere Weltordnung gibt, in der die Menschen eine zentrale Stellung einnehmen.

Daher haben die Märchen der Kindheit eine gewisse didaktische Autorität, die der heiligen Lehre der Mythen in der Erwachsenenreligion entspricht. Der in der Schöpfungsgeschichte geschilderte Sündenfall warnt vor dem Verlust von Unschuld, der sich ergibt, wenn der Gedanke angezweifelt wird, jemand anders wisse, was gut für uns ist. Wenn der einzelne dem persönlichen Wachstum und dem Abenteuer zuliebe der Versuchung nachgibt, so wird dadurch immer die Autorität der Respektspersonen in Frage gestellt. In einer auf religiösen Anschauungen basierenden Gesellschaft betrachtet man die Suche nach säkulärer Weisheit stets als Sünde. Was dem neu erworbenen Bewußtsein des Individuums als Freiheit erscheint, bezeichnen die Obrigkeiten als Ungehorsam.

Vielleicht brauchte die Priesterkaste gar nicht so besorgt zu sein. Auch wenn sie die kosmische Verbindung nicht herstellen, verbreiten die Märchen nach wie vor die heiligen Botschaften der Mythen. Säkuläre Weisheit ist zu guter Letzt nicht mehr als eine Form *gemeinschaftlicher Unschuld.*

Solange die gemeinschaftliche Unschuld einfach als eine weitere Form von Heuchelei wahrgenommen wird, bietet sie einen gemeinsamen Schutz gegen individuelle Desillusionierung. Doch die unkritische Bejahung des Zugehörigkeitsgefühls und die gegenseitige Abhängigkeit, die mit der wechselweisen Bestätigung in der Gruppe einhergeht, bringen ein Risiko mit sich: daß engstirnige Zwänge entstehen, die die Beschränktheit der Gruppenanschauung für die *einzig wahre Sicht* dessen nehmen, was normal, natürlich oder wirklich ist. Gemeinschaftliche Unschuld kann dazu führen, daß ein Mensch blind wird für die *Gleichwertigkeit* der mannigfachen Realitäten, die man sonst in einer pluralistischen Gesellschaft antreffen kann.

In der Armee geriet ich in ein Sammelsurium unterschiedlicher ,Realitäten'. Eine Zeitlang war ich einer militärischen Einrichtung für geistige Hygiene in Fort Carson, Colorado, zugeteilt. Alle Psychologen und Sozialarbeiter unter den Mannschaftsdienstgraden, die das Personal der Klinik bildeten, stammten aus ,ethnischen' Milieus. Ich war der ortsansässige Jude. Darüber hinaus hatten wir einen Schwarzen aus Harlem, einen in den USA gebürtigen Japaner, der in einem Internierungslager aufgewachsen war, sowie einen weiteren Orientalen aus San Franciscos Chinatown. Außerdem verfügten wir über Abgesandte aus Klein-Italien, dem Shantytown der Iren und anderen althergebrachten ethnischen Enklaven.

In der Mittagspause saßen wir einmal beisammen und verglichen unsere gegensätzlichen Erfahrungen und Anschauungen aus der Kindheit. Unter uns befand sich, mit unausgesprochener Verwunderung erfüllt, unser Musterexemplar eines ,Weißen Angelsächsischen Protestanten'. Dieser Psychiater im Offiziersrang stammte aus einer homogenen Stadt des Mittleren Westens, in welcher die Mitglieder seiner eigenen nordeuropäisch-protestantischen Glaubensgemeinschaft fast die gesamte Einwohnerschaft ausmachten. Mir fiel sein Schweigen auf, und ich fragte ihn nach einer Weile: ,,He, Captain, wie ist das denn, wenn man mitten drin in Amerika in einer ,weißen angelsächsischen protestantischen' Familie aufwächst?" Er ließ sich die Sache eine Weile durch den Kopf gehen. Aus der Geborgenheit einer nicht in Frage gestellten gemeinschaftlichen Unschuld heraus kam schließlich seine farblose selbstsichere Antwort: ,,In meiner Familie und in unserer Heimatstadt aufzuwachsen, das war eben, na ja, ganz das *übliche*."

Es war ihm nie in den Sinn gekommen, daß Alternativen zu seinen persönlichen Erfahrungen mit seiner eigenen Lebensweise gleichwertig waren! Kollektive Haltungen wie die seine, die man vertrauensvoll ungeprüft ließ, haben ein unerwartetes Gegenstück im pseudo-unschuldigen Fanatismus der ,alten Kameraden', der Engstirnigkeit marxistischer Idealisten und in der Art und Weise, wie ausgeflippte Hippies Dingen aus dem Wege gehen, die sie nicht ,antörnen'.

Ganz gleich, wie schattenhaft ihre Illusionen sind, das ist die einzige Realität, die sie kennen. Geschlossene Gruppen von gemeinschaftlich unschuldigen Menschen haben allseits befürwortete Perspektiven gemein, an denen sie keinen Zweifel zulassen. Platons Höhlengleichnis[7] bietet eine denkwürdige Schilderung dieser kollektiven Solidarität.

Platon möchte, daß wir uns Menschen vorstellen, die seit ihrer Kindheit in einer Höhle angekettet sind, und zwar so, daß sie nur die vor ihnen befindliche Wand sehen können. Hinter ihnen brennt in einiger Entfernung an erhöhter Stelle ein Feuer. Zwischen dem Feuer und den Gefangenen steht eine niedrige Mauer, der sie den Rücken zuwenden. Genau hinter der Mauer bewegt sich ein stetiger

Strom anderer Menschen vorbei. Sie strecken allerlei hölzerne und steinerne Figuren so hoch über ihre Köpfe empor, daß sie über die Mauer hinausragen.

So können die Gefangenen an der Rückwand der Höhle lediglich die Schatten wahrnehmen, die das Feuer von diesen Gegenständen abbildet. Diese Schatten bilden die gemeinsame Realität der gefangengehaltenen Gruppe, ihre außer Frage stehende Welt von Sinneseindrücken. Sie wird von allen gleichermaßen wahrgenommen. Es ist die einzige Welt, die sie kennen.

Dann fordert uns Platon auf, uns vorzustellen, daß einer dieser Gefangenen aus dieser Zwangsperspektive gemeinschaftlicher Unschuld befreit wird. Sobald er die Gegenstände und den Feuerschein erblickt, der diese Abbilder erzeugt, wird er erkennen, daß die anderen Gefangenen Schatten für Wirklichkeit gehalten haben.

Sollte er zurückgehen und seine ehemaligen Mitgefangenen aufklären? Wie würden sie reagieren? Da sie nur ihre Welt der Schatten kennen, würden sie ihm niemals glauben. Seine Belehrungsversuche wären der Lächerlichkeit preisgegeben. Wenn er ihre unangezweifelten Auffassungen ernstlich in Frage stellte, würden sie ihn vielleicht in Stücke reißen.

Die gemeinschaftlich unschuldige Gruppe widersetzt sich jeglichem Pluralismus und opfert zugunsten der Gruppensolidarität bereitwillig jedes abweichlerische Individuum. Doch sind soziale Strafmaßnahmen nicht das einzige Risiko, auf das sich der Unangepaßte einläßt. Wenn dem unabhängigen Individuum nur noch übrig bleibt, sich alleine durchzuschlagen, fällt es ihm schwer, weiterhin seinen persönlichen Überzeugungen zu vertrauen. Der unwiderstehliche Einfluß der harmlos erscheinenden gemeinschaftlichen Übereinkunft kann sowohl einschüchternd als auch in verführerischer Weise korrumpierend wirken.

Sooft ich als kleiner Junge Gefühle oder Meinungen zum Ausdruck brachte, die sich von der Märchenwelt der Familie unterschieden, forderte mich meine Mutter prompt mit der Frage heraus: „Sag mal, du *nisht-guteh* (Nichtsnutz), kann denn die ganze Welt verrückt sein und du allein normal?"

Angesichts einer solchen Herausforderung war es schwierig, nicht an sich selbst zu zweifeln. Ich machte viel unnützes Leiden durch, indem ich mich auf ihre Seite schlug und meine eigenen individuellen Erfahrungen zugunsten gemeinschaftlicher Illusionen in Frage stellte. Ich brauchte lange, bis ich begriff, daß es doch Fälle geben konnte, wo ich selbst dann recht hatte, wenn niemand mit mir übereinstimmte. Nach einer Reihe von Jahren war ich entzückt, als ich auf den schönen Satz von George Bernard Shaw stieß: „Fünfzig Millionen Franzosen können nicht recht haben!".

Als ich gelernt hatte, einer Gruppe allein gegenüberzutreten, erwartete ich anfangs, daß ich in der Lage wäre, mich gegenüber unschuldigeren Menschen zu behaupten. Ich neigte zu der Auffassung, sie müßten einsehen, daß ich ihnen gegenüber im Vorteil war, mich bewundern und mir besondere Privilegien einräumen. Ironischerweise stellt sich meist heraus, daß das Gegenteil zutrifft.

Wenn wir ein freieres Blickfeld haben als andere, können wir mehr wagen. Daher machen wir Fehler, vor denen sie zurückgeschreckt wären. Die Folge ist, daß sie uns als Narren oder Schlimmeres abtun. Ihre geballte Kritik mag uns dazu bringen, ihrem Druck nachzugeben, und die Augen gegenüber neuen Möglichkeiten zu verschließen und das gefahrlosere, gesichertere, beschränktere Leben zu leben, das ihre Blindheit erfordert.

In einer allegorischen Kurzgeschichte mit dem Titel ‚Das Land der Blinden'[8] warnt uns H. G. Wells vor der Gefahr gemeinschaftlicher Unschuld. Wells beschrieb vor über fünfzig Jahren ein geheimnisvolles Gebirgstal in Südamerika, das durch eine Naturkatastrophe von der Außenwelt abgeschnitten war. Vor langer Zeit hatten sich Siedler in dem unbewohnten Tal niedergelassen. Sie wurden von einer seltsamen Krankheit befallen, die dazu führte, daß von nun an alle Kinder blind geboren wurden.

Das Leben im Tal war so unkompliziert, daß den blinden Kindern der Verlust allmählich kaum mehr auffiel. Das einfache Leben in diesem üppigen Garten Eden machte die Anpassung so leicht, daß sich die Gemeinde der Blinden nach fünfzehn Generationen der Behinderung nicht mehr bewußt war. Ihre Vorfahren hatten alles so eingerichtet, daß es mit der Blindheit im Einklang stand:

> Jeder der strahlenförmig verlaufenden Wege im Umkreis des Dorfes stand im gleichen Winkel zu allen anderen und war durch eine besondere Rille im Randstein markiert. Alle Hindernisse und Unregelmäßigkeiten von Weg und Wiese waren längst beseitigt worden; ihre ganze Arbeitsweise und ihr Vorgehen entsprang begreiflicherweise ihren besonderen Bedürfnissen.[9]

Ihre wachen Stunden waren nun in der Nacht, die sie ‚Tag' nannten. Tagsüber, wie wir es nennen, schliefen sie. Wie zum Ausgleich für die Blindheit waren ihre übrigen Sinne auf wunderbare Weise geschärft worden, so daß sie die kleinste Handbewegung einer anderen Person aus bis zu sieben Schritt Entfernung einzuschätzen vermochten.

> Betonung hatte seit langem den Gesichtsausdruck ersetzt und Berührungen die Gebärden, und ihre Arbeit mit Hacke und Schaufel und Stechgabel war so frei und selbstsicher, wie Gartenarbeit sein kann.[10]

Bis zu dem Tag, an dem plötzlich ein Fremder auftauchte, hatten die Menschen im Land der Blinden seit ihrer Ankunft keinen Kontakt mit Auswärtigen gehabt. Numez, ein Bergsteiger aus Bogotá, geriet als Führer einer Expedition in einen Erdrutsch. Er überlebte den Absturz ins Tal und wurde von den Siedlern entdeckt.

Numez merkte schnell, daß diese Menschen blind waren und meinte, er sei ihnen gegenüber sehr im Vorteil. Stattdessen stellte er bald fest, daß sie *ihn* für behindert hielten. Gewandt und sicher bewegten sie sich auf den Pfaden durch die Dunkelheit, auf denen er unsicher stolperte und manchmal hinfiel. Mit herablassender Besorgnis fragte ihr Anführer:

> „Muß man dich führen wie ein Kind? Kannst du den Weg nicht hören, wenn du gehst?"

> Numez lachte. „Ich kann ihn sehen", sagte er.

> „Ein Wort wie *sehen* gibt es nicht", sagte der Blinde nach einer Pause. „Hör auf mit dieser Verrücktheit und folge dem Geräusch meiner Füße." . . .

> „Hat euch niemand gesagt, ‚Im Land der Blinden ist der Einäugige König'?"

> „Was ist blind?" fragte der Blinde leichthin über seine Schulter.[11]

Nach vielem Hin und Her gab Numez den Versuch auf, sie dazu zu bringen, daß sie seine Überlegenheit anerkannten. Weil er Dinge verstand, die für sie nicht existierten, fühlte er sich isoliert, einsam und unsicher; manchmal zweifelte er an seinem Geisteszustand, und schließlich erfüllte ihn nur noch ein großes Verlangen. Er wollte nur noch einer von ihnen werden. Er bat sie, seine täppische Art zu entschuldigen und ihn im Land der Blinden als Mitbürger aufzunehmen.

Numez hatte sich in eine der jungen Frauen des Tales verliebt und wollte sein Leben dort verbringen. Ihre Familie und andere Gemeindemitglieder widersetzten sich der Eheschließung, weil sie ihn für einen seltsam unfähigen und unvollkommenen Menschen hielten.

Es gab Unruhe im Tal. Unter den Stammesältesten befand sich ein wegen seiner Gedankentiefe sehr geachteter Medizinmann. Als man ihn um Rat bat, kam ihm ein Gedanke, wie sich die Eigenarten von Numez beheben ließen. Nach einigem Nachsinnen über das Problem riet der Medizinmann in seiner ehrwürdigen Weisheit zu folgendem:

> „. . . diese merkwürdigen Dinge, die Augen genannt werden und welche dazu da sind, im Gesicht eine angenehme sanfte Vertiefung zu bilden, sind krank bei Bogotá, derart, daß sein Verstand davon betroffen wird. Sie sind sehr stark vergrößert, er hat Augenwimpern, und seine Augenlider bewegen sich, und demzufolge befindet sich sein Gehirn in einem Zustand ständiger Reizung und Zerstreuung . . . und ich glaube, ich darf mit ziemlicher Gewißheit sagen, daß wir, um ihn ganz gesund zu machen, nur eine einfache und ungefährliche Operation vorzunehmen brauchen - nämlich diese störenden Gebilde zu entfernen."[12]

Zuerst war Numez entsetzt über den Einfall, ihm die Augen herauszuschneiden. Doch bald begannen seine Selbstzweifel. Wie konnte er sicher sein, daß er es besser wußte als sie, was nun wirklich war oder nicht? Schließlich war er der einzige im Tal, der umherstolperte. Alle anderen bewegten sich sicher und geschickt. Als er bei der Frau, die er liebte, eine Bestätigung suchte, vergoß diese Freudentränen bei dem Gedanken, daß ihr Geliebter doch noch geheilt und normal werden würde und sie gemeinsam ein Leben wie alle anderen führen könnten.

Es tat so weh, ein Unangepaßter, ein Außenseiter zu sein. Numez wollte diese Frau heiraten, doch fast noch mehr wollte er als Teil der Gemeinschaft aufgenommen werden. Es war so schwer, weiter auf sich selbst zu vertrauen, wenn niemand seine Ansichten teilte. Konnten sie denn wirklich alle verrückt sein, und er als einziger normal?

Es war so schwierig, sich weiter darüber im klaren zu sein, daß er nur aus dem Grund heraus mehr Fehler machte als sie, weil ihm mehr Möglichkeiten bewußt waren. Als sehender Mensch hatte er in diesem Tal der Blinden geglaubt, er würde König werden. Stattdessen führte sein Vermögen, die Dinge in ihrer wahren Gestalt zu erkennen, dazu, daß ihn diejenigen, die nicht sehen konnten, einen Narren nannten. Numez brauchte seine ganze Kraft, um ihr Angebot zur Wiederherstellung seiner Gesundheit abzulehnen. Die einsame, gefährliche Klettertour aus jenem glücklichen Tal heraus war sein einziger Ausweg vor der Versuchung, die ihr Aufnahmeangebot darstellte.

Der Gruppendruck, der zur Aufgabe individueller Abweichungen von gemeinschaftlicher Unschuld führen soll, wird von den Obrigkeiten immer noch mit Strafmaßnahmen ausgestattet. Wir mögen glauben wollen, daß die Bestrafung der Ketzerei mit längst vergangenen Greueltaten, etwa während der spanischen Inquisition, ein Ende gefunden hat; doch wird sie immer noch offiziell ausgeübt: von der brutalen Einkerkerung politischer Dissidenten in psychiatrischen Anstalten in der Sowjetunion bis zur Aufrechterhaltung der veralteten Bestimmungen über die Erregung öffentlichen Ärgernisses (den sogenannten Blue Laws) in den USA.

Die Tyrannei der Gruppe ist proportional zum pseudo-unschuldigen Glauben ihrer Mitglieder, sie wüßten am besten, was für das Individuum richtig ist. Weil sich die Gruppenmitglieder als die anständigen Menschen vorkommen, vermögen sie nicht zu begreifen, wie jemand ihr Angebot, sich um die arme, verlorene Seele zu kümmern, ablehnen kann. Die von der Human-Potential-Bewegung in den sechziger und frühen siebziger Jahren massenhaft hervorgebrachten Encounter-Gruppen verdeutlichen, daß die Zwangsmaßnahmen gemeinschaftlicher Unschuld so lebendig und wohlmeinend wie eh und je sind. Hier berichtet ein Betroffener, wie er den Errettungsbemühungen entrann:

> Vor einigen Jahren beteiligte ich mich an einer Sensitivitäts-Gruppe, die sich zweimal wöchentlich etwa sechs Wochen lang traf. Es war die vierte Zusammenkunft, und ich wurde darüber instruiert, was in der vergangenen Sitzung, die ich versäumt hatte, passiert war. Der eifrige junge Mann, der die Instruktionen durchführte, war wenig angetan von mir wegen meines Fehlens und ließ mich dies auch wissen (unsere Gruppe hatte zwei Hauptregeln: regelmäßige Teilnahme und völlige Offenheit). Dann kam er auf den Kern der Sache:

„Vergangene Woche erzählten wir alle, was uns im Leben am wichtigsten ist. Haben Sie etwas, das Ihnen am wichtigsten ist?"

„Ja", erwiderte ich.

„Und was ist das?"

„Das geht Sie nichts an."

Es war nicht meine Absicht, so barsch zu sein, da aber Ehrlichkeit auf der Tagesordnung stand, zeigte ich mich der Lage gewachsen und sagte ihm meine Meinung. Er war zutiefst getroffen, als hätte ich gegen einen althergebrachten Kodex verstoßen - als hätte ich nicht das Recht, der Gruppe Informationen vorzuenthalten. Ich kann mich nicht mehr entsinnen, was danach gesagt wurde; ich erinnere mich nur noch an den Ausdruck völliger Verständnislosigkeit in seinem Gesicht.[13]

Ohne daß wir unsere eigene Leichtgläubigkeit bemerken, können wir in Erscheinungsformen gemeinschaftlicher Unschuld verwickelt werden, die unsere individuelle Freiheit stark beeinträchtigen und unsere Integrität als Person in Frage stellen. Der Sexismus ist neben dem Rassismus ein eindrückliches zeitgenössisches Beispiel für tyrannische gemeinschaftliche Unschuld. In beiden Fällen neigen die Opfer wider ihren Willen dazu, sich selbst die Schuld an den Gewalttaten zuzuschreiben, die ihnen angetan worden sind.

Da ich ein Therapeut bin, der die Rechte der Frauen unterstützt, gehört es zu meiner Aufgabe, die Ketzerei dieser Opfer in ihrem Recht zu bestätigen. Meine Arbeit mit Ellen liefert ein deutliches Beispiel für diesen ironischen Umstand. Typisch für unsere Zeit begann Ellen mit der Psychotherapie, als sie mitten drin war, ihr Leben umzuwandeln: vom völligen Eintauchen in die fürsorgliche Rolle der Hausfrau und Mutter hin zu einem Leben als selbständige Frau, die mit einem nachträglich erworbenen Studienabschluß einen neuen Beruf ergreifen und ihr eigenes Leben leben wollte. Wie viele andere dieser Frauen hatte sie sich lange aufgeopfert und war lange Zeit depressiv gewesen. Während sie sich jetzt immer entschlossener darum bemüht, ihre Intelligenz, ihre Phantasie und persönliche Initiative neu zu beleben, fühlt sie sich doch oft schuldig, eingeschüchtert und völlig überwältigt.

Sie kam an jenem Morgen mit Verspätung zu ihrer Therapiesitzung, war außer Atem und abgehetzt, doch offensichtlich froh, wieder ihren sogenannten ‚Ruheplatz' erreicht zu haben. „Das ist wieder so ein Tag", fing sie an. Neben all dem üblichen Wirbel mit unterschiedlichen Plänen, Tätigkeiten und Ansprüchen hatten sie und ihr Mann am Wochenende für eines der Kinder ein Aquarium gekauft, eingerichtet und mit Fischen besetzt. Natürlich funktionierte ein Teil der Ausrüstung nicht, es gab noch keinen geeigneten Platz zum Aufstellen des Aquariums, der umherstöbernde Wels hatte einen Teil der Jungfische verschlungen, und eines der recht teueren Exemplare war im Laufe der Nacht aus dem Behälter auf den Fußboden gesprungen. Dieser unerwartete Selbstmord erforderte nicht nur ein Entfernen des Leichnams, sondern man mußte dem Kind den Todesfall mitteilen und auf sein Leid eingehen.

All dies führte bei Ellen zu dem scheinbar eskapistischen Tagtraum, wie es wäre, wenn sie selbst in einem Aquarium lebte, von Verantwortung frei und von jemand anders versorgt. Doch als sie damit anfing, das erhoffte freie und angenehme Leben zu beschreiben, wurde die Phantasievorstellung allmählich durch manche Belastungen und Abhängigkeiten ihres eigenen, nicht unbedingt schönen Lebens umgestaltet. Zu Beginn stellte sie sich vor, wie sie vom Grund des Behälters hinaufschaute zu den schönen, teueren Exemplaren, die unbeschwert in der Nähe der Wasseroberfläche schwammen, wobei Sonnenstrahlen durch ihre bunten Schwänze drangen. Diese Fische erinnerten sie an ihren Mann und an mich, die sie beide sehr ‚bewundert'.

Doch es zeigte sich, daß sie selbst unten in der Düsternis in einer Ecke des Aquariums verborgen blieb. Sie sah sich als den umherstöbernden Wels, ein häßliches Geschöpf, das der Verkäufer im Zoogeschäft ihnen aufgedrängt hatte, weil es den Unrat im Aquarium entfernen würde.

Obwohl uns Ellen anfangs bewunderte, wollte sie uns bald die Köpfe abbeißen. Je länger sie diese bombastischen Fischmännchen betrachtete, desto mehr kamen sie ihr wie ‚Schwänze' vor. Und es dauerte nicht lange, da wurde aus dem Wunsch, unsere Köpfe abzubeißen der Wunsch, unsere Penisse abzubeißen.

Offensichtlich war diese Assoziation für Ellen beunruhigend; sie begab sich in etwas ruhigere Gefilde und erzählte, wie all dies sie an längst vergangene Zeiten erinnere, in denen sie als kleines Mädchen sah, wie ihre Brüder mit Erektionen herumliefen und sie selbst den faszinierenden Pomp dieses Phallusstolzes mit Neidgefühlen gegenüber dem Freiraum ihrer Brüder verband. Die Sitzung endete ohne eine ausführliche Besprechung des Themas.

Während der folgenden Sitzung kehrte sie nach einigen scheinbar abschweifenden Bemerkungen über die Schwierigkeiten, gleichzeitig Hausfrau, Mutter und graduierte Studentin zu sein, wieder unmittelbarer zu der Phantasievorstellung zurück. Sie räumte ein, sie sei etwas besorgt darüber, wie seltsam sich diese Phantasie entwickle und wie ich wohl darauf reagieren werde; als sie dann versucht hätte, an etwas anderes zu denken, seien ihre Gedanken jedoch immer wieder zu diesem Punkt zurückgekehrt.

Sie fuhr mit der Phantasie fort. Das mit Hilfe einiger Assoziationen aus der Vergangenheit herausgearbeitete Bild vom Abbeißen der Schwänze hatte den Tagtraum in die Vorstellung verwandelt, sie erhalte die erste Penistransplantation der Geschichte. Sie fand, daß diese tollen Aussichten auch viele Probleme mit sich bringen würden. Sie müßte weite Röcke tragen, um ihr Geheimnis zu verbergen. Sonst würden die Leute Fragen wegen des verpflanzten Penis stellen, auf die sie keine Antwort wüßte, weil sie schon die Fragen nicht verstehen könnte.

Ein weiterer beunruhigender Aspekt des Erwerbs dieses neuen, ungewohnten Organs lag darin, daß sie überzeugt war, sie würde schrecklich einsam sein. Ihr Geheimnis würde nicht nur eine Trennung zwischen ihr und anderen Menschen schaffen, sie würde auch ohne Liebesbeziehungen auskommen müssen. Eines Tages kam sie tatsächlich auf den Gedanken, wenn der Penis lang genug werden würde, dann könnte sie sich vielleicht selbst ficken. Vorerst gäbe es jedoch keine Möglichkeit, dieses vielversprechende Anhängsel zu genießen, weil der Transplantationsbereich wegen der Nähte noch zu wund war.

Ellen äußerte sich recht besorgt darüber, daß diese Phantasievorstellung bei ihr aufgekommen war. Sie befürchtete, ich fände sie nun doch ein bißchen zu verrückt. Und da sie genügend gebildet war, um mit der Freud'schen Sicht der Frau als einer kastrierten, von Penisneid erfüllten Minderwertigen vertraut zu sein, befürchtete sie, daß ihr Kampf auf Leben und Tod durch die Phantasievorstelllung in meinen Augen zur neurotischen Anspruchshaltung eines bekloppten Weibsbilds werden könnte, das einfach ein Mann sein wollte.

Meine Interpretation lautete jedoch *nicht*, daß sie ein Mann werden wolle und folglich unter *Penisneid* leide, sondern daß sie einfach ein eigenes Leben haben wolle und deshalb in ihren Vorstellungen einen *Persönlichkeitsneid* zum Ausdruck brächte. Ich sagte ihr, die im Zusammenhang mit der Phantasievorstellung geäußerten Befürchtungen seien nach meinem Dafürhalten unangebracht, da ihre Sehnsüchte für Männer keine Gefahr bedeuteten. Die Metapher der Penistransplantation spiegele keine fundamentale Freud'sche (oder sonstige) biologische bzw. psychische Transformation durch Penisraub wider. Sie sei lediglich ein kulturell bedingter, mißverständlicher symbolischer Ausdruck ihrer legitimen menschlichen Bestrebungen, ihren eigenen Zielen gerecht zu werden. Darüber hinaus gab ich ihr klar zu verstehen, ich sei überzeugt, die mit ihrer mutigen Umwandlung einhergehende Einsamkeit lasse sich überwinden, sobald das Wundsein der Übergangsphase nachlasse und der erfreulichen Erkenntnis der in ihr steckenden Möglichkeiten Platz mache.[14]

Ellen ist eines der vielen Opfer des politisch repressiven Aspekts gemeinschaftlicher Unschuld. Solange sie an die patriarchalischen Mythen und sexistischen Märchen glaubt, die zu der beruhigenden Scheingewißheit unserer konventionellen Weisheit gehören, muß sie mit der Infragestellung ihrer eigenen unmittelbaren Erfahrung und Urteilskraft bezahlen. Der feministische Standpunkt gibt Ellen die Möglichkeit, ihre Gefühle und Phantasien anders zu interpretieren, als dies unter dem entpersönlichenden Blickwinkel der herrschenden Gewalt geschieht.

Manchmal läßt sich für jeden von uns nur schwer erkennen, daß wir persönliche Wahlmöglichkeiten haben und daß wir diese auch wählen dürfen anstelle der von der Gemeinschaft als ‚richtig' anerkannten. Wir können vielleicht nicht erkennen, daß es für uns eine Alternative gibt, bis uns diese von jemand angeboten wird, den wir mit viel Macht ausgestattet haben. Um autonom zu werden, müssen wir uns jedoch diese Grundwahrheit immer wieder einprägen, solange bis uns niemand mehr daran zu erinnern braucht, daß wir nach unserem eigenen Ermessen handeln können. Manchmal wissen wir kaum noch, ob wir dem Land der Blinden *entronnen* oder dort *hineingeraten* sind. Vor vielen Jahren wurde ich durch den Titel *Der Gott, der keiner war*[15] auf ein Buch aufmerksam, in dem verschiedene Intellektuelle ihre Desillusionierung gegenüber dem

Kommunismus schilderten. Am faszinierendsten fand ich dabei, daß viele von ihnen vor oder nach ihrer Abwendung vom Marxismus eine ähnlich unbefriedigende Romanze mit dem Katholizismus erlebt hatten.

Es ist möglich, daß man geistig gesund ist und sich trotzdem einbildet, verrückt zu sein. Doch es ist ebenfalls möglich, verrückt zu sein, ohne daß man es weiß. Es gibt Zeiten, in denen man glaubt, man sei der einzige normale Mensch, und selbst diese können sich als Zeiten erweisen, in denen man wirklich verrückt gewesen ist.

Es wäre nützlich, aus dieser Gegensätzlichkeit herauszukommen. Manche Dilemmas scheinen unauflöslich zu sein: Was ist wirklich, was unwirklich? Wer ist geistig gesund, wer ist wahnsinnig? Wann tue ich das Richtige, wann das Falsche?

Wer weiß das? Meine einzige Hoffnung liegt darin, daß ich mir gestatte, das Interesse am Auffinden der Antwort zu verlieren. Immer wenn ich mit mir selbst in Frieden lebe, stelle ich fest, daß das nur deshalb der Fall ist, weil ich die Frage vergaß.

Nachdem ich sogar den Versuch aufgegeben habe, auf die großen Fragen eine Antwort zu finden, bemühe ich mich dennoch beharrlich darum, die unmittelbareren Alltagsfragen zu klären.

> Der Ausgangspunkt der Konflikte, die ich zwischen mir und anderen erlebe, liegt in der Tatsache, daß ich allzuoft *nicht weiß, was ich fühle, nicht sage, was ich meine,* und *nicht tue, was ich sage.* Es ist weitgehend eine Frage der Ehrlichkeit mir selbst gegenüber.[16]

Wenn ich es schaffe, mit mir selbst ins reine zu kommen, weiß ich vielleicht immer noch nicht, wie ich mit anderen stehe. Die meisten von uns ziehen es vor, ihre Zeit mit Leuten zu verbringen, deren Ansichten sich mit unseren decken. Während des Vietnamkrieges konnte ich nicht begreifen, weshalb es so lange dauerte, bis der Druck der öffentlichen Meinung zum Abzug der amerikanischen Truppen führte. Jeder, den *ich* kannte, war *gegen* den Krieg! Ich konnte es kaum fassen, daß die große Mehrheit der Menschen in diesem Land tatsächlich solange an eine Realität glaubte, die sich von der mir bekannten so stark unterschied.

Das Gegenstück zu dieser Illusion taucht auf, wenn Individuen traditionsgemäß gültigen konventionellen Weisheiten den Rücken kehren, ohne zu wissen, wieviele andere ebenfalls den Respekt verloren haben. Mir fallen dabei die Ergebnisse eines Projektes ein, das ein Freund von mir mit seiner Sozialforschungsfirma durchgeführt hat. Seine Firma erhielt einen Auftrag der Regierung, den Genuß von Marihuana auf einem bestimmten Marinestützpunkt zu untersuchen.

Die beiden Feststellungen, die mich am stärksten faszinierten, waren: 1. Die *meisten* der befragten Marineinfanteristen gaben zu, daß sie Marihuana rauchten; 2. Die meisten Angehörigen dieser Mehrheit glaubten, sie bildeten eine *Minderheit*!

Als Kindern wird uns anfangs von unbewußt eigennützigen Erwachsenen beigebracht, das Leben sei geordnet und durchschaubar. Nach einer Weile lehrt uns die Erfahrung, daß wir den Sinn und Zweck einfach nicht begriffen haben. Beim Heranwachsen wird dann den Kindern von der Gemeinschaft ein durch Übereinkunft entstandenes System konventioneller Weisheiten beigebracht. Allzubald stellen jedoch manche von uns fest, daß uns diese gemeinschaftliche Unschuld auch nicht mehr nützt als unsere ursprüngliche kindliche Unschuld.

Als Jugendliche wollen wir zwar unsere Individualität behaupten, doch nehmen wir die von der Teenager-Subkultur unserer Altersgenossen sanktionierten Trotzhaltungen ein. Früher als erwartet, sind die meisten von uns dabei, ,erwachsen zu werden und einen Hausstand zu gründen'. Sobald wir in dem für unsere jeweilige Generation charakteristischen Stil von Erwachsenenkonventionen aufgegangen sind, bilden wir uns ein, wir hätten uns weit über die naiven Vorstellungen unserer Eltern hinausentwickelt. Ein paar von uns halten durch und bleiben offen unangepaßt, ohne zu verstehen, daß wir letzten Endes alle unangepaßt sind.

Der Glaube an eine geordnete und durchschaubare Welt hat seine Tücken. Immer wieder entwickeln sich die Dinge anders, als es den Anschein hatte. Doch zu der Erkenntnis unserer Bedeutungslosigkeit in einem letztlich unbewältigbaren Leben zu stehen, ist so niederdrückend, daß wir dies nicht lange aushalten. Die Ansichten einer Gruppe zu teilen, bringt Einengungen. Individuelle Perspektiven sind gleichermaßen unzuverlässig. Wir können nie genau sagen, ob andere Menschen die Dinge auch so sehen wie wir.

Wie viele von denen, die sich zur Mehrheit bekennen, stehen insgeheim den Überzeugungen desillusioniert gegenüber, die sie öffentlich vertreten? Wie viele von denen, die trotzig auf sich selbst gestellt bleiben, tun dies nur, weil sie nicht wissen, wie sie sich der Gruppe anschließen sollen? Inwieweit ist die unverblümte Illusionslosigkeit schlicht und einfach unsere besondere Methode, ein Plätzchen in der Gemeinschaftsstruktur zu ergattern?

Inwieweit nützt unser Abweichlertum der Gemeinschaft? Wer spricht für diejenigen, die keine Stimme haben? Wer übernimmt es, sich zu der Skepsis zu bekennen, die anderen Gruppenmitgliedern angeblich fremd ist? Wird jemand freiwillig zum ,stadtbekannten Säufer', oder wird er dazu ernannt? Und ziehen wir nicht, wenn der ,Dorfdepp' stirbt, immer jemanden heran, der seinen Platz einnehmen soll?

Wenn das Leben keinen tieferen Sinn hat, wie können wir es durchstehen, in diesem unkontrollierbaren Universum offen mit unserer Hilflosigkeit konfrontiert zu werden? Eine täuschend sichere Methode, dies herauszufinden, ist der Versuch der erneuten Lektüre von Lewis Carrolls *Alice im Wunderland*.[17]

Seit über hundert Jahren ist diese chaotische Erzählung über Alices ,Reise ans Ende der Nacht'[18] für Kinder und Erwachsene eine fesselnde Untersuchung der Schattenseite des Lebens. Es ist jedoch bemerkenswert, daß Kleine und Große auf dieses Erlebnis stets unterschiedlich reagieren.

Obwohl Kinder von der Geschichte fasziniert sind, jagt sie ihnen meist auch Angst ein. Wie Alice selber weigern sich die meisten Kinder, das Chaos des Wunderlandes als das anzuerkennen, was es ist. Unschuldig halten sie an ihrer Annahme fest, daß alle Erfahrung sinnvoll sein muß. Doch wenn der Besucher des Wunderlands darauf besteht, daß ,,Alles seine Moral hat, man braucht sie nur zu finden'', dann verstärkt dies nur sein Gefühl der Bestürzung und der Machtlosigkeit.

Erwachsene stellen fast zwangsläufig fest, daß das Wunderland sie – ähnlich wie das Leben – dazu bringt, über die komische Absurdität ihrer unsinnigen Situation zu lachen. Wenn uns das Leben fort und fort zusetzt, gibt es Augenblicke, in denen wir über uns lachen müssen, da wir sonst unweigerlich vor Verzweiflung umkommen würden.

Im Verlauf ihrer abenteuerlichen Erforschung der zum Verrücktwerden widersprüchlichen Welt unterhalb des alltäglichen Bewußtseins erlebt Alice ein ums andere Mal, wie die Dinge auf den Kopf gestellt werden. Ihre gewohnte Einstellung zum Leben scheint Stück für Stück in sich zusammenzufallen. Ihre fehlgeschlagenen Versuche, die Regeln der Weltordnung im gesetzlosen Wunderland zu erfahren, bilden für den Leser eine metaphorische Parallele, in der er die zwangsläufig vergebliche Suche nach dem Sinn seines eigenen Lebens erfährt.

Einfach aus Neugier folgt Alice zuerst dem Weißen Kaninchen hinunter in seinen Bau. Im Nu hat die Furchtlosigkeit des unschuldigen Kindes sie in eine schreckenerregende Situation gebracht, in welcher die gewohnten Denkweisen keinerlei Bedeutung haben. Die vertrauten Konventionen des gesellschaftlichen Umgangs und der Sprache haben keine Gültigkeit mehr. Schließlich sind sogar die für völlig selbstverständlich gehaltenen grundlegenden Dimensionen des geordneten Zeitablaufs und der meßbaren räumlichen Entfernung in dieser unsinnigen Wunderwelt nirgends zu finden.

Alice betet verzweifelt Leerformeln aus auswendiggelernten Lektionen herunter und versucht so, die chaotische Gegenwart in die vertraute Stabilität der Vergangenheit umzusetzen. Bei ihrem hilflosen Fall in den Kaninchenbau leiert sie Multiplikationstabellen herunter, versucht einen Knicks zu machen und fragt sich, auf welchem Breitengrad sie angelangt ist (ohne genau zu wissen, was ein ‚Breitengrad' bedeutet). Als Alice und einige der Tiere des Wunderlands tropfnaß aus einem Tränensee steigen, denken sie daran, sich durch das Vortragen eines Abschnitts aus einem Geschichtsbuch („das Trockenste, das ich kenne") zu trocknen.

Das Wunderland ist ein Ort, wo sich die alltäglichen Voraussetzungen, auf die wir gewöhnlich bauen, als leere Illusionen erweisen, die unsere unschuldige Beachtung nicht verdienen. Hier reden Tiere. Leblose Dinge haben eine Persönlichkeit. Gegenstände und Symbole sind austauschbar. Ursache und Wirkung verlaufen nicht mehr allein in eine Richtung. Unsere vertrauten Vorstellungen erweisen sich als ungültig und lächerlich, und die Logik führt uns oft zu falschen Schlüssen.

Sobald sich Alice nicht mehr darauf verlassen kann, daß ihre Überzeugungen einen Sinn ergeben, merkt sie, daß sie mit dem Verlust der Geborgenheit auch ihre Identität verliert. Durch ihre Abenteuer hallt stets dieselbe qualvoll verwirrende Frage: „Aber, wer bin ich denn?"

Alices Schwierigkeiten gipfeln bekanntlich in einer letzten Bewährungsprobe der Wunderland-Regeln, der respektlosen Gerichtsszene, in welcher ‚das Gesetz‘ selbst unter Anklage steht! Für Alice zeigt sich, daß sich unter- und oberirdische Gerichte allzu sehr gleichen. In beiden Bereichen ist Ordnung etwas Willkürliches und Widersprüchliches, ist das System der Rechtsprechung ungerecht und ohne inneren Zusammenhang. Diese Ähnlichkeit droht Alice zu der Erkenntnis zu bringen, daß ihre alltägliche Welt eine ebenso chaotische Verbindung von Gesetzlosigkeit und Verschlagenheit darstellt wie dieser entsetzliche unterirdische Alptraum.

Als ihr ein überwältigender Verlust von Unschuld droht, sucht Alice ihr Heil in der einzigen Möglichkeit, die einem Kind bleibt, das vorzeitig zum Überschreiten dieser schrecklichen Schwelle gezwungen wird:

> ... eine umfassende und aktive Verdrängung der entsetzlichen, unannehmbaren Wahrheit[19] ... (als) eine symbolische Zurückweisung verrückter geistiger Gesundheit zugunsten der geistig gesunden Verrücktheit der gewöhnlichen Existenz ...[20]

> Die Suche nach vernünftiger Erfahrung bringt Alice rasch zurück zu ihrer einzig möglichen, wenngleich unechten Welt, in der das letztlich Irrationale dem Leben zu geistiger Gesundheit verhilft. So ist das Buch paradoxerweise sowohl eine Ablehnung wie auch eine Bestätigung der Ordnung - eine Art Katharsis dessen, was nie eine echte Läuterung erfahren kann, das aber um der geistigen Gesundheit willen von Zeit zu Zeit im Spaß, in Phantasievorstellungen und im Traum bereinigt werden muß. Die Geschöpfe des Wunderlands und deren Welt sind schließlich nicht bloß ein Spiel Karten. Sie sind sozusagen ‚wirklicher‘ als die sogenannte Wirklichkeit. Doch muß die wache Zeit des Lebens, wie sie die meisten von uns kennen, so ablaufen, als wären jene unwirklich, als wäre das Chaos amüsanter ‚Unsinn‘.[21]

Wenn wir uns mit dem unkontrollierbaren Leben auseinandersetzen müssen, das unsere Desillusionierung offenbar gemacht hat, mögen wir wie Alice versucht sein, wieder bei den beruhigenden ‚Realitäten‘ Zuflucht zu suchen, welche die gemeinschaftliche Unschuld zu bieten hat. Doch bei allem Unbehagen, das wir im Wunderland verspüren mögen, bedeutet ein Leben ohne die Zwänge konventioneller Anschauungen, daß wir auf eigenen Füßen stehen und mehr Freiheit haben, ein Leben nach unseren eigenen Vorstellungen zu führen. Diese Freiheit ist nicht leicht zu bewahren. Dazu gehört, daß wir auf uns selbst vertrauen, auch wenn alle anderen sich offenbar einig sind, daß wir nicht wissen, was wir tun.

11

Das Beste daraus machen

Stück für Stück ist meine ursprüngliche Unschuld dahingegangen. Mittlerweile ist sie fast ganz abhanden gekommen, fortgegangen oder geraubt worden. Als ich mit großen Augen die Welt sah, wie sie ist, wurde ich zu der Erkenntnis gezwungen, daß meiner persönlichen Existenz in diesem willkürlichen, völlig unberechenbaren Leben der Sinn fehlt. Wie soll ich nun, da ich mir meiner Bedeutungslosigkeit bewußt bin, die Hoffnung und den Mut wiederfinden, die ich brauche, wenn ich weitermachen will?

Daran zu denken, daß alle anderen in der gleichen Lage sind wie ich, hilft ein bißchen. Sich allein, hilflos und verängstigt zu fühlen, ist nichts als normal. Es hilft, wenn man dies im Gedächtnis behält, doch es hilft nicht viel.

Kein Geschöpf, aus welcher Gattung auch immer, ist in der Lage, sein eigenes Leben zu kontrollieren. Von allen Lebensformen haben nur die Menschen die zusätzliche Fähigkeit, sich ihrer Zwangslage bewußt zu sein. Wir haben die Freiheit, zu wissen, daß wir nur zu bald sterben werden und daß schon nach kurzer Zeit sich nicht einmal mehr jemand daran erinnern wird, daß wir gelebt haben.

Andere Säugetiere scheinen dazu fähig zu sein, sich einfach darüber zu freuen, daß sie vorübergehend gesättigt sind und es warm und trocken haben. Nur der Homo sapiens ist in solchen Fällen fähig, sich Gedanken zu machen, ob der Augenblick auch Dauer haben wird, sich zu fragen, was das *im Grunde* alles soll oder sich zu beunruhigen, indem er diesen Augenblick mit irgendeinem anderen vergleicht.

Das Bewußtsein macht es möglich, daß wir uns vorstellen können, die Dinge seien anders, als sie sind. Infolgedessen haben wir unsere physischen und sozialen Lebensbedingungen verändert, doch haben weder Kunst noch Wissenschaft unserem Leben letzlich einen dauerhaften Sinn verliehen. Nun beginnen wir einzusehen, daß uns manche „Fortschritte" mehr kosten, als wir durch sie gewinnen.

Die Phantasie ist offensichtlich sowohl unsere Krönung als auch das Kreuz, das wir tragen. Der Blick dafür, wie die Dinge sein könnten, ermöglicht es uns, unser Los etwas besser zu gestalten. Später lehnen wir es dann aber ab, die guten Momente einfach dankbar anzunehmen. Stattdessen streben wir danach, das Gefühl zu intensivieren, das Erlebnis auszudehnen und immer wieder zu erfahren.

Rückblickend sehen wir, daß ganze Kulturen und philosophische Schulen aufgetaucht, in Blüte gestanden, zerfallen und verschwunden sind. Dennoch ermutigt uns die Vorstellungskraft dazu, uns hartnäckig an die Scheingewißheit zu klammern, wir könnten allzeit glücklich leben. Dafür bezahlen wir mit dem unnötigen Leiden, das derartiges pseudo-unschuldiges Heucheln begleitet.

Ein Leben ohne Illusionen erscheint oft unerträglich. In solchen Fällen ist es schwer, nicht der Vorstellung nachzugeben, unser Leben sei doch eher so, wie wir es gerne haben möchten. Die Feststellungen zu Beginn solcher willentlich herbeigeführten Tagträume lauten meist so: „Also, ich persönlich würde meinen . . ." oder „Das ist einfach unfair, ich verstehe nicht, warum es ausgerechnet so sein muß" oder „Was andere sagen, ist mir egal, ich kann es einfach nicht hinnehmen, daß . . ."

Beim Versuch, unsere Welt kontrollierbarer zu machen, geben wir alle manchmal vor, wichtiger zu sein, als wir wirklich sind. In Zeiten der Verzweiflung sind wir manchmal schon zufrieden, wenn wir nur Negatives bewirken können. Wenn wir unseren Kopf schon nicht durchsetzen können, dann mag es uns reichen, dafür zu sorgen, daß andere auch nicht zum Zuge kommen.

Wir tun so gut wie alles, um die Illusion zu erzeugen, daß unser individueller Wille eine Rolle spielt. Wir dramatisieren unsere Situation, betrachten unsere jeweilige Rolle als besonders wichtig, nehmen heroische Posen ein und streben nach „Höherem". Doch immer wieder werden unsere pseudo-unschuldigen Tagträume unterbrochen, wenn wir auf unerwünschte Weise daran erinnert werden, daß unser Aufenthalt kurz, unsere Stellung angreifbar und unser Einfluß belanglos ist.

Immer wieder werden wir uns von neuem bewußt, daß wir in einem unauflöslichen Paradox verfangen sind, das Ernest Becker als „die totale Bindung des Lebens"[1] bezeichnet. Wir können der schockierenden Einsicht nicht lange entrinnen, daß wir zur selben Zeit sowohl die Träumer wie auch die Kotausscheider sind, die Liebenden und die Aggressoren, die Lebenden und die Sterbenden.

Aus diesem Sturz ins Selbstbewußtsein besteht die Erbsünde von Adam und Eva. In dem Wissen, daß beiden ihr besonderer Platz im Paradies zukam, hatten sie eine Zeit lang in angenehmer Unschuld gelebt. In ihrer gehorsamen Unbewußtheit kümmerte sich Einer um sie, der wußte, was für sie gut war. Doch als sie vom Baum der Erkenntnis von Gut und Böse gegessen hatten, wurden sie sich sowohl ihrer ungeschützten Stellen als auch ihrer Verantwortung bewußt. Sobald sie ein Bewußtsein besaßen, wurden sie in eine Gegend jenseits von Eden vertrieben, in eine Welt, in der sie die Mühsal des Aufsichselbstgestelltseins erleiden sollten. In diesem Zustand verlorener Unschuld erkennen die Menschen, „daß der Anblick der Welt, wie sie wirklich ist, verheerend und schrecklich ist ... Der Anblick unserer wahren Welt macht *Routine, automatisch gesichertes, zuversichtliches Handeln zu einem Ding der Unmöglichkeit.*"[2]

Erst dann dringen jene existentiellen Ängste in unser Bewußtsein, die unausweichlich zum Leben eines jeden gehören. Paul Tillich hat sie als das Grauen beschrieben, welches die Erkenntnis begleitet, wie Schicksal und Tod unsere Phantasievorstellung Lügen strafen, wir hätten unser Leben im Griff; wie die Sinnlosigkeit des Lebens unserem Beharren spottet, wir seien etwas Besonderes, und wie unsere begrenzte Freiheit und die unzureichenden Wahlmöglichkeiten unsere Behauptung in Frage stellen, wir seien die guten Menschen.[3]

In den Jahren nach dem Zweiten Weltkrieg wurde es Mode, sich philosophisch mit existentieller Verzweiflung zu beschäftigen. Jean-Paul Sartre richtete unsere Aufmerksamkeit auf die Sinnlosigkeit eines Lebens, in das wir ungefragt geboren werden, in dem wir einen Namen, eine Familie und eine Lebensgeschichte bekommen, die wir nicht ausgewählt haben.

Verschiedene junge französische Studenten glaubten, sie hätten die Konsequenzen von Sartres Desillusionierung begriffen. Das Leben hatte keinen Sinn. Es war alles hoffnungslos. Deshalb wählten sie den Tod.

Unglücklicherweise hatten sie Sartre falsch verstanden. Sie hatten dieses Mißverständnis in eine Tat umgesetzt, die nicht mehr rückgängig zu machen war. Im Glauben, durch das Fehlen eines tieferen Sinnes in ihrem Leben bliebe ihnen keine andere Wahl, hatten diese irregeleiteten Sartre-Anhänger Selbstmord begangen. Im Gegensatz dazu war sich Sartre im klaren, daß uns gerade durch die Erkenntnis, daß das Leben keinen Sinn in sich birgt, die Freiheit gegeben wird, zu wählen. Wir verleihen unserem Leben einfach einen Sinn nach unserer Wahl. „Ich wähle den Menschen", verkündete Sartre und gab dann seiner Existenz einen Sinn, indem er sich für den Rest seines Lebens dem Marxismus zuwandte.

Aus der Erkenntnis, daß das Leben keinen tieferen Sinn hat, machte Sartre das Beste, indem er sich bewußt einem So-tun-als-ob hingab. Ohne sich selbst in dem Glauben zu wiegen, er verfüge über eine höhere Wahrheit oder einen besonderen Zugang zur Realität, gab Sartre seinem Einbildungsvermögen die Chance, die alltäglichen Geschehnisse seines Lebens in kleine Feste zu verwandeln.

Sartre befand sich in der Lage des Propheten, der in seinem Vaterland nichts gilt. Seine Aufgabe bestand darin, den Leuten die Nachricht zu überbringen, die jeder insgeheim schon kannte, die aber niemand laut hören wollte. Im Leben einen Sinn zu finden, erklärte er, sei genauso, als erblicke man des Kaisers neue Kleider. Es sei einem unbenommen, ihn ganz nach Belieben auszustaffieren, solange man sich darüber im klaren sei, daß die Nacktheit des Kaisers nur dadurch verhüllt werde, daß man einer Vorstellung gegenüber einer anderen den Vorzug gab.

Die Menschen wußten schon immer, daß sie ein bißchen falschspielten, wenn sie sich überzeugter gaben, als sie wirklich waren. Falschspielen ist eine Lappalie; doch es ist eine Sache, die Regeln zu umgehen, und eine ganz andere, alle Regeln für willkürlich und unwirklich zu erklären.

[Der Falschspieler] stellt sich so, als spiele er das Spiel, und erkennt dem Scheine nach den Zauberkreis des Spieles immer noch an. Ihm vergibt die Spielgemeinschaft seine Sünde leichter als dem Spielverderber, denn dieser zertrümmert ihre Welt selbst.[4]

Seit jeher waren die Menschen auf ihre Vorstellungskraft angewiesen, um Ordnung, Form und Harmonie herbeizuführen in einer ansonsten auf frustrierende Weise undurchsichtigen und oft schrecklich desinteressierten Welt. Bereitwillig treffen wir manchmal die kluge *Wahl*, uns selbst an der Nase herumzuführen. Jede Kultur verfügt über sanktionierte Methoden, mit denen sich das Urteilsvermögen zugunsten von kreativem So-tun-als-ob aufheben läßt. Die meisten bieten bei kleinstem Risiko schöne Belohnungen. Das So-tun-als-ob gestattet den Spaß des Spiels, den Reichtum poetischer Ausdrucksformen, die Schönheit der Kunst, die Kraft des Sakraments und den fröhlichen Zauber des Festes.

In die unvollkommene Welt und in das verworrene Leben bringt [das Spiel] eine zeitweilige, begrenzte Vollkommenheit ... Die Arena, der Spieltisch, der Zauberkreis, der Tempel, die Bühne, die Filmleinwand, der Gerichtshof, sie sind ... zeitweilige Welten innerhalb der gewöhnlichen Welt ...[5]

All diese Formen kreativen Spiels werden als zeitweilige Möglichkeiten der Hingabe an Selbsttäuschungen anerkannt und liefern die entsprechenden Illusionen, die ein sonst unzusammenhängendes, unberechenbares und sinnloses Leben erträglich machen. Doch bei solchen Zwischenspielen besteht immer die Gefahr, hilflos dem Zauber anheimzufallen, der anfangs freiwillig verhängt und einst nach Belieben aufgehoben werden konnte. Hat der eine anscheinend vergessen, daß es sich um So-tun-als-ob handelt, wird ihn der andere eindringlich ermahnen oder ihm versichern „He, es ist doch bloß ein Spiel", „Wir haben ja nur so getan" oder „Alles in Ordnung. Es ist zu Ende".

Der Verlust unserer ursprünglichen Unschuld bedeutet nicht, daß wir die Dinge nie mehr so erleben können, wie wir sie gerne gehabt hätten. So-tun-als-ob ist etwas Wunderbares. Nur wenn wir pseudo-unschuldig so tun, als ob wir nicht nur so täten, droht uns unnötiges Leiden.

Betrachten wir zum Beispiel eine allgemeine Erfahrung erwachsener Menschen. Von Zeit zu Zeit sind wir alle es überdrüssig, uns selbst um uns zu kümmern. Vor allem, wenn wir im Streß oder unglücklich sind, sehnen wir uns nach einem anderen, der uns die

Illusion gibt, es wäre immer noch möglich, wie damals als Kind behütet und versorgt zu werden.

Wie gut tut es am Ende eines langen, besonders schwierigen Tages, zu einem Gefährten, einem Liebhaber oder Freund zurückkehren zu können, zu jemand, für den es eine Rolle spielt, wie wir uns fühlen. Wie ein Kind können wir uns umsorgen lassen, und der andere kann uns wie eine Mutter oder ein Vater aufnehmen. Es ist diese Art von momentanem Trost, die beiden Partnern ein Leben erträglich macht, das uns fortwährend zusetzt. Trotzdem dürfen wir uns nicht so sehr in in unser Spiel verstricken, daß wir vergessen, daß wir beide in Wirklichkeit Erwachsene sind und keiner weiß, was für den anderen tatsächlich das Beste ist.

Will man dies im Auge behalten, so darf derjenige, der an einem solchen Abend Vater oder Mutter spielt, nicht versuchen, die zerbrochene Welt des anderen heil zu machen. Der Partner in der Beschützerrolle darf sich nicht anmaßen, das Kommando zu übernehmen oder dem anderen, der die Rolle des Kindes übernommen hat, Anweisungen erteilen, was mit den tagsüber erlittenen Verletzungen zu geschehen hat. Statt wirklich den Versuch zu machen, sich um den anderen zu kümmern, braucht der Elternersatz eines solchen Abends nur als Person zur Verfügung zu stehen und voll Verständnis und Mitgefühl auf die in den Klagen des anderen zum Ausdruck kommenden *Gefühle* zu achten. Was mitgeteilt werden muß, ist dies:

> Ich bin da, und ich nehme Anteil. Es tut mir leid, daß du's so schwer hast. Ich will dir zuhören, deine Schmerzen mitempfinden und um deinetwillen darauf achten, daß ich dir nicht sage, wie du dich fühlen oder was du tun solltest.

Wenn dies geschieht, ohne daß dabei vergessen wird, daß zwei Erwachsene so tun, als wäre einer kleiner und hilfloser als der andere, dann kann der Als-ob-Elternteil von heute abend das Als-ob-Kind von morgen abend sein.

Wie eine gute Theateraufführung erfordert kreatives So-tun-als-ob die zeitweilige Aufhebung des nüchtern-sachlichen und praktischen Denkens. Statt als Kritiker zu kommen, müssen wir willens sein, so zu tun, als ob wir ein Teil der Aufführung wären und die Geschehnisse auf der Bühne zumindest bis zum Schlußvorhang die Realität dieses Abends darstellten.

Wie alle Metaphern stellt das Theater einen unzulänglichen Vergleich dar für diesen Parameter unseres alltäglichen Lebens. Im Theater umgeben klare Grenzlinien die Zuschauer. Bei der abendlichen Aufführung dabeizusein, ist eine vom Leben außerhalb des Theaters genau unterscheidbare Erfahrung. Die Grenze zwischen persönlicher Phantasievorstellung und tatsächlichem Leben ist dagegen nicht so klar zu erkennen. Es läßt sich nie genau sagen, wann ich die Welt so sehe, wie sie ist, und wann ich sie so sehe, wie sie meiner Meinung nach sein sollte. Selbst jetzt kann ich nicht sicher sein, daß die abschreckenden Geschichten im zweiten Teil dieses Buches mehr sind als nur moderne Märchen.

Wer gewillt war, so zu tun, als glaube er unschuldig an sie, mag etwas erfahren haben, das für ihn von Wert ist. Und doch weiß jeder, daß es für ihn gefährlich gewesen wäre, mir so vollständig Glauben zu schenken, daß sich der Eindruck gebildet hätte, ich wüßte am besten Bescheid. Es wurde einmal vorgeschlagen, daß beim Anhören eines Märchens

> ... das Kind die Geschichte, die ihm erzählt wird, nicht ‚glauben' sollte; es sollte sie aber auch nicht bezweifeln, sondern die Wurzeln seiner Phantasie in jene geheimnisvolle Welt zwischen ‚wirklich' und ‚unwirklich' einsenken, in der seine eigentliche Freiheit liegt.[6]

Ich habe sehr lange versucht herauszufinden, was ich glauben könnte und was nicht. Zum Glück gab ich schließlich verzweifelt auf. Ich finde, für manche Probleme besteht die einzige Lösungsmöglichkeit darin, daß man das ernsthafte Interesse an ihnen verliert. Wann immer ich mich mit ganzer Intensität der Klärung metaphysischer Themen widme, fühle ich mich zum Schluß elend. Solche Fragen scheinen Antworten zu erfordern, die unerreichbar sind. Selbstzweifel und Depressivität sind dann immer schnell zur Stelle, um die Leere auszufüllen, die dadurch entstanden ist. Selbst wenn ich solche Angelegenheiten klären könnte, welche Hilfe wäre es mir denn, wenn ich genau wüßte, daß etwas dem Wirklichen oder Unwirklichen, Guten oder Schlechten, Wahren oder Unwahren zugehört - wie es mir auch kaum nützen könnte, wenn ich wüßte, ob ich zu den Egoisten oder den Selbstlosen zähle, den Fairen oder Unfairen, zu den des Glückes Würdigen oder Unwürdigen. Solange ich solchen Fragen Beachtung schenke, stecke ich weiterhin in den Schwierigkeiten, die stets nur den Unschuldigen bedrücken.

Wenn ich verzweifelt letzten Antworten auf elementarste Fragen nachspüre, werde ich schließlich depressiv. Wenn ich mich jedoch in die pseudo-unschuldige Pose des vollendeten Zynikers werfe, ist die dabei entstehende abgestumpfte Teilnahmslosigkeit auch nicht angenehmer als meine Depression.

Zum Glück gibt es noch eine weitere Alternative. Wenn ich weiß, daß meine ganz gewöhnliche Hilflosigkeit und Bedeutungslosigkeit nichts Besonderes darstellt, und wenn ich begreife, daß das Leben zu wichtig ist, als daß man es ganz ernstnehmen könnte, steht es mir frei, ein bißchen den Unschuldigen *zu spielen*. Vergnügt gebe ich mich schöpferischen Gedankenflügen hin, ohne dabei die Tatsache aus den Augen zu verlieren, daß ich bloß etwas vortäusche. Weil ich weiß, daß mein Leben keinen tieferen Sinn hat und es die richtige Lebensweise für mich nicht gibt, steht es mir frei, so zu handeln, *als ob* es wirklich darauf ankäme, was ich mache oder sage.

Solange mir klar ist, daß *ich an nichts glaube*, stellt es kaum eine Gefahr dar, wenn ich von Zeit zu Zeit ganz absichtlich ein bißchen den Unschuldigen spiele. Paradoxerweise ist es genau diese unverschämte Gleichgültigkeit gegenüber jeder x-beliebigen „Realität", die mir die Freiheit gibt, auch noch zu sagen, daß ich *an alles glaube*. Sobald ich begriffen habe, daß nichts eine Rolle spielt und alle Wege gleichwertig sind, brauche ich nur diesen oder jenen, der mir während einer bestimmten Zeitspanne meines Lebens gerade dienlich ist, zu wählen.

Die Wissenschaft, die Religion, die Politik und die Philosophie sind alle nur metaphorische Betrachtungsweisen gegenüber dem ziellos dahinfließenden Strom des Lebens. Jede dieser Betrachtungsweisen ist nichts als eine Schutzvorrichtung, mit deren Hilfe wir uns vorzustellen vermögen, wir könnten den chaotischen Verlauf der Strömung eindämmen, lenken oder zumindest aufzeichnen. Wie wohldurchdacht diese Betrachtungsweisen auch sein mögen, so nützt uns eine jede etwa soviel wie eine Geschichte, die eine beschwerliche Reise leichter macht.

Da ich weiß, daß keine der Betrachtungsweisen des Lebens realistischer ist als die anderen, bin ich stets geneigt, jeder beliebigen Metaphernsammlung Glauben zu schenken, solange sie mein Leben spannender, meine Erlebnisse farbiger und meine Beziehungen erfüllter gestaltet. Niemals bin ich bereit, dem wunderbaren Hokuspokus von Metaphorik, dem ich meine Energie und mein Interesse entgegenbringe, mehr Bedeutung beizumessen.

Mit dieser spielerischen Einstellung habe ich mich der Philosophie, der Religion und der Magie ergeben. Marxismus und Existentialismus, Chassidismus und Zen, Tarot und das I-Ging waren alles schöne, wundersame spirituelle Abenteuer. Ein jedes nahm mich eine Weile gefangen. Nach jedem war ich umgewandelt. Ob Gott nun existiert oder nicht, der Glaube an Ihn (oder Sie) war eine furchteinflößende Reise. Keine Metapher ist mächtiger. Ich hoffe, daß ich im weiteren Verlauf meines Lebens wieder so inbrünstig an andere Märchen glaube, daß ich an jedes neue glaube, solange es meine Erfahrung bereichert.

Die Wege, für die ich mich entscheide, sind zum Teil durch eine gewisse Anfälligkeit für Trends bestimmt, welche die Gegenkultur sanktioniert hat, mit der ich mich am ehesten identifiziere. Wenn ich ein Jahrhundert zuvor in Amerika gelebt hätte, wäre ich wohl kaum von fernöstlicher Ideologie fasziniert gewesen.

Das Temperament spielt natürlich ebenfalls eine Rolle. Als ein intuitiver Typ zieht mich das Nichtrationale und das Geheimnisvolle am meisten an. Als Introvertierter kommt mir die gemeinschaftliche Unschuld der Mythen und der institutionalisierten Religion nicht so unwiderstehlich vor wie die individuelle Romantik meiner ureigensten Träume und die einsamen Wanderungen durch das unvermessene Gelände in meinem eigenen Inneren.

Die meiste Zeit meines Erwachsenendaseins befand ich mich auf der die Seele erforschenden Pilgerfahrt der Psychotherapie, zuerst als Patient, dann als Therapeut (und manchmal wieder als Patient). Diese lange geistig-seelische Reise hat mir zu der Einsicht verholfen, daß man bei seinen Bemühungen, aus einem unkontrollierbaren Leben das Beste zu machen, jeden Weg einschlagen kann, der einem bestimmten Reisenden zu einem bestimmten Zeitpunkt hilft weiterzukommen.

Alles funktioniert. Aber nichts funktioniert über längere Zeit hinweg. Unabsichtlich stoße ich auf einen bestimmten Pfad. Sobald ich merke, was mir da passiert ist, muß ich bewußt und mit voller Absicht wählen, das zu tun, was ich bereits tue. Ich folge diesem Pfad, bis es den Anschein hat, daß er nirgendwo hinführt. Dann streife ich eine Weile verzweifelt umher, bis ich entdecke, daß ich wieder auf einen anderen Pfad gestoßen bin.

Wieder ist es Zeit, die Verantwortung für diesen nächsten Abschnitt der Reise, die der Zufall zusammengestellt hat, ohne Ausflüchte zu übernehmen. Oft *fälle* ich gar nicht die betreffende Entscheidung. Stattdessen merke ich, daß die Entscheidung unterwegs schon irgendwo getroffen worden ist. Wenn es so ist, brauche ich mich nur zu fügen und verantwortungsbewußt die Wahl als meine eigene zu betrachten, oder ich muß riskieren, den Rest meiner Tage auf der Flucht vor meinem bestehenden Leben zu verbringen.

In allen wichtigen Belangen meines Lebens habe ich mich in Situationen befunden, die ich nicht gewählt hatte; ich entdeckte Haltungen an mir, deren ich mir nicht bewußt gewesen war, und mußte mich Entscheidungen beugen, bei denen ich erst später entdeckte, daß ich sie selbst getroffen hatte. Manchmal weigere ich mich, meine Misere hinzunehmen. Dann wiederum füge ich mich ohne Murren. Jedesmal stelle ich fest, daß ich wieder gegen meine beharrliche Neigung zur Unschuld ankämpfen muß.

Zum jüngst zurückgelegten Abschnitt dieser Reise gehörte, daß ich mich mit der Gefahr eines vorzeitigen Todes auseinderzusetzen hatte. Der Verlauf dieser Auseinandersetzung ist nur ein Beispiel für die lebenslangen Verdrehungen, die nötig sind, um sich angesichts der gesamten Auswirkungen, die Verluste von Unschuld nach sich ziehen, vor Hilflosigkeit zu bewahren. Ich muß lernen, diese Verluste zu akzeptieren, wenn ich noch mehr nutzloses Leiden vermeiden und bekommen will, was sich an Freuden des persönlichen Wachstums und der Freiheit bietet.

Wie die meisten Menschen hatte ich mich in meiner ersten Lebenshälfte kaum ernsthaft mit dem Gedanken befaßt, daß ich eines Tages sterben würde. Als ich in die Dreißiger kam, waren mir solch morbide Betrachtungen immer noch fremd. Innerhalb von knapp vier Jahren nach meinem dreißigsten Geburtstag verloren meine Frau und ich unsere Eltern und Schwiegereltern. Im ersten Jahr starb ihre Mutter, im zweiten mein Vater, dann ihr Vater und einige Monate danach meine Mutter.

In dieser Zeit katastrophaler seelischer Belastungen und auch noch lange danach waren Bestürzung und Leid die Leitmotive unseres Lebens. Bevor diese Hammerschläge fielen, hatte ich mich lange Zeit für einen starken, kompetenten, nicht umzubringenden Ehemann-Vater-Psychotherapeuten gehalten. Plötzlich kam ich mir wie ein schrecklich verletzliches, übergroßes Waisenkind vor. Bisweilen hatte es den Anschein, als stürben ringsum alle. Jeden Moment könnte ich der nächste sein.

Die Beerdigungen meiner Eltern schienen eine groteske Mischung aus Frömmelei, Sentimentalität und billiger Komödie zu sein. Diese traditionellen Trauerfeiern wurden von Rabbinern abgehalten, die meine Leute nie gekannt hatten, und von „Beerdigungsinstituten" durchgeführt, die die Betroffenheit der Hinterbliebenen ausnutzten.

Durch diese Erfahrungen wurde meine Aufmerksamkeit auf meinen eigenen unausweichlichen Tod gelenkt. Obwohl ich noch nicht mit meiner eigenen, schließlich lebensbedrohenden Erkrankung konfrontiert war, sondern mich immer noch bester Gesundheit erfreute, beschloß ich, dafür zu sorgen, daß all die geschmacklosen Feierlichkeits- und Geschäftsaspekte des Todes wegfielen. Es sollte keine Trauerfeier geben, keine Bestattung und keine Grabstätte. Ich beschloß, meinen Leichnam der Wissenschaft zu vermachen. Ich wollte das hohle Pathos von Organspenden vermeiden und lediglich Vorkehrungen treffen, daß mein Leichnam einer Medizinischen Fakultät übergeben werden würde, um in Anatomievorlesungen als Leiche zu dienen.

Ich brauchte mehrere Wochen, um herauszufinden, welche Vorkehrungen ich zu treffen hatte. Schließlich fand ich eines Morgens in meiner Post die erforderlichen Formulare von der National Society for Medical Research. Nun brauchte ich nur noch eine Bescheinigung zu unterschreiben, daß ich bei vollem Wissen seitens meiner nächsten Angehörigen bereit sei, meinen Körper (nach dem Ableben) einer bestimmten Medizinischen Fakultät am Ort zu vermachen.

Fast zwei Jahre lang lagen diese Papiere ohne Unterschrift in einem Fach meines vollgepackten Rollpults. Meist ignorierte ich sie. Gelegentlich fand ich gegenüber mir selbst (und anderen, wenn sie es hören wollten) Ausflüchte, weshalb ich so lange brauchte, um diese völlig unkomplizierte Transaktion zu Ende zu führen.

Ich versuchte, die ganze Angelegenheit vernünftig und realistisch anzupacken, und verkündete immer wieder ganz tapfer, es liege eben nur daran, daß ich Angst vor dem Sterben hätte. Doch es nützte einfach nichts, daß ich zugab, dem Grauen meines eigenen unausweichlichen Todes nicht ins Gesicht schauen zu wollen.

Lange Zeit half gar nichts. Allmählich empfand ich eine seltsame Verletzlichkeit, und gleichzeitig nahm ich die damit verbundene unbewußte Vorstellung von Unsterblichkeit immer stärker wahr.

Ich begann zu merken, daß der wahre Grund dafür, daß ich die Unterzeichnung der Formulare hinauszögerte, darin lag, daß ich zukünftigen Peinlichkeiten aus dem Weg gehen wollte!

Mit einem Schlag sah ich die ganze schreckliche Szene. Sie spielte sich im anatomischen Labor einer Medizinischen Fakultät wenige Stunden nach meinem Tode ab. Mein Leichnam lag schlaff unter einem sterilen weißen Tuch. Der Professor begann seine Vorlesung. Die ganze Zeit bemühten sich die Studenten, so dreinzuschauen, als hörten sie aufmerksam zu. Doch der Professor hatte dies schon viele Male mitgemacht und wußte, daß die Studenten immer wieder gespannt die verhüllte Leiche anschauten. Endlich war es so weit. Der Professor zog die Hülle weg. Plötzlich war *mir* ganz schrecklich zumute. Ich sah so fett aus. Ich hätte vor Verlegenheit tot umfallen können. Einen Tag nachdem mir die Phantasievorstellung bewußt geworden war, unterschrieb ich die Formulare und schickte sie weg.

Ich dachte, die Angelegenheit sei ein für allemal geregelt. Ich hatte dafür gesorgt, daß Freunde und Familienangehörige Gelegenheit hätten, mein Hinscheiden zu betrauern, indem ich den Vorschlag machte, sie sollten bei meinem Tode zusammenkommen und ein Seminar abhalten, eine Art Encounter-Gruppe im Gedenken an mich. Erst Jahre später überlegte ich mir diesen letzten Teil meiner pseudo-unschuldigen Vorkehrungen für den Todesfall noch einmal. Ein verstorbener Freund war mir dabei eine Lehre. Beklommen und gefesselt hatte ich den zutiefst bewegenden Bericht seiner verwitweten Frau angehört, wie sie und ihre erwachsenen Kinder den Leichnam vor der Beisetzung gewaschen und eingekleidet hatten. Bevor ihr Mann gestorben war, hätte sich keiner von ihnen vorzustellen vermocht, daß dies eine Art zärtliches Abschiednehmen werden könnte, an dem sie gerne teilnehmen würden. Nun sei es eine Erfahrung, die ihnen allen für den Rest ihres Lebens viel bedeutete.

Ich fand es sehr irritierend, ihren Bericht anzuhören. Ich hatte Achtung gegenüber dieser Frau und gegenüber dem Wert dessen, was sie unternommen hatte. Dennoch konnte ich nicht einsehen, daß meine Familie dies nach meinem Tode mit meinem Leichnam tun sollte, und ich konnte mir auch nicht vorstellen, daß ich den Leichnam eines geliebten Menschen zu waschen und einzukleiden wünschte. Da ich die Erfahrungen dieser Frau nicht abtun und meine seit langem unangefochten gebliebene Entscheidung über die Beseitigung meines eigenen Leichnams nicht überdenken wollte, kämpfte ich über viele Stunden hinweg gegen die Notwendigkeit an, die gesamte Angelegenheit noch einmal aufzurollen.

Als ich anfing, mich noch einmal mit der Problematik zu befassen, merkte ich, daß jedes Beharren, nach meinem Tode über meinen Körper zu verfügen, nichts anderes ist als ein fortwährendes pseudo-unschuldiges Festhalten an meiner Unsterblichkeitsphantasie. Ich stellte mich einem weiteren Stückchen meiner elementaren Hilflosigkeit und sah ein, daß es mich nichts angeht, was nach meinem Tode mit meinem Körper geschieht! Ich teilte meiner Familie mit, ich hätte mir alles anders überlegt. Es wird Sache der Lebenden sein, zu entscheiden, was sie am besten mit meinem Leichnam tun sollen.

Nach dem Tode unserer Eltern brachen meine Frau und ich die Verbindung zu unserer zahlreichen Verwandtschaft ab. Nach einer Weile hatte es den Anschein, daß es keinen für uns wichtigen Menschen mehr gab, der in einem Alter war, in dem man mit dem Tod rechnen mußte. Meine eigene Sterblichkeit machte mir immer weniger zu schaffen, bis ich im Alter von vierzig Jahren ernstlich erkrankte.[7]

Ich habe an anderer Stelle[8] über die ersten Phasen meines Kampfes gegen den Verlust meiner unschuldigen Überzeugung geschrieben, ich könnte so lange leben, wie ich wollte. Wie jeder andere begriff ich mit meinem Verstand sehr wohl, daß ich eines Tages sterben würde und nichts Entscheidendes dagegen unternehmen könnte. Doch solange ich mich mit meinem Sterben nicht unmittelbar befassen mußte, merkte ich nicht, wie verzweifelt ich unbewußt immer noch an dem Glauben festhielt, *irgendwie* würde ich erst sterben, wenn ich dazu bereit wäre.

Meine erste neurochirurgische Zerreißprobe hätte schon genügt, mich dazu zu zwingen, daß ich angesichts eines verkürzten Lebens alles neu überdachte, was mit meiner Hilflosigkeit zusammenhing. Die zweite Etappe der Neurochirurgie kam drei Jahre nach der ersten, der Herzanfall drei Jahre danach. Während dieser Jahre tat ich mein Bestes, zu lernen, mein Leben so zu akzeptieren, wie es war. In dem Wissen, daß mir wahrscheinlich immer weniger Zeit blieb, hatte ich mich zu dem Versuch entschlossen, das Beste daraus zu machen.

Da ich nun erkannt hatte, daß ich wählen konnte, überprüfte ich meine Beziehungen und meine Betätigungen. Ich mußte entscheiden, ob das die Leute waren, mit denen ich die mir zur Verfügung stehende Zeit verbringen und ob ich meine begrenzte Kraft auf diese Weise einsetzen wollte. Ich konnte befriedigt feststellen, wieviel von meinem Leben schon dem entsprach, was ich mir vorstellte. Meine Familie und meine Freunde waren so, wie ich sie mir gewünscht hätte. Meine Arbeit als Psychotherapeut, die Patienten, die ich mir ausgesucht hatte, und meine Schriftstellerei - alles das paßte gut zu mir. Ich war bereits derjenige, der ich sein wollte.

Während jener Zeit, in der meine Lebenskraft wiederhergestellt werden sollte, mußte ich mich vorübergehend als einen kranken Mann betrachten, der nicht mehr lange zu leben hatte. Objektiv gesehen war dies nicht schwierig. Meine Ärzte und alle Lebensversicherungen, die mich abgelehnt hatten, lieferten hierfür die Bestätigung. Subjektiv betrachtet bedeutete dies, daß andere Menschen mich als einen Paria meiden, mich als erledigt abschreiben oder aus Mitleid gönnerhaft behandeln würden. Als ich die gebrandmarkte Identität eines Kranken oder Sterbenden annahm, wurde ich auch durch die verflixte Reizbarkeit beeinträchtigt, die mit dem Gefühl der Schwäche und Gebrechlichkeit einhergeht. Dennoch konnte ich nach einer Weile auf die Frage „Wie geht's denn?" oft ehrlich mit der paradoxen Erwiderung antworten: „Gut, bis auf meine Gesundheit."

Ich hatte es geschafft. Ich verstand es, derjenige zu sein, der im Schatten des Todes weilte und dennoch sagen konnte: „Ich bin *nicht* am Sterben, ich lebe."

Während der sieben Jahre nach meiner ersten Operation habe ich acht Bücher geschrieben. Sooft ich das nächste Stück Arbeit an meinem Ich verrichte, entdecke ich einen neuen Aspekt meines Kampfes gegen jenen äußersten Verlust von Unschuld: gegen die Hinnahme eines sinnlosen Todes.

Immer wieder beschließe ich, diesmal *nicht* über meine Erkrankung zu schreiben. Das ist erledigt, sage ich mir. Doch immer wieder stelle ich fest, daß ich an diesem Thema nicht vorbeikomme. Zu meiner Phantasievorstellung, in der ich der Märchenerzählerin Scheherezade gleiche, gehört die Erwartung, daß ich erst sterben werde, wenn ich meine Geschichte zu Ende erzählt habe. Ein enger Freund foppt mich immer mit der Frage „Und worüber schreibst du dein nächstes *letztes* Buch?"

Und so fahre ich fort mit dem Schreiben. Die Arbeit an meinem

Selbst kann nie abgeschlossen werden. Bestimmt wird mein Geschichtenerzählen eines nahen Tages für immer unterbrochen werden. Ohne daß ich dies vorgehabt hätte, stelle ich bei jedem neuen Buch fest, daß ich wieder einen neuen Weg beschritten habe.

Als intuitiver Introvertierter ist die für mich bezeichnendste Form von Unschuld eine Bereitschaft, mich von meinen Träumen leiten zu lassen.

> Manchmal vergesse ich, daß ich einen heimlichen Freund habe, einen weisen, aber verborgenen Berater, auf dessen Stimme ich öfter hören sollte. Dieser Berater ist mein Traum-Selbst, jener Teil von mir, der klarer sieht als mein waches Selbst und dessen Blick weniger durch Vernunft, Logik und Alltagswissen verstellt ist.[9]

Während ich *Mach Schluß mit der Unschuld* schreibe, ist es wieder mein Traum-Selbst, das mir die Richtung gewiesen hat. Ohne daß ich es merkte, war das Abfassen dieses neuen Buches eine Methode, das Überschreiten der nächsten zu persönlichem Wachstum führenden Schwelle vorzubereiten und einzuleiten. Wieder einmal haben sich scheinbar zufällige Tagesereignisse zu geheimnisvollen nächtlichen Seefahrten gesellt, um neue Gelegenheiten zur Umwandlung meines sich ständig verändernden, unveränderlichen Selbst zu bieten.

Dieses Buch wurde zu einem Zeitpunkt entworfen, als ich glaubte, ich sei endlich damit zurechtgekommen, daß ich nicht mehr lange leben würde. In gewisser Hinsicht hatte mir das Abfassen der vorangegangenen Bücher ermöglicht, meinen vorzeitigen Tod zu akzeptieren. Ich hatte angefangen zu verstehen, wie ich leicht, mit Würde und auf meine eigene Weise sterben könnte.

Dann gab es die Reihe anfänglich bestürzend wirkender Träume, die mir den Anstoß gaben, dieses Buch zu schreiben. Vorangegangene Träume und frühere Bücher hatten mich auf das Sterben vorbereitet. Wie hätte ich ahnen können, daß die Träume zu diesem Buch mich lehren würden, wie ich weiterleben sollte?

Die Träume setzten am Ende des Winters ein. Ich war dabei, das vorige Buch[10] abzuschließen und stand am Anfang der von den Ärzten vorhergesagten kritischen Wachstumsperiode des Tumors. Im späten Frühjahr stand mir eine langfristig festgelegte „routinemäßige" neurologische Überprüfung bevor. Man hatte mir aufgetragen, während des Wechsels der Jahreszeiten mit verstärkter Wachsamkeit auf Symptome zu achten, die meine sofortige dritte (und möglicherweise letzte) Gehirnoperation erforderlich machen könnten.

Den Hintergrund für all diese Träume lieferte die Insel Martha's Vineyard, der sommerliche Erholungsort der Familie und das Ziel meiner alljährlichen Pilgerreise zum Meer.[11] Rückblickend bin ich mir im klaren, daß diese Traumfolge zu einem Zeitpunkt einsetzte, als ich mich darauf freute, das Überstehen eines weiteren, aus medizinischer Sicht gefahrvollen Lebensjahres feiern zu können. Damals fiel mein bevorstehender Geburtstag mit dem dritten Jahrestag meiner letzten Operation zusammen.

Die Träume waren erfüllt mit wunderbar kräftigen Bildern der Wandlung. Es gab große Gezeitenströme, Meereswogen, rasch wechselnde Landschaften und neue Arten zu reisen. Schreckliche Stürme kamen und gingen. Sooft ein Sturm vorübergezogen war, hellte sich der Himmel auf, und das Wasser glänzte viel schöner als vor Beginn des schlechten Wetters. Gegen Ende eines jeden Traumes war mir eindringlich bewußt, daß ich einen schweren Schlag überstanden hatte. Wie das Meer und der Himmel war auch ich in besserer Verfassung als vor dem Tumult.

Jeden Morgen konnte ich mich lebhaft an die Träume der vorangegangenen Nacht erinnern, doch ich konnte sie nie verstehen. Das war beunruhigend, doch ich spürte einen neuen Antrieb. Ich war verblüfft, ohne dabei Bestürzung zu empfinden. Die Träume kehrten über Wochen hinweg wieder, immer als Variationen zu denselben Themen, als verschiedenartige Versionen desselben Motivs.

Es kam mir vor, als schicke mein geheimnisvolles Traum-Selbst eine dringende Botschaft, die mein vernünftiges Alltags-Selbst einfach nicht entziffern konnte. In meiner Verzweiflung beschloß ich, einem Psychiater an der Westküst zu schreiben und ihn um Mithilfe bei der Deutung dieser Träume zu bitten. Dieser Mann ist ein wahnsinnig poetischer, von Jung beeinflußter Psychotherapeut und ein sehr bewußt handelnder, auf beunruhigende Weise intuitiver Mensch. Er ist ein sehr liebevoller und von mir innig geliebter Freund, den ich schon lange als meinen schattenhaften Führer durch das Labyrinth meines Unbewußten kennengelernt habe. Ich scheine bei ihm eine ähnliche Funktion zu erfüllen, nur ist mein Bereich die verwirrend unscharfe Grenzfläche zwischen seiner inneren und äußeren Welt.

Als ich beschlossen hatte, ihn am nächsten Morgen schriftlich um Hilfe zu bitten, stellte ich fest, daß die Antwort schon in derselben Nacht aus meinem Inneren heraus erfolgte. Der letzte, klärende Traum jener Reihe stellte sich ein, schon bevor ich den Brief an ihn schrieb. Aus den Restbeständen des Tages formte sich die erhellende Traumbotschaft jener Nacht. Zum einen hatte ich mich im Endstadium einer so schlimmen Grippe befunden, daß ich mich sterbenselend fühlte. Im Laufe jenes Tages hatte ich mich wiederholt wie besessen mit T. S. Eliots Ausspruch beschäftigt, die Welt werde nicht mit einem Knall, sondern mit einem schwachen Winseln enden. Zum anderen hatte ich mich, sobald ich mich etwas kräftiger fühlte, wieder an die Lektüre der Legende von der Suche nach dem Heiligen Gral gemacht. Und am Abend hatte ich mich schließlich so weit erholt, daß ich den Abwasch machen und dabei auf einem Minifernseher einen fesselnden naturgeschichtlichen Dokumentarfilm anschauen konnte über die Schlange, jenes sich häutende Symbol des ewigen Lebens.

Die Traumfolge wurde in jener Nacht abgeschlossen. Die zur Lösung führende Episode beginnt damit, daß ich Vorbereitungen für die Abreise nach Martha's Vineyard treffe. Ich habe ein Gefühl der Erregung und der Erleichterung, als wäre die Reise schon viel zu lange aufgeschoben worden. Zu guter Letzt mache ich mich endlich an den Aufbruch und seufze.

> In diesem Traum bin ich eine Frau. Es fällt mir schwer, mit dem Beladen des Wagens fertig zu werden. Die Schwierigkeit liegt darin, daß ich einen Minifernseher mitnehmen und auf dem Dach befestigen will. Ich rufe um Hilfe.

> Wie von fern, doch offenbar nahe genug, daß ich sie hören und verstehen kann, ertönt die Stimme einer anderen Frau, die mir die erforderlichen Ratschläge gibt. Sie teilt mir mit, wenn ich den Fernsehapparat an seinem passenden Platz oben auf dem Wagen stehen lassen wolle, dann müsse ich den Knopf finden, mit dem man die Frequenzen des Bildungsfernsehens einstellt und diesen bis zum Anschlag drehen.

> Ich möchte ihr glauben und beginne, den Knopf zu drehen. Bald sehe ich, daß es weit mehr Einzelkanäle gibt, als ich

erwartet hatte. Es gibt über sechzig verschiedene Frequenzen! Ich bin überrascht, vertraue jedoch weiter ihrem Rat.

Als ich den Knopf bis zur Zahl 60 gedreht habe, wird der Bildschirm plötzlich hell und zeigt eine ins Auge fallende, deutliche Beschriftung. Ich begreife sofort, daß dies die Antwort ist, die ich gesucht habe. Sie lautet: OHNE ZU STER-BEN.

Lachend wachte ich auf. Es war ein schöner, neuer Tag. Als erstes schrieb ich meinem Berater in Kalifornien und bedankte mich für seine (ihre) Hilfe. Ich erzählte alles außer dem Text der Beschriftung. Der Traum habe mir einen Weg eröffnet zum Verständnis der Umwandlung, die ich gerade durchmache, erklärte ich, doch sei ich mir meiner Sache noch nicht so sicher, daß ich sie enthüllen könne.

Nichtsdestoweniger ließ ich mein Leben durch diese neue Vision umgestalten. Soviel begriff ich: Es könnte wieder neue Hoffnung geben, wenn ich endlich meinem femininen Aspekt vertrauen würde. Wenn ich unschuldig an Mächte jenseits meines Verstandes glauben könnte, wäre mir vielleicht doch noch die Möglichkeit gegeben, allzeit glücklich zu leben (oder zumindest viel länger, als ich erwartet hatte). Doch wem und worauf sollte ich vertrauen? Der Schriftzug im Traum schien mehr Fragen aufzuwerfen, als er beantwortet hatte.

Ich war vor ein Rätsel gestellt worden. Wie bei einem mythischen Helden oder einer Märchengestalt schien mein Leben davon abzuhängen, daß ich es richtig löste. Ohne anfangs zu wissen, daß das Schreiben mit zur Suche nach jener Lösung gehören sollte, machte ich mich daran, die psychologischen Auswirkungen von Vertrauen und Mißtrauen zu untersuchen. Fast von alleine verwandelte sich das Buch nach kurzer Zeit in eine Erforschung des Verlustes der Unschuld.

Lange bevor mir die Antworten klar waren, hatten sie schwerwiegende Entscheidungen beeinflußt. Durch die Versenkung in das von meinen Träumen gestellte Rätsel und die Suche nach seiner Lösung, die ich mit meinem Schreiben durchführte, war es mir im weiteren Verlauf des Frühjahrs möglich, den mir angeratenen neurochirurgischen Eingriff abzulehnen, der bestimmt meinem Leben ein Ende gesetzt hätte.[12]

In jenem Herbst überstand ich meinen Herzanfall, und im darauffolgenden Jahr fühlte ich mich immer weniger niedergeschlagen wegen der klinisch erwiesenen Tatsache meiner Krankheit. Die Freuden eines Lebens, das sich nun anfühlte, als wäre es ohne Ende, nahmen zu. Ein weiteres Vergnügen ergab sich, als mein Freund von der Westküste eine allmonatliche „transkontinentale Konsultationspraxis" einrichtete, die regelmäßige Besuche in Washington einschloß, meist mit Übernachtungen in meinem Haus. Eineinhalb Jahre nach der rätselhaften Traumfolge und wenige Tage nach einem Besuch meines Freundes, hatte ich einen tollen Traum, der alles zusammenfaßte, was ich zur Lösung des Rätsels brauchte. Ich beschrieb ihn in meinem nächsten Brief an meinen Freund wie folgt:

Diesen Brief schreibe ich hauptsächlich in der Absicht, Dir ganz einfach meine erneute Wertschätzung und Zuneigung zum Ausdruck zu bringen. Daß Du wieder hier warst, und diesmal für einen längeren Besuch, hat eine starke Wirkung auf mich ausgeübt.

Die offensichtlichsten Auswirkungen Deines Besuches waren, um hier eine willkürliche Unterscheidung zu gebrauchen, sowohl klinischer als auch persönlicher Art. Unser Zusammensein wirkte sich in einer Weise auf meine Arbeit aus, die dem Gefühl der Bestätigung meines Unbewußten entspricht, das ich durch Dich stets erhalte. Ich war imstande, bei der Wahrnehmung dessen, was bei meinen Patienten hinter ihren Worten vor sich geht, in einer unmittelbareren, intuitiven Weise direkt zu sein und bei meinen aufhellenden Antworten beherzter, phantasievoller und mit Überzeugungskraft vorzugehen. Darüber hinaus ergab sich bei jenen Patienten, die ihrem eigenen Unbewußten gegenüber offener sind (jenen Grenzfällen, die von Zeit zu Zeit ein bißchen verrückt, aber über ihre Verrücktheit entsetzt sind, so wie ich es manchmal über meine eigene bin), ein deutliches beiderseitiges Gefühl der Entspanntheit gegenüber unserer Verrücktheit. Die morbiden Aspekte wurden eher komisch. Die gefährlichen Aspekte erschienen nicht mehr so lebensbedrohend. Jeder von uns war offensichtlich nicht mehr so überwältigt von der Möglichkeit, daß wir hoffnungslos im Morast versinken könnten, und so konnten wir uns über diese Reisen zu den geheimen Winkeln unserer Phantasie ganz einfach freuen.

Im persönlichen Bereich hatte ich erstens einmal aus dem Zusammensein mit Dir ganz einfach ein anhaltendes Wohlgefühl; außerdem hatte ich den Eindruck, daß meine Gespräche mit Dir zu den lebendigsten Momenten meines Lebens gehören. Der zweite Teil erschien in Form eines Traumes. Zusammenfassend könnte man über den Traum sagen, daß ich feststellte, wie ich mich zur Erprobung eines wichtigen Diagnoseverfahrens einer explorativen Gehirnoperation unterziehen mußte. Ich war über die chirurgischen Konsequenzen aufgebracht und machte mir Sorgen, wie die Sache wohl ausgehen würde. Der Arzt sagte, ich solle unbesorgt sein; was man entdeckt habe, sei ein „weißes, komplexes Etwas", das sich durch mein Gehirn winde.

Als ich aus dem Traum erwachte, konnte ich mich genau an ihn erinnern. Ich war überrascht, daß ich mich an dem Morgen nicht nur allgemein, sondern auch über die Wendung, die der Traum genommen hatte, zufrieden fühlte. Zwei Punkte wurden mir klar.

Der erste ergab sich aus meiner besorgten Suche nach dem Grund, weshalb ich einen Traum mit diesem medizinischen Inhalt gehabt hatte. Ich brauchte nur wenige Momente, bis mir einfiel, daß es gerade der Jahrestag meines Herzanfalles war. Doch dann versuchte ich herauszufinden, weshalb mir der Traum eigentlich so zugesagt hatte.

Als ich mir den Traum noch einmal durch den Kopf gehen ließ, merkte ich, daß er ein freudiges, komisches und durchweg angenehmes Erlebnis gewesen war. Ich weiß nicht, ob Du die Rolle kennst, die Alan Alda in M.A.S.H. verkörpert. Er ist ein überaus kompetenter, wunderbar mitfühlender Chirurg namens Hawkeye, der im Koreakrieg in einer Sanitätseinheit unmittelbar hinter der Front Dienst tut. Er hat ein komisch-verrücktes Gehabe nach der närrischen Art von Groucho Marx, das ihn davor bewahrt, auf destruktive Weise wahnsinnig zu werden. Er weigert sich einfach, den Krieg als eine vernünftige Daseinsform anzuerkennen. In dem Traum war Hawkeye (warst Du) der leitende Arzt. Die Diagnose, die ich von ihm bekam, lautete: Was jetzt in mir wachse, sei positiv, sei etwas zunehmend Bewußtes und letztlich eine Stärkung. Es wäre nützlich für mich, wenn ich mir mehr von der närrischen Art aneignete, mit deren Hilfe er sich im Verlauf des Krieges seines eigentlichen Selbst bewußt geblieben sei und seine Menschlichkeit bei allem, was er mitmachen mußte, bewahrt habe.

Als mein ältester Sohn noch ein kleiner Junge war, hatte er bereits begriffen, was ich erst jetzt akzeptieren lerne: Die Rätsel des Lebens werden nicht gestellt, damit man sie löst, sondern damit man Spaß an ihnen hat. Wir freuten uns alle, wenn Jon immer wieder sein eigenes Lieblingsrätsel stellte und selbst beantwortete:

Frage: „Was ist der Unterschied zwischen einer Ente?"

Antwort: „Eines von ihren Beinen gleicht beiden!"

Du wirst sicher verstehen, daß es mit dem Traum noch mehr auf sich hat. Mir erschien er als ein überaus passendes Ereignis, um unsere Wiederbegegnung und das weitere Jahr, das ich hinter mich gebracht habe, zu feiern. Allmählich sieht es so aus, als könnte ich so gut wie alles durchstehen.

Herzlich

Shelly

Während ich dieses Buch fertigstelle, merke ich, daß es für mich *kein Schlußmachen mit der Unschuld gibt.*

Wenn ich muß, bekenne ich mich offen zu meinen Verlusten und akzeptiere die Realität des Lebens, statt mich an meine Wunschvorstellungen zu klammern. Doch von Zeit zu Zeit gebe ich mich bereitwillig dem So-tun-als-ob hin. Ich spiele ein bißchen mit dem Gedanken, mich dem Zauber auszuliefern, einfach deshalb, weil Vortäuschungen das Leben inhaltsreicher und farbiger oder zumindest erträglicher machen.

Dabei muß ich Vorsicht walten lassen. Sollte ich vorgeben, *nicht* nur so zu tun als ob, dann setze ich mich dem zusätzlichen, nutzlosen Leiden aus, das der Preis für solche Pseudo-Unschuld ist.

Weiterhin muß ich achtgeben, daß ich Phantasievorstellungen und Interessenpolitik auseinanderhalte. Wie der Philosoph Tschuang-tze mag ich in irgendeiner finsteren Nacht so lebhaft träumen, ich flatterte anmutig im Sonnenschein, daß ich am nächsten Morgen nicht zu sagen vermag, ob ich nun ein Mensch bin, der geträumt hat, er sei ein Schmetterling, oder ein Schmetterling, der träumt, er sei ein Mensch. Das wäre ein nur mich betreffendes, von Phantasievorstellungen hervorgerufenes Problem. Sollte ich aber eines Nachts träumen, daß ich jemandem ein Geschenk gemacht habe, dann muß ich noch mehr achtgeben, von dem Freund nicht zu erwarten, daß er sich am nächsten Morgen bei mir bedankt. Ein derartiges absichtliches Verwirrspiel würde zwischen uns einen unnötigen Interessengegensatz schaffen.

Eine weitere Gefahr des So-tuns-als-ob liegt in der Beängstigung, die sich bei dem Versuch ergibt, etwas zu wollen, das durch Willenskraft nicht zu erreichen ist. Wenn ich voll akzeptiere, wie hilflos ich manchmal bin, dann gibt mir meine Hoffnungslosigkeit einen gewissen Schutz. Falsche Hoffnungen und die Illusion, die Zügel in der Hand zu haben, machen die Sache nur noch schlimmer. So oft ich vergesse, daß „nur als heilbar aufgefaßter Schmerz... unerträglich [ist]"[13], zahle ich einen unnötig hohen Preis. Trotzdem hat es manchmal den Anschein, als käme man auch mit Heuchelei ans Ziel:

> Betrachten wir für einen Augenblick den Fall des Neunzigjährigen, der auf dem Sterbebett liegt. (Im Talmud müßte doch darüber etwas stehen?). Froh und erleichtert über den Erfolg seines Täuschungsmanövers, hat er neunzig Jahre lang seine böse Natur Blick der Öffentlichkeit entzogen. Neunzig Jahre lang hat er Höflichkeit, Freundlichkeit und Freigebigkeit zur Schau getragen; er unterdrückte all die Bösartigkeit, von der wußte, daß sie in ihm steckte, und ersetzte sie voller Berechnung durch gekünstelte Tugend und Nächstenliebe. Sein ganzes Leben lang hatte er der Welt weisgemacht, er sei ein guter Mensch. Dieser „böse" Mensch wird, so prophezeie ich, im Reich Gottes willkommen sein.[14]

Ich werde jedenfalls wie Scheherezade fortfahren, meine eigenen Märchen zu erzählen und so zum Schein meinen eigenen Tod hinauszögern. Weil Scheherezade aber wirklich daran glaubte, ihre Märchen aus Tausendundeiner Nacht könnten ihr das Leben retten, wurde ihr das Märchenerzählen zum Leben.

Im Gegensatz zu der pseudo-unschuldigen Königin tue ich mein möglichstes, um zu verhindern, daß meine eigenen Zauberformeln mich gefangennehmen. Meine Geschichte zu erzählen, ist nur meine Art, das Beste aus meinem Leben zu machen. Bei allem, was ich auch vorgeben mag, ist mir dennoch klar: Wenn ich meinen eigenen

Geschichten Glauben schenke, so wird dies meinen Tod nicht um einen einzigen Augenblick hinauszögern. Aber es ist immerhin ein schöner Zeitverteib.

Anmerkungen

Kapitel 1: Es war einmal

1. Negro Spiritual *Sometimes I Feel Like a Motherless Child*

2. Joseph Campbell: *Mythological Themes in Creative Literature and Art.* In: Joseph Campbell: *Myths, Dreams, and Religion;* E.P. Dutton, New York, 1970, S. 138

3. Marie-Luise von Franz: *Das Problem des Bösen im Märchen.* In: *Das Böse.* Studien aus dem C.G. Jung-Institut Zürich, Band XIII; Rascher, Zürich und Stuttgart, 1961, S. 91

4. *Die drei Federn* werden nach folgender Ausgabe von Grimms Märchen zitiert: Brüder Grimm: *Kinder- und Hausmärchen;* Wissenschaftliche Buchgesellschaft, Darmstadt, 1970, S. 364-367

5. Bruno Bettelheim: *Kinder brauchen Märchen;* Deutsche Verlagsanstalt, Stuttgart, 1977, S. 13

6. vgl. Rollo May: *Die Quellen der Gewalt. Eine Analyse von Schuld und Unschuld;* Deutsch von Joachim A. Frank; Fritz Molden, Wien, München, Zürich, 1974, S. 46ff

7. Rollo May: *The Courage to Create;* W.W. Norton, New York, 1975, S. 52–55

8. a.a.O., S. 53; Hervorhebung vom Verfasser

Kapitel 4: Der magische Helfer

1. Eugene Delacroix. Zitiert im Klappentext von: Michele Murray: *The Great Mother and Other Poems;* Sheed and Ward, New York, 1974

2. Leslie Farber: *Perfectibility and the Psychoanalytic Candidate.* In: Leslie Farber: *The Ways of the Will: Essays Toward a Psychopathology of the Will;* Basic Books, New York, 1966, S. 219

3. vgl. E. Fuller Torrey: *The Mind Game: Witchdoctors and Psychiatrists;* Bantam Books, New York, 1972, S. 15–33

4. Diese Bezeichnung wurde erstmals von Carl Whitaker verwendet (persönliche Mitteilung)

Kapitel 5: Wenn du die Wahrheit hören willst

1. J.D. Salinger: *Der Fänger im Roggen;* Kiepenheuer und Witsch, Köln, 1975

2. a.a.O., S. 219

3. Jean Piaget und Bärbel Inhelder: *La genèse de l'idée de hasard chez l'enfant;* Presses Universitaires de France, Paris, 1951. Die Kinder wurden aufgefordert, eine Erklärung für die zufälligen Ergebnisse zu finden, die sich beim Wurf eines Satzes von Spielmünzen ergaben. Jede Münze hatte ein Kreuz auf der einen und einen Kreis auf der anderen Seite. Vor jedem Wurf sollten die Kinder raten, wie oft wohl Kreuz oder Kreis fallen würden. Nach dem Wurf sollte dann jedes Kind die tatsächliche Verteilung erklären.

4. Url Lanham: *The Insects;* Columbia University Press, New York, 1964, S. 44–45; Hervorhebungen vom Verfasser

5. Sheldon B. Kopp: *The Naked Therapist: A Collection of Embarrassments;* EDITS, San Diego, 1976, S. 17

6. Albert Camus: *Der Mythos von Sisyphos. Ein Versuch über das Absurde.* rde, Band 90; Rowohlt, Hamburg, 1959, S. 11

Kapitel 6: Mamas Jungchen und Papas Goldschatz

1. Gustave Flaubert: *Madame Bovary. Sitten der Provinz.* Deutsch von René Schickele und Irene Riesen; Diogenes, Zürich, 1980

2. Martin Turnell: *Madame Bovary.* In: *Flaubert. A Collection of Critical Essays.* Herausgegeben von Raymond Giraud; Prentice Hall, Englewood Cliffs, 1964, S. 100

3. Selbst der völlige Ruin, mit dem diese schlichte Tragödie endete, reichte nicht aus, um der Heuchelei der französischen Gesellschaft des 19. Jahrhunderts Genüge zu tun. Nach der Veröffentlichung von *Madame Bovary* in der *Revue de Paris* wurde Flaubert wegen Verstoßes gegen die öffentliche Moral vor Gericht gestellt.

4. Flaubert: *Madame Bovary,* S. 53, 57

5. a.a.O., S. 192

6. a.a.O., S. 48

7. a.a.O., S. 104

8. Leslie Tonner: *Nothing But the Best: The Luck of the Jewish Princess;* Coward, McCann Geoghegan, New York, 1975. Obwohl diese Verteidigung der Stellung des Kindes in amerikanisch-jüdischen Familien sich hauptsächlich auf die Töchter bezieht, ist sie eine farbige Schilderung einiger allgemeiner Schwerpunkte der Kindererziehung in diesen Familien.

Kapitel 7: Pollyannas und Paranoide

1. Pollyanna, Titelheldin des 1913 erschienen Romans von Eleanor Porter, wurde in den USA zu einem Synonym für naiven Optimismus (Anmerkung des Übersetzers)

2. Wenn ich hier vom pseudo-unschuldigen, neurotisch-paranoiden Persönlichkeitsbild spreche, möchte ich darin keineswegs den wirklich katastrophalen Zustand einer paranoischen Psychose mit einschließen. Psychotische Paranoia ist eine entsetzliche Erfahrung. Ich habe sie durchgemacht und wünsche sie keinem. Allein das Gefühl, die Zielscheibe von Angriffen zu sein, wäre schon erschreckend genug. Doch der verzweifelte Versuch, sich gegen Feinde zu schützen, wenn man gar nicht unterscheiden kann, was wirklich ist und was nicht, schafft eine Situation überwältigender Schutz- und Hilflosigkeit. In höchster Verzweiflung ist man gezwungen, zum Schutz seiner selbst zu allen möglichen Listen zu greifen, um schließlich doch nur festzustellen, daß die Mächte des Bösen unüberwindbar sind.

3. Sheldon B. Kopp: *Triffst du Buddha unterwegs ... Psychotherapie und Selbsterfahrung.* Deutsch von Jochen Eggert; Fischer, Frankfurt, 1978, S. 183–184

4. Voltaire: *Candide oder der Optimismus;* Insel, Frankfurt, 1972

5. Thomas A. Harris: *Ich bin o.k. - Du bist o.k. Wie wir uns selbst besser erziehen und unsere Einstellung zu anderen verändern können. Eine Einführung in die Transaktionsanalyse;* Rowohlt, Hamburg, 1983

6. William Sloane Coffin, Jr.; Bemerkung zitiert in *The New York Times* vom 11. August 1977, S. 16

Kapitel 8: Zu gut, um wahr zu sein

1. vgl. Kapitel 3: *Der heroische Abenteurer,* S. 35

2. Es gab ein paar Ausnahmen, die sich ziemlich von den jungen, lieben Mördern unterschieden, die ich in der Besserungsanstalt kennengelernt

223

hatte. Meistens handelte es sich dabei um brutale Raubmörder, die im Verlaufe ihrer zahlreichen Überfälle jemanden umgebracht hatten.

3. Herman Melville: *Billy Budd, Vortopmann auf der ‚Indomitable'.* Deutsch von Richard Möhring (Peter Gan); Fischer, Frankfurt, 1979

4. F.P. Matthiessen: *Billy Budd, Foretopman.* In: *Melville, A Collection of Critical Essays.* Herausgegeben von Richard Chase; Prentice Hall, Englewood Cliffs, 1962, S. 157

5. Melville: *Billy Budd,* S. 64

6. a.a.O., S. 88

7. a.a.O., S. 90

8. a.a.O., S. 121

9. Dietrich Bonhoeffer: *Widerstand und Ergebung, Briefe und Aufzeichnungen aus der Haft.* Herausgegeben von Eberhard Bethge; Kaiser, München, 197o, S. 16–17

10. Wenn eine Patientin derartige Klagen vorbringt, muß zwischen sexistisch-politischen und neurotischen Problemen unterschieden werden. Diese Art der Depression hat bei einer Frau, die in einer traditionellen Ehe gefangen sitzt und nicht offen dagegen rebelliert, immer erhebliche Anteile an nichtneurotischer Traurigkeit, die eine realistische Antwort auf eine bedrückende Lebenssituation ist. Diese Seite der Depression kann der Therapeut nur angehen, wenn er eine klärende und unterstützende, offen feministische Haltung anbietet, die das Gesunde in der Verstimmtheit der Patientin betont.

Kapitel 9: Jemand, der sich um mich kümmert

1. John Steinbeck: *Von Mäusen und Menschen.* Deutsch von Georg Hofer; Ullstein, Berlin, 1985

2. a.a.O., S. 56

3. a.a.O., S. 21–23

4. Virginia Woolf: *Orlando. Eine Biographie.* Deutsch von Herberth und Marlys Herlitschka; Fischer, Frankfurt, 1961, S. 57

5. Ivan Illich: *Die Nemesis der Medizin. Von den Grenzen des Gesundheitswesens.* Deutsch von Thomas Lindquist; Rowohlt, Hamburg, 1977

6. Sheldon B. Kopp: *Guru: Metaphors from a Psychotherapist;* Science and Behavior Books, Palo Alto, 1971, S. 162

Kapitel 10: Gemeinschaftliche Unschuld

1. Rollo May: *Die Quellen der Gewalt. Eine Analyse von Schuld und Unschuld.* Deutsch von Joachim A. Frank; Fritz Molden, Wien, München, Zürich, 1974, S. 17

2. Northrop Frye: *The Secular Scripture: A Study of the Structure of Romance;* Harvard University Press, Cambridge, 1976, S. 4

3. Joseph Campbell: *The Masks of God,* Bd. 1–4; New York, Viking Press, 1962

4. Joseph Campbell: *Mythological Themes in Creative Literature and Art.* In: Joseph Campbell: *Myths, Dreams, and Religion;* E.P. Dutton, New York, 1970, S. 138–175

5. a.a.O., S. 138

6. Sheldon B. Kopp: *Kopfunter hängend sehe ich alles anders. Psychotherapie und die Kräfte des Dunkels.* Deutsch von Jochen Eggert; Diederichs, Düsseldorf, 1982, S. 18–19

7. Platon: *Der Staat,* Buch VII, 1–5. Deutsch von Rudolf Rufener; Artemis, Zürich; 1973, S. 353 [514a–521b]

8. H.G. Wells: *Das Land der Blinden.* In: H.G. Wells: *Das Land der Blinden. Ausgewählte Erzählungen.* Deutsch von Ursula Spinner; Diogenes, Zürich, S. 7–41

9. a.a.O., S. 25

10. a.a.O., S. 26

11. a.a.O., S. 24–25

12. a.a.O., S. 35–36

13. William Kilpatrick: *Identity and Intimacy;* Dell Publishing Company, New York, 1975, S. 66–67

14. Sheldon B. Kopp: *Person Envy;* Journal of Contemporary Psychotherapy 6, Nr. 2, 1974, S. 154–156. Diese Skizze erschien in etwas anderer Form zuerst als Aufsatz in einer Zeitschrift.

15. Arthur Koestler, Richard Wright, Louis Fischer, Ignazio Silone, André Gide, Stephen Spender: *Der Gott, der keiner war;* Europa Verlag, Konstanz, 1951

16. Sheldon B. Kopp: *Guru: Metaphors from a Psychotherapist;* Science and Behavior Books, Palo Alto, 1971, S. 41

17. Lewis Carrol: *Alice im Wunderland. Alice hinter den Spiegeln.* Übersetzt und herausgegeben von Christian Enzensberger; Insel, Frankfurt, 1966

18. Donald Rackin: *Alice's Journey to the End of the Night;* PMLA, 81, 1966, S. 313–326

19. a.a.O., S. 412

20. a.a.O., S. 414

21. a.a.O., S. 415

Kapitel 11: Das Beste daraus machen

1. Ernest Becker: *Escape from Evil,* Free Press, New York, 1975, S. 33. Hervorhebung vom Verfasser

2. Ernest Becker: *Dynamik des Todes. Die Überwindung der Todesfurcht – Ursprung der Kultur.*Deutsch von Eva Bornemann; Walter, Olten, 1976, S. 101–102

3. vgl. Paul Tillich: *Der Mut zum Sein.* In: Paul Tillich: *Sein und Sinn. Zwei Schriften zur Ontologie,* Gesammelte Werke, Band XI; Evangelisches Verlagswerk, Stuttgart, 1969, S. 13–139. Darin S. 33–54: *Sein, Nichtsein und Angst*

4. Johan Huizinga: *Homo Ludens. Vom Ursprung der Kultur im Spiel.*rde, Band 21; Rowohlt, Hamburg, 1981, S. 20

5. a.a.O., S. 18-19

6. Northrop Frye: *The Secular Scripture: A Study of the Structure of Romance;* Harvard University Press, Cambridge, 1976, S. 166

7. vgl. Kapitel 9: *Jemand, der sich um mich kümmert,* S. 141

8. Sheldon B. Kopp: *Guru: Metaphors from a Psychotherapist;* Science and Behavior Books, Palo Alto, 1971, S. 159–166 und *Triffst du Buddha unterwegs ... Psychotherapie und Selbsterfahrung.* Deutsch von Jochen Eggert; Fischer, Frankfurt, 1978, S. 181–185

9. Sheldon B. Kopp: *Kopfunter hängend sehe ich alles anders. Psychotherapie und die Kräfte des Dunkels.* Deutsch von Jochen Eggert; Diederichs, Düsseldorf, 1982, S. 187

10. Sheldon B. Kopp et al.: *The Naked Therapist: A Collection of Embarrassments;* EDITS, San Diego, 1976

11. Sheldon B. Kopp: *Triffst du Buddha unterwegs ...,* S. 178–185

12. vgl. Kapitel 9: *Jemand, der sich um mich kümmert*, S. 141

13. Ivan Illich: *Die Nemesis der Medizin. Von den Grenzen des Gesundheitswesens.* Deutsch von Thomas Lindquist; Rowohlt, Hamburg, 1977, S. 158

14. Willard Gaylin: *What You See Is the Real You;* Opposite-Editorial-Seite der *New York Times* vom 7. 10. 1977